征途心语

基层为民服务的实践与思考

上

曹欣◎著

人民东方出版传媒
People's Oriental Publishing & Media
東方出版社
The Oriental Press

前　言

岁月如梭，人生短暂，转眼参加工作 40 年有余，现已步入退休生活。正像孔子所叹：逝者如斯夫！

回望工作旅途，可谓起步于上山下乡知青生活，成长于基层公安机关，随后就长期躬耕于地方政府。尤其在组织和领导的教育培养下，得以进步和提高，确实打心底充满着感恩之情。

在地方政府工作，无疑要面对基层，做大量为民服务、促进经济发展、管理社会事务、推进改革攻坚、处理复杂矛盾、加强自身建设等工作。出于不断学习、探索、实践、总结、提高与更好履职之需，也就在繁忙工作之余，坚持练笔，并谋求用基层和形象语言表述粗浅心得。经过筛选和整理，现将心得结集奉献给读者，既是交流，更期望批评指正，以提高自我，老有所为，为社会尽绵薄之力。

2019 年 12 月

总 目 录

上 册 目 录

第一部分

组织领导

试论人才考评若干问题

当今世界竞争，说到底是人才竞争。实施人才发展战略的一个重要方面，就在于不断提高人才考评质量，且当注意以下几个问题。

一、重视领导意见与群众意见

首先，领导意见具有决定性。政治路线确定之后，干部就是决定因素。贯彻执行党的干部路线和人才政策，领导责任重大，地位重要；坚持从群众中来，到群众中去，了解群众意愿，按群众意愿选拔任用人才，是领导的基本任务；领导作为人才工作的决策者和管理者，实践经验丰富，善于发现和掌握人才成长变化规律，驾驭人才工作大局，是人才事业兴旺发达的核心力量。从总体上讲，领导意见是人才考评的重要依据。

其次，领导意见具有相对性。人才考评要重视领导意见，但不能把领导意见绝对化。因为对于多种多样的人才，领导素质参差不齐，在有的时候或某些方面，领导意见也不全面，如果单纯按领导意见下结论，会在一定程度上影响人才考评效果，甚至滋生和助长不正之风。

最后，群众意见具有权威性。群众是真正的英雄，是社会前进的动力，群众的社会实践和创造，是人才成长的土壤和基础，人才只有根植于群众，才有实用价值。同时，群众眼睛最亮，心里最明，看问题最深刻，是慧眼识才的伯乐。人才考评要以群众意见为终极标准，特别是当上级意见和下级意见、领导意见和群众意见不尽一致时，应让群众说了算，按群众意见办，这是党的群众路线在人才选拔任用上的重要体现；要深入群众，调查研究，掌握第一手资料，对情况作出实事求是的判断；要为群众创造讲真话、讲实话的氛围，不能带框框、定调子，妨碍群众讲心里话，甚至诱导群众讲违心的话；要尊重大多数群众意见，对少数群众意见也要认真对待，让事实说话。把群众意见落到实处，是人才考评的重中之重。

二、强调思想政治素质与业务素质

首先，确立以德为本观念。德、能、勤、绩是人才考评的基本内容，其中以“德”字为先。人的思想政治素质是党的干部路线和选拔任用人才的标准。当前，要注意防止和克服对“德”的考评流于形式，似乎在改革开放、建立和发展社会主义市场经济新形势下，多言思想政治，有思想僵化、搞“左”的一套之嫌。或者把业务素质考评绝对化，对思想政治素质不闻不问。即便考核，也多为形式主义，特别是对有一技之长的“能人”，不能在思想政治素质上打包票。一些“先进模范”昙花一现，甚至走上违法犯罪道路，就是忽视思想政治素质考评的结果。群众常说“有德无才，平平庸庸，有才无德，后患无穷”，这道出了对“德”考评的重要性。

其次，把握“德”的基本内涵。众所周知，“德”具有很强的政治性和阶级性，考评一个人的“德”，不在于政治口号喊得如何，或某领导看法如何，关键要看其政治立场是否坚定，对党的路线方针政策是当面说的一套，还是背后另搞一套，对自己有利的就用足用活，钻政策法律的空子，对自己不利的就拖着不办，顶着不办，维护小局利益，牺牲大局利益；要看其群众观念是否牢固，是全心全意为人民服务，还是置群众疾苦于不顾，甚至侵犯群众合法权益；要看其道德品行是否高尚，是忠于职守，吃苦在前，享受在后，维护团结，反腐倡廉，还是玩忽职守，弄权渎职，搬弄是非，以权谋私，奢侈腐败等，这是正确评价思想政治素质的重点所在。

最后，注重德才素质考评度的规定性。思想政治素质和业务素质属两个不同范畴，不能相互替代，但又密切相关。司马光曰：“才者，德之资也；德者，才之帅也。”这句话道出了两者的辩证关系。同时，人的思想政治素质和业务素质高低，要通过参与社会实践的客观效果反映出来。人才考评要旨就是把对“德”的考评与对“才”的考评有机结合起来，用邓小平同志提出的生产力标准和“三个有利于”标准衡量人才参与社会实践的客观效果，即对经济发展和社会进步所做的贡献大小。学会用辩证的观点、方法观察分析问题，对人才考评至关重要。

三、研究顺境中的表现与逆境中的表现

首先，正视顺境两重性。人在顺境工作，因有好的基础和条件，有利于工

作出成果或进入良性运行状态。问题是容易产生优越感，进而故步自封，坐享其成，不思进取，或惰性与低能被顺境掩盖不为所察，给人才选拔任用造成误导，经不起实践和历史检验。可见，人才考评不能片面夸大人在顺境的主观作用，忽视客观作用。也不能习惯把目光聚焦于顺境的人和事，以免局限选拔任用的视野，闭塞选拔任用的渠道，浪费人才资源，影响事业发展。

其次，逆境对人才成长特别重要。人在顺境表现固然重要，关键还要看在逆境能不能经风雨、见世面。孟子曰："天将降大任于斯人也，必先苦其心志，劳其筋骨，饿其体肤。"说明逆境是人才成长和才能发挥的广阔舞台。人在逆境的作为，有的可能微不足道，但凝聚的劳动和汗水要比在顺境付出多得多。事实上，凡具有超凡素质、创造出超凡业绩的人，大多是经过艰苦环境磨炼的人。

最后，着力考评逆境造就的人才。既然逆境是出人才的地方，那么人才考评就应重点了解人在逆境条件下的精神状态、创造能力和工作实绩。尤其是面对挑战和压力，是不怕吃苦和吃亏，不怕寂寞，勇往直前，迎难而上，知难而进，开拓创新，先天下之忧而忧，后天下之乐而乐，还是怕吃苦和吃亏，耐不住寂寞和清贫，悲观厌世，无所作为等。只有把那些让逆境磨砺去了浮躁、脆弱、浅薄、矫情，增长了才干，做出了贡献的人推举为社会有用之才，人才考评才不失为成功之举。

四、把握量的指标与质的指标

首先，广泛收集量的指标。量的指标是人才素质、能力和贡献的外在反映和表象，也是评价人才素质的基本要素。在考评中，不仅经济指标要收集，政治指标也要收集；主要指标要收集，次要指标也要收集；现在的指标要收集，过去的指标也要收集；直接指标要收集，间接指标也要收集；好的指标要收集，差的指标也要收集等。任何草率行事、随大流、赶时髦、单打一，以及带着某种偏见先入为主、挑挑拣拣的行为，都容易使考评工作出现失误。

其次，不拘泥于量的指标。人才考评是一个有机链条，收集量的指标，只是初始环节，对人才素质、能力、业绩反映还是初步的、表面的。在没有对指标的真实性、可靠性、科学性，以及所反映条件、背景、影响进行深入研究的基础上，就已上了多少项目、铺了多少摊子、搞了多少工程等数字为依据，把数字大小与人才画等号，至于项目该不该上、摊子该不该铺、工程该不该搞则不去认真研究，难免陷入主观主义、经验主义、教条主义窠臼。因为仅凭数字还不能全面准确地反映人的内心世界、对事物规律性的认识、理论联系实际的程度和有效劳动投入产生的经济效益与社会效益。

最后，善于透过现象看本质。从人才考评实践看，了解量的指标较容易，获取质的指标比较难，在量的指标中把握质的因素，在质的指标中把握量的变化更难。故人才考评最重要的就是看所从事工作是否有好的动机，有利于发展经济、振兴事业、为民服务，而不是追名逐利；是否有好的结构，使各种要素达到合理配置、优化配置，而不是浪费资源，竭泽而渔，寅吃卯粮；是否有好的手段，以及讲政策、讲策略、讲法律，自觉按客观规律办事，而不是搞上有政策、下有对策，为个人和小团体服务，或是事前拍脑门、事中拍胸脯、事后拍屁股；是否有好的作为，解放思想，实事求是，抢抓机遇，开拓进取，而不是坐失良机，怨天尤人，混天天，混日子；是否有好的环境，做到上下左右协调一致，人与人之间肝胆相照，而不是各自为政，相互拆台，闹无原则纠纷；是否有好的效果，事业发展，实绩领先，而不是以牺牲社会效益为代价，实现经济效益，或以影响经济效益为代价，追求轰动效应等。进而防止表面东西掩盖政治立场、决策思想、知识技能方面的缺陷，消除选人用人上的隐患。

五、观察一时一事与长远全盘

首先，要看人的方方面面。对人的观察，应有多种角度，以求更全面、更深刻。诸如有的人有兴趣的工作干得好，没兴趣的工作干不好；领导交办的工作干得好，服务群众的工作干不好；有名有利的工作干得好，无名无利的工作干不好；分内工作干得好，分外工作干不好；外向型工作干得好，内向型工作干不好；等等。只有善于了解人的种种心理活动和种种现实表现，才能对人作出判断。不然，就会失察。现实中那种以胆大选人才、以能说会道选人才、以能搞关系选人才就是只注重人的某一长处，而没有全面看问题。

其次，要看人工作的重点。全面考评一个人，不是不要统筹兼顾，但最能反映个人素质的还在于抓大事、办要事、排难事的能力。工作中能够有效攻下难点问题、热点问题、焦点问题，就说明能够驾驭复杂局势，具有开拓创新精神，这也是发现栋梁之材的好办法。

最后，要看人的历史。历史是一面镜子，可以清晰反映人的成长轨迹和素质优劣。有的人对“看主流、看长远”理解过于简单化，好像看主流、看长远，就不应翻“历史旧账”。为什么有的人看上去是人才，一旦放在相应位置使用，种种短处就暴露无遗，甚至给事业造成损失，事后翻翻“历史旧账”方知考评走了弯路。历史地看人，是人才考评不可或缺的重要环节。

1999 年 8 月

加强基层行政领导班子团结的关键，在于领导干部树立正确角色意识

团结问题，是基层行政领导班子建设的大问题，要有效解决这一问题，关键在于领导干部角色意识如何。角色意识正确，团结就有坚实基础。反之，团结就受到影响。因此，狠抓角色意识正确与否这个牛鼻子不放松，对于班子团结至关重要。

一、角色意识错位表现

（一）业务角色与党务角色错位

一般而论，领导干部既是业务领导，又是党委成员，正确认识和处理业务与党务关系，是其特定岗位和职责决定的。但是，有的搞工作比较重视业务，不大重视党务，觉得“业务重要，党务次要”“党务是专职干部的事”；也有的搞党务信心不足，认为“党务不如业务”“业务影响党务”。如果业务和党务不平衡，甚至出现“两张皮”，就有碍班子协调统一。

（二）决策角色与执行角色错位

班子决定重大事项，班长要集中集体智慧拍好板，成员应服从集体决定。班长要从宏观角度抓好决策贯彻落实，主要是指导协调，对成员负责落实一般事项不必干预，由成员按分工决定。成员应将负责落实事项在内部通气，不应把班长必要的过问、检查、督办视为“插手”或“对自己不信任”。但是，有的班长常把拍板当成个人说了算，甚至擅自改变组织作出的决定，或把执行看作成员的事，平时不闻不问，或未经调查研究、讨论协商，就东一榔头，西一棒子，叫人无所适从。也有的成员对分管工作不分轻重，习惯自作主张，落实决策抓而不紧，避重就轻，矛盾上推下卸。如果工作不协调，就会造成不必要的矛盾。

（三）权力角色与义务角色错位

领导干部行使的权力是党和人民所赋予的开展工作的手段，履行的义务是党和人民提出的基本要求，而且履行义务更为重要。但是，有的比较看重权力，甚至与个人名誉、待遇、地位相联系，履行义务却不太主动，使得内部关系比较紧张。

（四）主角角色与配角角色错位

就全局而言，班长唱主角，成员唱配角。从内部具体分工讲，成员唱主角，班长唱配角。但是，有的班长工作不分大小轻重，事必躬亲，付出了艰苦劳动，不仅不为成员理解，反而引起误解。有的成员习惯做好事当主角，解决矛盾当配角。其结果难免相互关系不融洽，影响工作。

（五）性格角色与品格角色错位

每个领导干部都有自己的性格，面对复杂事物，因性格差异作出不同反应实属正常，但仅以性格支配行为是不可取的。这就需要锤炼好的品格去影响人、感染人、团结人，创造好的工作氛围。但是，有的领导干部比较重视自我，个性较强，经常要别人迁就、照顾自己，对他人缺乏理解和支持，不好与人共事，经常纠纷不断。

（六）感情角色与理性角色错位

人都是有感情的，领导干部讲感情乃是常理，只不过应有个限度，即在讲理性前提下的同志之情。但是，有的领导干部做工作缺乏理性思考，容易感情用事，偏离政策和原则，以至彼此关系庸俗或对立。

（七）肯定角色与否定角色错位

旗帜鲜明和实事求是地肯定什么和否定什么，是领导干部的重要职责。但是，有的领导干部存在好人主义思想，只报喜，不报忧；还有的习惯从个人好恶出发，对他人成绩，不是夸大，就是冷处理，对他人问题，不是遮遮掩掩，就是背后议论，损害班子团结。

（八）对比角色与法定角色错位

班子成员之间的关系，是靠法定职责维系的工作关系。一个人对另一个人的服从、支持，不是对这个自然人的服从、支持，而是对履行法定职责的服从、支持。但是，有的领导干部常拿自己优势比别人不足，资历深的看不起资历浅的，能力强的看不起能力弱的，文化层次高的看不起文化层次低的，等等。只要对方某一方面不如自己即不愿服从领导与配合工作，或表面迎合，内心不服，就会使得工作关系和人际关系复杂化。

（九）本位角色与换位角色错位

领导干部各有分工，角色相对固定。由于事物发展变化复杂多样，临时变换角色十分必要，既要把本职工作干好，又要从大局出发，积极搞好支援协作。但是，有的领导干部本位主义作祟，习惯“只扫自己门前雪，不顾他人瓦上霜”，或好办的事乐意协作，不好办的事加以推辞，造成班子的凝聚力和战斗力下降。

（十）主动角色与被动角色错位

充分发挥主观能动作用，创造性开展工作，是对领导干部的最起码要求。然而有些不可预见问题的出现，难免使某些工作陷于被动。这就需要千方百计化被动为主动，不断打开新局面。但是，有的领导干部工作主动性差，常常是被动应付，未能很好去抓基础、抓主要矛盾，被动的结果不仅影响工作，更影响内部步调一致。

二、角色意识错位原因

（一）角色认知问题

在不同环境和条件下，领导干部扮演着不同角色，这些角色内涵和角色间的转换具有复杂性与多样性。若缺乏清醒认识，就容易引起领导个体角色间的冲突，或领导群体角色间的冲突。应该看到，领导干部作为自然人，行为主要受生理和心理特征影响；作为普通社会人，扮演的角色是众多具体角色的集合，社会和团体对各个具体角色规定有不同的权利义务和行为规范，层次性要高于自然人；作为特殊社会人——基层行政组织领导者，权利义务和行为规范比普通社会人层次更高。这一切都要求领导干部履行公职必须严格按照党的路线方针政策、法律法规和职业道德行事，不能不加区分地按自然人生理、心理需要和普通社会人的权利义务、行为规范行事，就如同在家庭扮演家长角色，但不能用家长制、一言堂处理班子矛盾一样，其结果就是班子成员间不协调。

（二）角色素质问题

领导干部素质如何，涉及扮演角色如何，决定班子团结如何。

从思想政治素质看，领导干部处在改革开放和经济建设一线，工作千头万绪，矛盾纷繁复杂，对其思想政治素质提出了很高要求。正如江泽民同志指出的那样，在我们的干部队伍中，确有相当一部分同志的素质特别是思想政治素质不适应党的事业的要求。有的干部受封建意识形态遗毒影响，权力欲望膨胀，常把分管部门和工作视为势力范围，拉山头，搞宗派，闹无原则纠纷；有的干部受西方腐朽意识形态和市场经济负面影响，滋生个人主义、自由主义、利己主义和拜金主义，行为的趋利、交换、投机时有发生；有的干部受小生产观念和世俗风气影响，某些落后、愚昧、庸俗、低级的东西在头脑中立足生根，工作讲形式、讲面子、讲义气、讲关系、讲人情，把有些神圣的事情搞得平平庸庸，严肃的事情搞得随随便便，规范的事情搞得松松垮垮。可见，有的领导干部政治观念淡化，政治敏锐性低下，政治责任感下降，政治立场动摇，角色意识中思想政治成分比重减弱，是内耗、纷争不止的关键所在。

从业务素质看，具备丰富市场经济知识、驾驭经济工作能力，是领导干部之必须，但并不等同于必备的基本功。领导干部中缺乏市场经济知识、不懂经济工作的情况有之，更值得重视的是，有的对班子建设的规律缺乏认识和研究，所了解的情况和思考的问题往往是大概的、局部的、肤浅的，甚至连起码的党内规章制度和工作方法都不熟悉，处理工作和班子成员间的关系不知道按原则与程序办事，以及运用思想政治工作手段营造相互学习、相互信任、相互尊重、相互支持的氛围。常常凭直觉和想当然办事，自己摆不正位置或处事不当影响团结还不自知，尽管有的主观愿望良好。缺乏班子建设知识和能力，是影响领导干部演好角色的重要因素。

从心理素质看，现在工作和生活的物质条件比较优越，社会政治环境较为宽松，人们大多缺乏战争年代那样艰苦环境的磨炼。加之新旧体制交替的各种矛盾不断出现，社会行为方式变更。这些都在一定程度造成了某些人心理发展变化失常，甚至出现某些病态心理：面对清贫、寂寞、困难和挫折，情绪低落，悲观失望，怨天尤人；面对拥有的权力、名利、地位，春风得意，趾高气扬，忘乎所以，不能谦虚谨慎，戒骄戒躁，保持清醒头脑；工作总感觉个人吃亏，组织和他人对不住自己，心情浮躁，难有作为；为人处事，斤斤计较，嫉贤妒能，生怕别人得到好处和超过自己，时常做出一些贬低别人、抬高自己、拆台捅漏的事情；对某些不平之事，不能正确对待、妥善处理，往往以发泄为快等。其反映到班子建设中，特别是心理的承受力和行为的控制力比较脆弱，就会使班子成员关系不顺，增加了解决不团结问题的难度。

（三）角色配置问题

江泽民同志指出，建设好领导班子，要注意搞好群体配备，实现领导班子的优化组合。不然的话，将给班子团结带来不利影响。

从结构讲，江泽民同志指出，有些领导班子弱，除个人素质的原因外，还有班子结构问题。有的角色群体数量偏多，一人的活三人干，难以实现角色与工作需要的最佳结合和角色能力释放的最大化，造成角色能力压制或闲置，如不及时有效将其导入实际工作之中，与其他事务不规范性对接和不规范性释放引发冲突也就有了可能。有的角色群体素质互补性不够，由于年龄相当，具有同等年龄段的生理心理特征。知识层次相近，思维方式缺乏专业的多样性。阅历相仿，少了艰苦环境的磨炼，驾驭复杂情况和解决复杂问题能力较弱等，这些都不利于扬长避短，甚至出现相互排斥性反应。还有的角色群体责权利组合不平衡，既有“又要马儿跑，又要马儿不吃草”的情况，还有轻责任重权利的情况，在班子建设中，因责任不落实引起矛盾的现象较为常见。

从程序讲，角色配置既要根据实际工作需要，还应遵循必要的程序。不按规范程序运作，就会降低程序法定约束力和监督保障作用，助长角色配置主观性、随意性的滋生蔓延，使那些综合素质较低、不宜担当某种角色的人占据不应有的位置。不仅自身难以胜任角色，还会使素质较高的人，对不胜任者的能力表现感到失望和不满，不论从工作上，还是从感情上，均不愿与之为伍。或对角色配置过程的科学性、真实性、公正性产生不信任感，甚至情绪抵触，进而影响积极性和创造性的发挥，难以在班子内部形成团结向上、协作共事、同心协力的良好局面。

从方法讲，在市场经济条件下，资源得到合理有效配置，主要靠市场。领导干部作为一种特殊资源，内含物化资源和活化资源双重属性，且为物化资源和活化资源的管理者。也就是说，既处在作为资源被配置的地位，又处在作为管理者影响配置资源的地位。因此，配置领导角色，更要善于运用计划和市场手段，把两者有机结合起来，在坚持党管干部原则、遵循干部管理工作规律、反映人民群众意愿、根据实际工作需要和针对干部特点的前提下，也要把握市场经济规律，吸收和借鉴以社会需求为导向、强化激励竞争、实行优胜劣汰、重视责权利相统一、力求用较少的投入获得较大效益等有效法则。有的领导班子不能做到能者上，庸者下，缺乏生机与活力，凝聚力和战斗力下降，就与配置方法上的缺陷有关。

（四）角色约束问题

搞好领导班子团结，要靠每个成员自觉行动，但自觉不是万能的，关键要有强有力的约束机制。应该看到，由于新旧体制交替，有的约束机制建设客观存在一些盲区和空白点，甚至党不管党、政不管政，对班子团结的影响不可低估。

在行政约束上，进行行政体制改革，一重要方面就是简政放权，放权即意味原有行政约束力减弱，但依法行政尚不健全配套，一些人难免思想波动，某些行为处于失调状态。有的空讲政治、浅谈政治、不讲政治，让自由化的东西占据了一定市场；还有的面对复杂事物，习惯于用经济眼光看问题，不善于用政治眼光看问题；再有的是非模糊，良莠不辨，理想丧失，信念淡化等。这些常使班子思想难统一，行动难一致，政令难通行，陷于争论和内耗之中。这种现象虽是暂时的，但必须引起足够重视。

在规范约束上，传统规范约束贯穿其中的是行政干预，建立健全新的规范约束，需要融合市场经济的契约精神和法治思想。由于社会民主法治基础尚待强化，新的规范约束尚未完全达到理想状态，因此，一些领导班子的规范虽比较完备，但有些仅写在纸上，挂在墙上，喊在嘴上，并未起到应有作用，一联系实际即为一些复杂情况和关系所羁绊，执行的灵活性大大超过了原则性。加之有的领导组织制定规范，又带头违反规范，只用规范的镜子照别人，不去照自己，使规范成了装饰品，缺乏规范约束。进而导致班子内的矛盾不仅不能及时化解，反而会加深。

在群众约束上，充分发扬民主，强化群众约束，是落实党的群众路线的重要内容，对搞好班子团结具有重要意义。但是，有的同志在约束机制建设上，比较偏重于组织的、经济的和制度的，对群众约束的认识在相当程度还停留在较低层次，使群众约束成了社会约束比较薄弱的环节。有的领导班子不团结，之所以上级管不了，制度管不了，久拖不决，久治不愈，就在于群众监督不到位，闹不团结者不怕群众。重视群众的呼声，正确引导和教育群众运用民主和法律武器行使民主监督权力，对班子团结具有重要现实意义。

三、角色意识错位矫正

（一）突出党性定位

领导干部树立正确的角色意识，必须首先加强党性锻炼与修养。

从讲政治高度牢固树立讲团结观念。讲政治是讲党性的集中体现，讲团结是讲政治的重要内容，团结就是大局，团结就是力量，团结出生产力，团结出凝聚力，团结出战斗力。领导干部应当具备开阔的政治胸襟，高举团结的旗帜，把自觉维护团结当成重大政治任务，在贯彻执行党的路线方针政策上，做到认识统一、态度坚决、行动一致，不以条件特殊、触及部门与个人利益、牵扯到人与人之间恩恩怨怨而打折扣，及时发现和纠正影响和损害团结的不利因素，在自觉维护党和人民群众根本利益基础上达到新的团结。

加强学习，提高理论水平。理论是行动的指南，没有正确的理论指导，就没有正确的行动。领导干部要认真学习马列主义、毛泽东思想、邓小平理论和“三个代表”重要思想，学习党的路线方针政策、法律法规和市场经济知识，把握理论精髓，夯实理论基础，提高理论素养，积极运用理论学习成果，探索班子建设规律，掌握班子建设方法，指导班子建设实践，不断清除各种思想苗头和问题，使班子建设少走弯路或不走弯路。

认真贯彻民主集中制原则。民主集中制是党内重要的政治制度，加强和维护领导班子团结，必须正确认识和处理民主与集中统一的辩证关系，坚持集体领导与分工负责相结合。班长要更多考虑发扬民主，防止个人专断，关心支持成员的工作，既要压担子，又要担责任，不能有成绩是自己的，出问题是别人的。班子成员要更多考虑维护集中统一，支持班长的工作，不能习惯于站在局部利益和分管部门角度说话办事，甚至见好处就上，见问题就推，进而防止在民主与集中问题上持实用主义态度。

深入开展反腐倡廉。凭借党和人民赋予的权力地位搞内耗，是一种腐败现象。在班子建设中，要围绕讲团结，进一步加大反腐倡廉力度，领导干部不仅要带头搞好廉洁自律，做到公正无私，公道正派，说老实话，办老实事，做老实人，全心全意为人民服务，还应当正确运用批评与自我批评的武器，坚持原则，弘扬正气，针砭时弊，自觉与各种不团结现象作斗争。

（二）学会辩证定位

事物的矛盾运动复杂多样，正确掌握和运用唯物辩证法，是解决各种矛盾的金钥匙，班子建设也是这样。

坚持分合有度。班子建设问题，大多是因工作引起的，与有的不能很好地把握集体领导之“合”、分工负责之“分”的度有关。“合”就是要注重班子功能建设，发挥群体优势，抓纲、管总、导向，保持各项工作整体推进和平衡发展。“分”就是让每个成员集中精力抓好分管工作，不被形式主义东西所干扰。同时，也要防止不从全局角度考虑问题、开展工作。集体领导是分工负责的前提，分工负责是集体领导的体现。强调集体领导，不能否定成员个人作用，发挥成员个人主观能动性，也不能背离集体领导原则，把握好这种度的规定性，领导班子团结就会大为增强。

善于求同存异。“同”是指为了大局利益，追求思想同一、事业同心、目标同向、行动同步，而非要保持一团和气，不允许发表不同意见，不触动内部矛盾。“异”是指承认人的思想素质存在差别，对问题允许有不同看法和处理方式，而不是要助长个人主义、利己主义、自由主义、实用主义。“求”是指在“异”的基础上，探求实现“同”的途径，开创“同”的局面。“存”是指围绕“同”的目标，暂时搁置争议，共同实践，让实践来检验真理，或先在大的方面求得一致，逐步消化枝节问题，或在百花齐放、百家争鸣中共同提高。只有在班子内部不断发现差别，承认差别，正视差别，分析差别，进而缩小差别，消除差别，达到新的统一，才能使团结常抓常新。

开展竞争协作。竞争与协作是事物相互依存、相互促进、优胜劣汰的重要机制，没有竞争就没有活力，没有协作就没有合力。班子内部竞争，不是你死我活的争斗，而是在协作前提下，为实现共同目标而开展的工作竞赛。班子内部协作，也不是保护落后或“种别人的地，荒自己的田”，而是在竞争条件下，为实现共同目标而开展的工作互助。班子成员既是竞争对手，又是合作伙伴；只竞争不合作，班子就容易内耗；只合作不竞争，班子就容易死气沉沉，优不能胜，劣不能汰，矛盾堆集在那里，早晚还要激化。

明辨主次关系。领导干部工作无贵贱之分，但有主次之别，有的居于重要岗位，从事主要业务或“热门业务”，有的居于其他岗位，从事次要业务或“冷门业务”。作为班长固然要经常关注重要岗位和重要业务，但对其他岗位和次要业务也不能不予重视。因为“手掌手背都是肉”，重视一方，轻视另一方，就会引起不平衡、不协调。在重要岗位从事重要业务的，也要清醒认识到，所处岗位和从事的工作，是由于分工不同，而非能力水平高人一等，切忌骄傲自满，目中无人。在次要岗位从事次要工作的，要爱岗敬业，分工不同是工作需要，不能“这山望着那山高”，情绪波动，士气不振，产生失落感，甚至对重要岗位从事重要工作的人员多有挑剔。进而防止个人义气搅乱了思想，世俗偏见左右了主见，名利得失模糊了视野。只有这样，班子中一些不团结问题，才会迎刃而解。

（三）搞好形象定位

班子团结问题，反映的也是领导干部形象问题，增强形象意识，注重形象塑造，丰富形象文明内涵，于班子团结大有裨益。

语言文明。语言是心灵的窗户，是人与人沟通关系、联络感情的纽带，也是领导干部政策水平、领导艺术的反映。俗话说：“良言一句三冬暖，恶语伤人六月寒。”这句话说明文明语言是促进团结的催化剂，不文明语言是破坏团结的腐蚀剂。所以，领导干部讲话一定要慎重严谨，讲政策、讲策略、讲艺术，做到实事求是，公正无私，真话真说，实话实说，言之有据，言之有物，注意场合，把握分寸，褒贬适中，诚实进言，与人为善。切忌讲空话，讲假话，讲套话，讲大话，讲人情话，讲风头话；当面不说，背后议论，制造和传播小道消息，挑拨离间，恶语伤人；没有把问题和事实搞清，即听风就是雨，以偏概全，议论纷纷；说话不看对象，不讲场合，信口开河，甚至哗众取宠；语言生硬、粗鲁、尖刻、低级、庸俗等。与政策、法律、道德不符的言论多了，团结问题就大了。

办事文明。一是讲规范。做到深入实际，调查研究，履行职责坚持以政策为依据，以法律为准绳，增强全局意识，树立群众观念，弘扬认真负责、精益求精、雷厉风行的精神。二是讲程序。按照分工各司其职，该请示的要请示，该商量的要商量，若非特殊情况，班长不要“一竿子插到底”包办代替，成员不要越权、越位、越级行事。三是讲创造。立足当前，瞄准长远，突出重点，协调运作，注重实现目标措施的创新性、可行性和可操作性。尤其要善于化解矛盾，不留后遗症。四是讲效率。强化时间观念，增强质量意识，把精力集中用于取得工作实效上，不能因内在关系不顺，相互间存在矛盾，就以牺牲工作为代价。五是讲风格。大事商量，小事礼让，相互理解，相互支持，谦虚谨慎，戒骄戒躁，吃苦在前，享受在后。

习惯文明。领导干部工作习惯和生活习惯如何，对班子团结有一定影响，注意文明习惯养成，是现代社会文明程度提高对领导干部提出的新要求。要做到勤学钻研，信仰科学，厉行节约，热爱劳动，讲究卫生，信守承诺，诚实细心，互敬互谅，互帮互助，取人之长，补己之短，看发展主流，不计较枝节问题等，进而消除因不良习惯造成的相互间不信任、不服气、不理解、不支持等问题，促进班子团结。

（四）注重管理定位

解决班子团结问题，固然要强调提高领导干部素质，还必须坚持党要管党，政要管政。

强化约束机制。即强化组织约束，增强党组织和领导干部加强团结的政治责任，既要管工作，又要管团结，既要论是，又要论非，不能对矛盾拖着、盖着、糊着；强化纪律约束，纪律不仅要发挥警示作用，告诫每个领导干部自觉搞好团结，更要发挥鞭挞作用，对闹不团结屡教不改的，不能姑息迁就，执行纪律这一手不能软；强化群众约束，进一步增加党内政治生活和业务工作的透明度，通过发扬民主和正确导向，让群众当裁判、说了算，使闹不团结者望而止步、无以立足；强化自我约束，自觉规范自己的言行。

加强组织协调。首先，要狠抓经常性教育管理。组织班子成员认真学习党内各项规章制度，增强贯彻执行民主集中制的自觉性。其次，要注重对班长的监督管理。特别在贯彻执行民主集中制上，要经常进行检查，发现问题及时纠正，把班长的言行置于集体监督之下。再次，要突出对老中青成员关系管理协调。作为老同志，如果处于班长位置，应正确对待年轻同志，多看长处，多压担子，多倾听意见建议，放心放手支持工作，热忱细致地帮助他们克服不足，并注意给他们带好头；如果处于成员位置，应带头搞好本职工作，主动当好参谋助手，不要把资历当资本，对自己的工作要求不严格，为人处事摆资格，讲面子，不大谦虚谨慎。作为年轻干部，如果处于班长位置，应以身作则，遇事多向老同志请教，在生活上多照顾体贴，对其不足，要诚恳交换意见，求得老同志的理解和支持；如果处于成员位置，应在班子里多干工作多吃苦，多向老同志学习，不能对老同志缺乏尊重。

大力优化结构。俗话说：兵不在多在于精，将不在勇在于谋。一个团结协作的班子，离不开一个好的人员组合，要在不断优化班子成员思想政治素质、强调心理活动理性化的基础上，做到以下几个方面：一是注重工作职能合理配置。根据实际工作需要，尽量用最少的人去干最多的事，不能因人设事、因人设岗，“三个和尚没水喝”情况就会常有是非。二是注重人员知识能力互补。就个体而言，知识丰富的应善于发挥知识上的强项，能力强的要善于发挥能力上的强项，使之扬长避短，用其所长；就群体而言，要尽可能避免在知识能力上交叉重复和雷同，造成要素间排斥和资源闲置浪费。三是注重人员年龄构成适中。一般按照老中青搭配较好，老同志经验丰富，重在掌舵，中年同志各方面较为成熟，重在挑重担，年轻同志年富力强，重在培养锻炼。这样在干部选拔任用周期轮替上较为妥当，也能够比较好地避免同类聚集互难认同，或打破常规导致某类人员的心理排斥。

2001 年 6 月

“登山”之道，“用物”其妙

——浅析领导班子成员关系

领导班子问题，是关乎事业成败的大问题。建设一个好的班子，固然要靠制度规范和成员素质精良，但更重要的是优化内部结构，处理相互关系讲方法和艺术，以下具体用“登山”和“用物”形象阐述。

一、一把手当家

一把手好比家庭的家长，地位举足轻重。当好家长而不搞家长制，关键要在“当家”二字上狠下功夫。这就是揽全局，当导演，出主意，用干部，抓大事。形象地讲，就是要经常上一座山，善于用四件宝物。

山是庐山，它以恢宏险峻、乱云飞渡、雄居华夏而著称于世。登“庐山”之巅，意在雄视大江南北，纵观风云变幻，把握天下大势，激发智慧灵感，为科学决策做思想准备。

四件宝物是打火机、扇子、一盆水和鞭子。打火机的功能在于点火，是一把手的责任，意指将思想火花转化成决策部署，但要注意，火点的多了就会政出多门。点火之后，就要在旁边观察，没烧起来，就用扇子扇一扇。烧过了头，就用水浇一浇，火候适中即该重上“庐山”了。鞭子要常在空中甩得啪啪响，一般不要轻易打下去，这叫警钟长鸣。当必须打下去时，则应毫不犹豫和毫不留情，这叫以儆效尤。

事实上不常登“庐山”，不善用四件宝物的一把手比较难当，不是缺乏工作思路，就是缺乏领导艺术，要么当得较累，要么控制不住局面，对事业发展影响较大。

二、二把手管家

在班子中，二把手好比店铺的管家，工作要承上启下，协调四方。一把手拍板的质量，在相当程度取决于二把手事前的参谋如何。拍板定下的事项，也在相当程度要靠二把手具体组织实施，且众多事务性工作也要由二把手统筹应对。当好二把手，形象地说，也要经常上一座山，善于用四件宝物。

山是隆中山，隆中是诸葛亮躬耕之地，名著《三国演义》对隆中山刻画得很好，“山不高而秀雅，水不深而澄清，地不广而平坦，林不大而茂盛”。这正是二把手应有素质的形象写照。当好二把手的奥妙，首先应有好的心态和修养，尤其在内心深处要自觉甘当一把手的配角，积极支持一把手工作。相对于其他副手，还要有更多的包容、更多的协调和更多的辛劳。诸葛亮为什么出山后得以施展宏图之志，创立大业、名垂青史，成为历代称颂的二把手，不能不说与隆中山水的陶冶有关。

四件宝物是容器、计算器、搅拌器、灭火器。容器是指柴米油盐、酸甜苦辣、是非曲直什么都能装，什么都装得下。没有容器，上下之间、正副之间、内外之间就少了矛盾缓冲区和“来料”加工区。计算器是指对家底经常进行盘点，对往来账目经常进行清算，对纷繁复杂问题经常进行梳理。在决策上，主动为一把手当参谋；在决策落实上，着力思考解决战术问题。搅拌器是指在落实决策过程中，审时度势，协调督办，有效对各方力量和利益整合，做到心往一处想，劲往一处使，事往好处做。灭火器是指在处理突发事件、复杂矛盾和疑难问题上，忍辱负重，冲锋陷阵，成为化解危机和疑难的高手。

如果说一把手难当，那么二把手则难找。问题往往就出在有的身为二把手，心里老想当一把手，在好事面前自己说了算，遇到矛盾往一把手或其他副手那里推。如此，班子里不闹矛盾才怪。

三、其他副手持家

就像一个家庭那样，根据家长分工，兄弟姐妹该下地的下地，该挑水的挑水，该洗衣的洗衣，该做饭的做饭。班子其他副手也必须按分工各司其职，做好工作。形象言之，也要经常上一座山，善于用四件宝物。

山是华山，自古华山山峰陡峻，奇险无比。其他副手应清醒认识到，分管工作纵有千难万险，必须义无反顾、勇往直前。不要老想给自己留后路而产生依赖心理，好事自己干，矛盾上推下卸；或老想走捷径投机取巧，导致工作不深入、不扎实。

四件宝物是透视镜、战马、利剑、衡器。透视镜是指对分管业务要深入钻研，成为行家；战马是指干工作要迎难而上，冲锋在前；利剑是指在业务工作上要有攻坚克难的能力和艺术；衡器是指要经常衡量一下自己的斤两，检验分管工作的质量。

不然的话，当副手看似居于领导岗位，其实际作用还不如业务骨干，甚至连一般工作人员都不如。

总之，只有把当家、管家和持家的关系处理好了，班子才有凝聚力和战斗力，事业才能蒸蒸日上，兴旺发达。

2006 年 1 月

解读办公室主任老本经

办公室何时出现，好像还没有人考证过，只是古今中外莫不有之，称谓不一，职能则大同小异。诸如有人说办公室是参谋部，有人说办公室是中转站，有人说办公室是杂货铺，有人说办公室是个筐等。不管怎样，无非是说办公室工作难做，做好了进步机会要多一些。办公室主任是一个单位的兵头将尾，要胜任这一职务也并非易事，如同业内人士戏称的那样，“办公室主任是能人搞不好，庸人搞不了”，其寓意颇值得回味。当然，要当好办公室主任，还是有规律可循的，其关键就是要把老本经念好。

一、精准定位

人说办公室主任难当，其实倒不是难在事务上，主要难在工作定位上。定位不准，既难以发挥应有作用，还会招致不必要的麻烦。

（一）办公室主任是个“卡”字——不上不下

办公室的职责是上传下达，协调四方，无论从纵向或横向看，办公室主任都是一道关卡。事情由下上行时，要为领导把关，梳理矛盾，提出参谋建议；事情由上下行时，要安排协调落实，加强跟踪督办。事情由内外行时，要搞好联系沟通；事情由外内行时，要及时接待服务。其定位不上不下，是说办公室主任不是领导，但参与领导决策。办公室主任是领导下属，但不同于一般下属。所以，把好这个度，对做好办公室主任工作尤为重要。

（二）办公室主任是个“尖”字——不大不小

首先，从职位上讲，办公室主任是个官，但不要看成大官，与领导平起平坐。也不能看成小官，与其他同类人员简单相提并论。看大了有风险，看小了事难为。其次，从工作内容讲，办公室主任既要参谋参与做大事，更多还要积极主动做小事，如果经常错位，就会麻烦不断。最后，“尖”字的奥妙在于有些工作，特别是急难险重工作，办公室主任要时常冲锋在前，打头阵，当尖兵。办公室主任的一个作用是及时监督和协调有关单位工作，另一个作用是让领导断后有回旋余地，再一个作用是为有些工作的开展打前站和做准备。也就是说应对和破解急难险重工作，领导贵在握刀柄，部门贵在用刀刃，办公室主任则要当刀尖。

（三）办公室主任是个“斌”字——不文不武

办公室工作尽管纷繁复杂，但可分为一文一武两类。办公室主任的基本功就是遇到文事能处理文事，遇到武事能处理武事，且都要处理得恰如其分。要做到这些，其内在素质要文武兼备，外在表现则要把握好火候，既不能太文，也不能太武，更不宜表现得能文能武。尤其在场面上若是有意或无意彰显才华与自我，尽管把事处理好了，但仍显有失水准或犯忌。故必须尽可能把文事武事做好的同时，在场面上以表现出不文不武为好。

（四）办公室主任是个“傀”字——不人不鬼

办公室主任是领导的助手，其工作是领导大脑和手脚的延伸。“傀”字本属贬义，但反其道而行之，从这个字的字面意思可以看出，办公室主任服务领导从属性较多，独立性较少，工作上必须跟领导保持高度一致。“不人”是指不能像常人那样，有太强的个性和太多的自我；“不鬼”就是要心地堂堂正正，不能利用特殊岗位在领导身边谋私、玩弄是非。同时，在工作中能妥当处理好复杂的人和事。

二、学习动物

人是大自然的产物和高级动物，之所以高级，主要在于思维活动具有能动性，并在很多事情上可以从大自然和动物界的发展变化特性中得到启迪，为我所用。当办公室主任也是这样，注重了解和感悟一些动物的特性，对于做好工作颇有益处。

（一）灵敏的猴

猴的特点是反应快捷，行动灵活。办公室上要为领导服务，下要协调督办，外要联系沟通，内要保持运转，那么当办公室主任就必须善于察言观色，细致入微，手脚利索，见机行事，把工作做得恰到好处。如果反应迟钝，行动老是慢半拍，或是拿捏得不准，就难以胜任本职工作。

（二）奔腾的马

马的特点是纵横驰骋、风驰电掣，奋勇前进。办公室主任干工作也要像马那样，马不停蹄，快马加鞭，迅速把里里外外、上上下下的事打点好、料理好，千万不能懈怠和偷工减料，这主要体现的是工作快捷性问题。

（三）犁地的牛

牛的特点是耕地勤勤恳恳，兢兢业业，卖力干活。办公室工作相当繁杂，事无巨细，劳心劳力，当办公室主任就需要有吃苦耐劳的老黄牛精神。也像戏言所说：他人休息我工作，他人潇洒我忙碌，他人安逸我辛苦，他人风光我幕后。

（四）下山的虎

虎的特点是兽中之王，能力超强，威猛无比，所向无敌。工作遇到急难险重和疑难杂症，是一个地方和单位的家常便饭，排解急难险重和疑难杂症，无疑需要能力超强的骨干担当重任，当办公室主任往往就需要具备下山虎一样超强的能力。一旦临危受命，招之即来，来之能战，战之能胜。可见，办公室主任要胜任工作，有时不像猛虎一样威猛是不行的。

（五）啄木的鸟

啄木鸟的特点是善从细微处发现暗藏的害虫，并认真细致啄开树皮树干，直至把害虫解决掉。办公室主任也要像啄木鸟那样，平时耳聪目明，多一份细心，善于发现工作中浮在面上的细微问题和沉在面下尚未暴露的问题，及时协调督办有关方面解决。或是亲自动手主动而为，抓好落实，积极自觉为领导减压减负，消除一些问题或隐患。

（六）搬家的蚁

蚂蚁的特点是搬家非常注重集体行为，分工有序，各司其职，各尽其力。

一个地方和单位的工作有时也是这样，要消除摩擦，达到协调一致，往往需要办公室主任善于从蚂蚁搬家角度和具体落实层面去统筹协调各方，注重弹好钢琴，发挥催化剂、黏合剂和润滑剂作用。也就是说办公室主任不仅要管好自己的事，更要努力多管闲事和协调做事。

（七）打鸣的鸡

公鸡的特点是黎明将临忙着打鸣，昭告新的一天到来。在一个地方和单位，工作千头万绪，人员形形色色，许多问题解决需要早早提醒或反复提醒。要做到这些，就需办公室主任这样的角色像公鸡打鸣那样在行动之前早点提醒，在落实过程中反复提醒，表面显得唠叨一点和琐碎一点，实则为了承上启下和承前启后，保证上下左右工作协调有序。

（八）吐丝的蚕

蚕的特点是将一生集聚的精华吐丝成茧，无私奉献，所谓“春蚕到死丝方尽”，赞美的就是这种奉献精神。办公室主任无疑处在矛盾的旋涡和问题的焦点，要把工作做好，所付出的劳动往往超乎常人，而且更重要的在于能够默默无闻地吃苦吃亏，不在利益得失上斤斤计较，真正做到“先天下之忧而忧，后天下之乐而乐”。反过来说，缺乏无私奉献精神，是干不了办公室主任的。

（九）看家的犬

犬的特点是忠于职守，不分昼夜守家护院。在一个地方和单位，由于领导工作主要在外，要统筹事务，搞好内务，协调运行，往往需要办公室主任在家看门，并要耐得住寂寞，耐得住清苦，南来北往联系工作上门的有个照应，内部一般事务有人协调。这样领导外出才能放心和安心，得以集中精力抓大事。

（十）替罪的羊

羊的特点是逆来顺受。办公室主任因其地位重要和身份特殊，有时难免成为挡箭牌或出气筒。情况更为特殊的还在于有时领导或他人出于策略考虑，也会借责难办公室主任而声东击西，旁敲侧击。这就要求办公室主任不管批评对错，都要吃得住、经得起、咽得下。如果像老虎屁股摸不得的，最好别当办公室主任。

三、优良素质

在实际工作的各路人马中，能当办公室主任的人素质应该是比较高的，不仅要在某些单项素质上崭露头角，更要在综合素质上得以体现，这样才能担当重任和有所作为。

（一）思维

当办公室主任要有好的大脑，在许多事情上应想远一点、细一点、多一点、难一点，且必须想明白。其精要是复杂的事想简单点，简单的事想复杂点。因为领导主要思考的是大事和复杂的事，对于小事和简单的事一般思考较少。办公室主任是领导的助手，对于复杂的事不是不应思考，关键是不要顾及方方面面的关系、为复杂的矛盾所束缚，大凡看准的就大胆去落实。对于简单的事，则应该经常好好想一想，小事中往往蕴藏有大事，简单的事中时常孕育着复杂的事，小事和简单的事想得周到，就能与领导思维起到优势互补的功效。

（二）品行

办公室主任工作在领导身边，周旋于复杂矛盾中，因而必须有良好的品行。其基本要求是：人忠厚但不笨拙，人灵活但不越轨，始终牢记权力是组织的，名利是别人的，责任是自己的，委屈苦衷是心里的。其意思是说，办公室主任对上对下要忠厚实在，在大是大非面前应是明白人；处理复杂矛盾关系要机动灵活，但不违反大的原则；行使权力一定要秉公办事，向组织负责，切忌将权力当成个人满足私利的工具；在工作岗位上要淡泊名利，默默奉献，不怕吃亏，见到名利绕道走；干工作要敢于负责，精益求精，踏踏实实把自己的事情办好；对于工作中的委屈和苦衷，要忍辱负重，任劳任怨，保持一个良好心态，打落门牙往肚里咽，再多苦水在腹中流。

（三）态度

办公室工作千头万绪，但多是服务工作。一靠能力，二靠态度，有时态度显得更为重要。这种态度主要表现为：围绕职责转，随时听使唤，大小事都干，从不怕困难，处处是模范，居功不言半。这里比较难做到的是如何看待功过。一般而论，当办公室主任应该是有过无功。之所以有过，是其工作的从属性、琐碎性、复杂性、不确定性决定的，干什么都不可能尽善尽美、人人满意，因而对工作必须经常自觉检查和反省。之所以无功，不是说办公室主任不能建功立业，是因工作特殊而不可言功，更不可争功、邀功和贪功，必须牢牢记住功劳归于组织、领导和他人。

（四）能力

办公室主任必须具备较强能力，具体应表现在两个方面：一方面，要有较强文字能力、参谋能力和协调能力。文字能力是指能写出漂亮的文章；参谋能力是指能及时为领导提出有价值的决策参考意见；协调能力是办公室主任应具备的能力，有些业内人士曾戏称办公室主任必须是“牛筋大学无理系力学专业”毕业的方能胜任。实则是说办公室主任协调的事项大多为扯“牛筋”、评判“有理无理”和“费时费力”的事。另一方面，要有较强的协助领导抓工作能力。打个比方，办公室主任协助领导根据职责分工要开专卖店。专卖店要生意兴隆，还必须办好两个分店，一个是精品店，领导主抓，主任协助，这是领导要抓的大事、要事和出彩的事。另一个是杂货店，主任主抓，领导指导，这是领导工作中的杂事、琐事、难事和麻烦事。办公室主任固然要协助领导开好精品店，但主要精力还是要帮助领导料理好杂货店，把大量的杂事、琐事、难事和麻烦事处理到位，让领导集中精力和时间去思考、处理大事和要事。即便一时处理有难度，也要将问题的来龙去脉、症结所在、处置建议梳理清楚，让领导处置既有缓冲余地，又有比较翔实的材料和决策依据作铺垫。如此，才能成为领导的理想助手和得力搭档。

2007 年 2 月

要正确处理上下级关系

在地方行政中，往往具有较为格式化的上下级关系。能不能正确处理上下级关系，不仅涉及上级决策落实、政治抱负实现、施政业绩优劣，还涉及下级能力才华发挥、政治上的进步、工作成就高低，更涉及工作竞进提质和大有作为。

坚持以政治法律道德为核心。地方行政行使的是公共权力，其性质决定了一切工作行为必须以党的路线方针政策、法律法规、公共道德和全心全意为人民服务为指针，任何上下级关系的确立和互动必须以此为基础，且对上级要求应该更高更严。因为在行政工作中，上级权力较大，工作范围较宽，调控手段较多，影响力较强，处理上下级关系理当更准确、更规范、更科学、更有艺术性。事实上，某些行政中的问题，行业不正之风问题，乃至腐败问题，大多与有的上级没能很好要求自己和管理下级有关。同时，下级也要按规范要求与上级打交道，而不能从个人利益出发，投上级个人所好，误导上级、利用上级、损害上级。有的上级之所以出这样那样问题，除个人原因外，往往就是让品行不端的下级给促成的。

坚持以业务工作为载体。上下级之间主要是工作关系，是工作将大家从五湖四海汇集到一起。无论上级还是下级，只要一心扑在工作上，按工作要求处理相互关系，就不会有且不应该有关系庸俗化倾向。但是，问题复杂性在于业务工作不是孤立存在的，而是与特定环境和形形色色的人密切相关。那么因工作而形成的上下级关系中，也就难免会有这样和那样的人将私心私欲与工作捆绑，搭工作之车、借工作之名、用工作之便去建立和融通私交，并反过来影响工作，使上下级关系复杂化。要建立良好的上下级关系，作为上级，要率先垂范，将个人偏好与工作区分开来，不搭工作之车、借工作之道、谋个人之利、影响下级正常工作；要指导下级多做工作，多做创造性工作，多做对人民群众有益的工作，多做急难险重、排忧解难工作，防止和及时纠正有的下级借工作之便，谋求与上级个人建立庸俗关系。作为下级，要服从上级、尊重上级，靠积极努力工作赢得上级信任和支持，而不要借工作之名，行与上级拉私人关系之实。

坚持以精湛的协调艺术为手段。在地方行政中，上级都希望下级德才兼备，精明强干，服从领导，听从指挥，干事能独当一面；下级都希望上级非凡大气，有超强智慧和驾驭复杂事物的能力，且公平处事，赏罚分明。针对这一普遍心理状态，上级在应对下级或下级在应对上级时，都要审时度势，讲究经营艺术，对症下药，进而达到良性互动。作为上级，应做到以下几点：一是海纳百川，具有宽阔的政治胸怀。既要善于采纳英雄所见略同之建议，更要听得进不同声音；既要容得下级过失，更要容得下级才华超群；既要善待反对者，更要严格要求拥护者，靠宽阔的政治胸怀赢得人心。二是高屋建瓴，具有超凡工作谋略。表现在应对事务善于把握规律和发展趋势，大的方面有盘子，动态过程有重点，协调运行有章法；表现在对人的管理知人善任，扬长避短，放而不乱，严而不死，注重人性化而不失原则，讲究随流合群而不媚俗附势。三是纵横捭阖，善于运用象征艺术。主要是从大自然天工造物、波澜壮阔的历史画卷、世间名人名言、现实大环境中汲取精华，激发灵感，凝聚智慧，用超常举动，自然取势，借古喻今，获取内涵丰富的行政理念和决策思路。四是审时度势。毕竟有些工作推进和矛盾解决需要一定气候与条件，操之过急，欲速则不达，反应迟钝，则坐失良机。这就需要善于借势，准确预测和及时掌握将要发生和刚发生的大事，借东风外力，果断出击，打开工作局面；或有针对性地造势，靠内力蓄势水到渠成，化解各种矛盾。五是牵牛鼻子，坚持正确利益导向。对先进要掌握火候，正向激励，行之有度，四两拨千斤，使之快马加鞭；对后进要推拉帮促，通过动基础，去条件，给压力，失其利，使之不懈怠，力争上游。六是润物无声，充分发挥文化建设功效。须知社会在发展，人的素质在提高，对人的管理和使用越来越讲究文化底蕴、文化品位和文化覆盖面。只有让行政文化在下级心中潜移默化，自觉性不断提高，其管理成本才最低，效率才更高。作为下级，也要学点事物辩证法，研究和掌握应对上级之艺术，紧紧围绕做好工作这个中心，想上级之所想，急上级之所急，解上级之所需，靠对事业忠诚、对环境和业务熟知、攻坚克难的决心和毅力、开展工作的创新力和创造力，以及扎实业绩去赢得上级信任与支持。

坚持以制度纪律为保障。俗话说：没有规矩不成方圆。上下级之间交往联系也不能没有制度纪律约束。制定制度纪律容易，执行到位却较难，坚持不懈贯彻落实更难，难就难在有的上级不坚决，不彻底，有私心，带头违反制度纪律；难就难在有的下级缺乏自觉性，老想钻空子，踩红线。上级要做遵守制度纪律的模范，一切按规矩办事，不能开口子，搞照顾。同时，对下级要严格要求，进行经常性的教育，对教育不改的，要敢于用制度纪律处置。作为下级要增强遵守制度纪律的自觉性，既要严格自律，也要正确行使民主监督权力，对上级遵守制度纪律进行监督，确保在制度纪律范围内密切上下级关系。

坚持以朴实真挚的感情为纽带。人是有感情的，讲感情应一分为二，扬长避短。尤其上下级的感情，应当是在不违背法律、政策和原则前提下的朴实真挚感情，严防私人感情因素在思维行为中占比上升或独大，导致公权私化，公事私办，公利私占，公信私毁。作为上级，要像对亲人一样关爱和尊重下级，注重关心下级政治进步，工作能力发挥，生活有什么困难，心里有什么想法，有时只要不影响工作和大局，还要善于原谅和宽容下级缺点，以及个性不足。切忌对下级问题不敢批评，当老好人，怕伤感情和丢选票等。作为下级，对上级要真心实意拥戴，尊重上级人格，听从上级指挥，积极为上级当参谋、出主意，做好上级布置的工作。要充分理解上级难处，善意看待上级不足，工作中多为上级排忧解难，尽可能不添乱子和少找麻烦，关心上级身体健康，带着真情实感当好下级。

坚持以提高素质为基础。作为上级，要不断提高党性修养，增强宗旨意识，坚持讲政治，讲道德，讲正气，时时处处作出表率；要不断提高驾驭复杂事物的能力，做到熟知政策法规，了解历史，洞悉现实，明辨症结，厘清思路，善于调动各方面积极性和创造性，及时化消极因素为积极因素；要不断提高文化水准，紧密结合工作实际，善于跟踪本行业发展动态，加强学习，不断更新和调整文化知识结构，成为名副其实的现代文化人；要不断提高自身亲和力、感染力和凝聚力，坚持深入实际、贴近生活、联系群众，注重与下级打成一片，以良好的职业形象、严谨的工作态度、求真务实的过硬作风影响和带动下级。同时，对下级也要经常进行教育培训，在政治上严格要求，工作上严格管理，作风上严格约束。再则，要积极创造条件，让下级有更多机会和更好条件向书本学习，向实践学习，向先进学习，进而培养和带出一支好的队伍。作为下级，要加强政治理论学习，自尊、自信、自律、自强，坚持深入实际磨炼本领，成为本职工作行家里手；要强化参政议政、民主监督意识，不断提高能力，把对组织负责、对群众负责与对上级负责有机结合起来。

2007 年 8 月

行政机关团队建设在于“五步走”

行政机关工作十分重要，建设一支坚强有力、素质精良、协调联动的团队，是正确履行职责、践行服务宗旨的重要前提。团队建设内涵十分丰富，各种经验和高论精彩纷呈。诸如有强调素质的，有强调配合的，也有强调结构的等。但是，如果用一种形象化的比喻简而言之，其实团队建设就像走路一样，不同成员把要走的步子走好即可。

一、一把手“方步”走

一把手是机关主帅，任务艰巨，责任重大，其履职尽责的关键在于走好“方步”。所谓“方步”，实为一种步履轻松、步态稳健、步幅适中、步速较缓的四方步，也是最能体现一把手风度、气质、身份和责任的步子。现在有的一把手很辛苦，不仅要承受巨大的工作压力，还对身边的张三李四放心不下，因而干了许多副职的事，甚至过多陷于迎来送往之中，在一定程度上影响了抓大事和抓重点。事实上，一把手要当得潇洒和大气，应专心走好“方步”。

善于迈着“方步”往上走。上级机关和领导，是一把手工作的顶头上司，也是百姓所说决定下级命运的关键人。所以，经常向上汇报工作，争取重视支持，是一把手的重要职责。同时，上级机关和领导对下级工作的考量，又时常根据所辖机关一把手所作所为确定，有时还要看一把手前来汇报工作和争取重视支持的情况。故一把手必须主动适时“到部进京”，或“到省进厅”，或“到市进局”，而且要能走和会走，以及卓有成效。

善于迈着“方步”往下走。一把手工作的基本面在所辖职责范围，要想把工作做好和做扎实，就得经常深入实际，调查研究，了解社情民意；具体检查下面工作情况，及时指导或督办；有针对性考察干部，在选人用人上做到心中有数。迈着“方步”往下走，是一种权威和监管的象征，走下去既要让下属因工作质量水平低劣感到压力和心存不安，又要让下属为上级的亲和与关爱感到轻松，这样，走“方步”就有助于了解工作，考核干部，体现度的规定性；迈着“方步”体察社情民意是一种责任，既要让百姓感悟到一把手想要了解情况，解决问题，也有能力解决问题而寄予厚望，又要让百姓感到亲切、真挚、值得信赖，这样的“方步”一定要多走；往下走是一把手的基本功，凡事都要少在机关看材料、听汇报，多到下面走一走，看一看，尽可能多地掌握实情，为决策提供第一手资料。

善于迈着“方步”往外走。社交应酬是一把手不可或缺的工作，且社会经济交往越活跃，各种往来、节会、庆典等活动就会越频繁，过多陷于其中不行，该参加的不参加也不行，社交应酬不大得体和有失礼仪更不行，而迈着“方步”应对就比较适宜。因为一把手是机关的代表与形象，迈“方步”意味着主轴和压阵，火候适中，点到为止，庄重而不僵化，热情而不浮躁，大方而不失分寸，参与而不失节奏，进而赢得更多声誉和朋友。此外，外出学习考察，借他山之石，也是一把手的工作需要，既能让他山之地感悟到其潜在知识、能力和水平，而将真经道出，又便于就深层次问题与之研讨，通过以“文”或以“武”会友而增进友谊，密切联系，借石攻玉，走这样的“方步”既不失风度，又能恰到好处。

善于迈着“方步”往里走。迈着方步在室内来回走动思考问题，是文学艺术作品中常见的细节设计，比较适合主人公的心境和思考问题的情形。其实一把手决策何尝不是如此，毕竟决策正确与否最终责任和压力的承担者是一把手。所以，决策过程既是一把手工作的重要时刻，也是精神高度集中、思绪波澜起伏、肩承泰山压顶时刻，而迈着“方步”往里走具体做法有三：一是迈着“方步”思考决策。表现出的是一种慎重、洒脱和自信，细想起来颇有些道理。具体来说，要迈着“方步”酝酿预案，就是对调研了解的情况进行梳理，提出初步设想，让大家横挑鼻子竖挑眼，进行反复酝酿，以形成数个初选预案。二是迈着“方步”分析预案。这是一把手独立思考、比较反复、权衡利弊的过程，也是体现能力、水平、胆识、风格的过程。尤其面对具有挑战性、风险性和复杂性的决策事项，越是高瞻远瞩、胸怀大志、干事大气者，其迈着“方步”思考就越显出重要性和艺术性。三是迈着“方步”当机立断、拍板定案。从思考成熟的预案，到最终定案，还要履行必要的程序——集体决策，让参与者充分发表意见，进一步进行分析比较。当存在不同意见时，一把手要抓主要矛盾，看主流方向，认准了就果断决策。同时，围绕决策贯彻落实做好布局，不仅自己要狠抓大事、要事、难事，也要注重对责任分工体系内的各路人马进行协调督办，以确保工作协调联动。

二、二把手“碎步”走

如果说一把手好比商店老板，那么二把手就好比管家，其地位既特殊又重要。说特殊是因为二把手是一把手的主要助手，不仅参与决策全过程，还要协助一把手统揽全局。说重要是因为二把手处在矛盾旋涡当中，形同上下之间、同事之间、内外之间的纽带桥梁、缓冲区和润滑剂，这些都决定了二把手的工作就是要善于走好“碎步”。大凡看过戏剧的都知道，侍女丫鬟常走的一种步子就是碎步，步幅小，步履轻，步速快，反应灵敏，节奏感强，柔性很好。当二把手就比较适合走“碎步”，避免干工作自觉不自觉想走“方步”，或走“方步”处事而越位，或把自己混同于其他副职，降低了二把手的作用而错位。

走好“碎步”抓协调。在机关工作中，如果说决策重要，那么落实难度较大。也如人们常说：一深入就具体，一具体就复杂，一复杂就难办，一难办就可能出现各种结果。这些结果，要么迎难而上，顶着困难和压力冲上去，坚持不懈抓落实，进而啃下硬骨头；要么骑虎难下，举足不前，行动迟缓；要么相互埋怨，相互指责，相互推诿，降低标准，变通处理；要么松劲泄气，打退堂鼓。故当问题处在苗头状态或关键节骨眼上，都需要二把手反应迅速，先期协调督办，帮助研究细化落实决策的具体办法和措施，以推进工作尽快到位，且为一把手留下较大回旋余地。

走好“碎步”巧应酬。现代社会高度发达，各种交往联系日益频繁，机关日常所面对下面来办事的、外来学习考察的、联系业务工作的、邀请参加各种社会活动的、配合做好管理社会事务的比比皆是。对此，若应对得好，能为机关赢得声誉；应对不好，则有损机关形象。如果让一把手操劳这些交往应酬、事无巨细的差使，显而易见不妥，易影响抓大事。相形之下，二把手则理所当然成为应对此类事务的总抓手，既便于协调副职之间、处室之间的工作，也利于一个口径对外，做到反应灵敏，方便快捷，安排得当，处事井井有条。

走好“碎步”忙“救火”。机关服务群众，管理社会事务，难免会遇到一些突发事件和应急情况，若处之不及、处之不当，有的就会引起连锁反应，甚至出现一些较为复杂的局面。对此，二把手当快速反应，挺身而出。一方面及时安排部署，组织力量，查明情况，控制事态，先期处置。另一方面及时与一把手联系沟通，使之在决策和处置上留有空间，得心应手，既协调又稳妥。

走好“碎步”搞盘点。机关工作多种多样，既有阶段性的，也有长期性的；既有应急性的，也有常规性的；既有主办的，也有协办的；等等。在大量日常工作的过程和尾声，二把手都应走着“碎步”忙前忙后梳理和盘点，一来了解面上工作进度和质量，做好协调督办，二来进行理性思考，为决策提前做好准备。

三、其他副手“猫步”走

在班子集体中，如果说一把手形同老板，二把手形同管家，那么其他副职就应该形同伙计，具体分管一个方面事务，责任也是比较大的。要把分管工作做好，就要善于踩着“猫步”前行。大凡看过时装发布会的都知道，模特儿在T台的表演就是身着时尚衣装，踏着音乐节拍，走着优美猫步，展示秀雅体态，既令人赏心悦目，又充满艺术感染力。其他副手干工作也应这样，着力在走“猫步”上下功夫。其实当其他副手相对容易，但要当好则非常不易，其差距常常表现在干工作走出了T台，或在T台内没走到规定的位置，或走台合不上音乐节拍，或虽在T台内活动和踩到了音乐节拍，但实际表现缺乏生气和特色，达不到较高境界等，不能不说这与对走“猫步”的认识理解不够有关。

走“猫步”要善于设计。经集体研究决定的事项，往往较为宏观，具体要靠各位分管领导结合各自实际贯彻落实到位。实际操作一定要像走“猫步”前怎样化妆、着什么服饰、场景如何设置、明晰走台规矩那样，提前对分管工作进行深入具体研究，做出详尽和有针对性的安排部署，为抓紧组织实施打下基础。

走“猫步”要善于踏着音乐节拍。T台上模特儿“猫步”走得如何，韵味能否得以充分体现，很大程度来自音乐旋律，关键在于准确踏着音乐节拍而行。其他副手做工作也是这样，要时刻清醒认识到，这个音乐节拍不是别的，是集体决定和一把手指令，按音乐节拍而行不仅是组织纪律要求，也是领导干部必备素质。在实际工作中，不管怎样尽情发挥，施展才华，都不能不按音乐节拍行事，其所踏音乐节拍而行越准，发挥的空间和余地就越大。

走“猫步”要善于追求较高艺术境界。走“猫步”对于模特儿的要求颇高，既要有好的身材基础，又要有好的艺术素养，表演过程中争取将才艺发挥得淋漓尽致，更应注重创造一种近似完美的艺术氛围。班子其他副手重视分管工作的基础建设固然重要，但更重要的是怎样去创造创新，不断拓展工作新局面，取得良好的经济效益和社会效益，这才是称职胜任与否的综合体现。

四、业务骨干“跑步”走

搞好机关工作，离不开一大批年富力强、素质优良的专业技术人员和中层干部等业务骨干，其工作大多在一线直面纷繁复杂的事务和问题，颇为具体和艰辛。当好业务骨干，就得像长跑运动员那样，靠着坚忍不拔的毅力和拼搏进取的精神，马不停蹄，“跑步”前进，攻坚克难。同时，必须明晰业务骨干虽为机关中坚力量，也是领导干部选拔任用的后备军，工作强度和吃苦程度要比普通干部高出许多，但千万不能将自己的劳苦与个人升迁任用挂钩而经常评功摆好，或牢骚满腹；也不能怕麻烦、怕吃亏而常居中游或下游。所以，当业务骨干既要能文能武，更要任劳任怨，“跑步”要跑得快和跑得好。

要跑在前面“侦察”。大凡打仗攻坚的都知道，大敌当前，开战在即，要摸清敌情，往往到前沿和敌后侦察的不是指挥官，而是侦察兵，是他们冒着生命危险，靠着勇敢和智慧摸清敌情，为大本营决策提供重要依据。因此，做好业务骨干工作，当一个有心人和有作为的人，就要紧密结合工作实际，在操作过程中，把一些突出问题和重点问题积极主动地提前琢磨明白，且在某些方面分析研究的具体性和深入性要强于领导，以为领导决策提供有价值的材料。

要跑在前面“开路”。机关工作运行起来如行军打仗，总会遇到各种问题，解决时除领导层拿主意外，更多更具体的要靠工兵逢山开路，遇水架桥，打前站和抓落实。当好“工兵”，鸣锣开道，披荆斩棘，有效保证机关运行，是业务骨干的常态工作。诸如办会，就得把会务各个环节具体衔接好；领导作报告，就得提前将材料草拟好；接待应酬，就得将各种流程和细节安排好；搞工程建设，就得将技术论证资料准备好，以及协调督办和推进落实好等。可见，事无巨细，排忧解难，正是业务骨干难能可贵的地方。

要跑在前面“冲锋”。在部队南征北战过程中，每当冲锋号响起，或遇到堵枪眼、炸碉堡、啃硬骨头时，总有一些尖刀班战斗人员积极响应，冲锋在前，战斗不止，像钉子那样死死钉在急难险重工作之上，且能够顶得住和控制得住。当业务骨干的就得有这种气概和能力，带头服从领导，听从指挥，敢于面对复杂矛盾，能够积极主动、争先恐后和专心致志解决矛盾。

要跑在前面“断后”。众所周知，在打仗取得胜利以后，还必须打扫战场，将后续工作和遗留问题处理干净，不至于丢三落四而扯大局的后腿，甚至导致有的问题出现反弹，影响胜利成果的巩固和发展。善于“扫战场”和画句号，是很细致和很重要的活儿，非业务骨干莫属。不仅要手脚灵便，更要会用脑子，无须领导指派和他人提醒，都要在恰当节点上自觉行动，主动出击，把后断好。

五、工作人员“正步”走

说到工作人员，不能不提及阅兵式，其最精彩和最壮观的无疑是阅兵方阵人人精神抖擞，个个英姿飒爽，统一迈着正步通过检阅台。工作人员同样形同列阵通过检阅台的军旅，做好工作的关键是如何走好“正步”。故必须提高认识，严格要求，强化锻炼，增长才干，齐心协力。否则，就会步履维艰，无所作为，甚至乱了方阵。

走“正步”要听从号令。训练阅兵方阵，首要的是一切行动听指挥，军人以服从为天职。作为工作人员在岗工作，必须要有很强的组织纪律观念，服从领导，步调一致，做到一个声音喊到底，一个标准贯彻到底，这也是团队出战斗力、工作人员有作为的前提。

走“正步”要动作标准化。走“正步”动作看似简单，其实规范标准非常严格，踢腿、甩臂、抬头、挺胸、收腹等动作都有很高要求。操练是工作人员的基本功，其要害是按标准和养成习惯，背后所折射的是工作人员的态度和作风，因而显得特别重要。

走“正步”要甩开膀子。受阅方阵之所以有生气、有朝气、有威风、有实力，其重要标志就是每个受检阅人员皆甩开膀子大步前进。甩开膀子，意味着用力，意味着下功夫，意味着全身心投入。故工作人员要有所作为，也应用心、用力甩开膀子大干工作。即必须敢于面对困难，积极动脑筋想办法克服困难，坚持不懈抓落实，具有刻苦钻研、精益求精、乐于奉献的精神。如果每个工作人员都能尽心尽力甩开膀子大干，机关工作就会兴旺发达。

走“正步”要协调联动。机关工作复杂，关联度高，要达到理想境界，关键要看整体状态、整体协调和整体效益。阅兵方阵的真正看点就是整体气势、状态和威仪，然而背后起作用的是思想统一、团结协作和动作标准。因此，作为工作人员，首先要按照标准化要求搞好自己的本职工作。同时，要注重自己工作与整体工作的协调性，与他人工作的互动互助，在运作上伸开来是一个手掌，攥起来就是一个强有力的拳头。

2007 年 10 月

政府办公室主任作用何在

在地方政府，一般都设有办公室正副主任或正副秘书长，他们工作在领导身边，位居兵头将尾，从事参谋、协调、服务和其他事务性工作，且涉及面较广、层次较高、任务较重、作用较为特殊。其作用主要体现在以下三个方面。

一、大事管不了但参与知道

办公室主任是领导手脚和大脑的延伸，处在承上启下、承前启后、协调左右的位置，工作时常会遇到这样和那样的大事。对于大事的处理，有的人员对办公室主任寄予厚望，期待其充分发挥作用，把大事处理好；有的人员感到办公室主任无关紧要，能力有限，处理大事要靠领导发挥作用等，这些都是对办公室主任作用不甚了解的缘故。其实在大事处理上，如果看大或看小了办公室主任的作用，让小马拉大车或坐冷板凳，工作就容易走弯路。在这方面，无论是办公室主任，还是找办公室主任办事的，都要认识到办公室主任在大事面前的应有作为。这是因为办公室主任不是领导，在大事面前没有决策权和决定权，也不承担主要责任，如果大事单纯指望办公室主任处理，既有职能分工所限，又将其作用看高了。同时，领导在决定大事之前，一般都要广泛听取各方意见，办公室主任作为领导身边的要员，时常被领导直接授权了解情况，进行分析加工，提出参谋意见，供领导决策参考，从这种意义上讲，办公室主任对领导决策具有一定影响力。当决策确定之后，许多大事的落实，也要授权办公室主任督办或参与督办，促使方方面面把大事办结办好。再则，办公室主任工作要为领导服务，对领导工作的环境、思路、管理层面大多较为熟知，懂得怎样适应领导的工作节奏和为领导服务等。可见，办公室主任工作在领导身边，参与决策，协助抓大事的落实，对一个地方或单位所发生的大事大都知道来龙去脉，基本称得上是明白人。故要想在大事面前不糊涂和有作为，当把握好度的问题。

二、小事不用管但检查督办

在办公室工作中，有许多涉及内部和基层柴米油盐、吃喝拉撒之类小事、琐事和杂事。这些事情处理得好有利于工作，处理不好如同麦芒在背，虽左右不了大局，但让人不适难耐，在一定程度上影响局部或面上工作正常运转。办公室主任处在众多小事、琐事和杂事包围之中，但有的人员应对不尽得法，过于事无巨细，整天忙得不可开交，还理不出个头绪；或经常水中按葫芦，不断遭人非议等。其因主要是内部职能部门和岗位工作人员矛盾上交，以及基层问题上移，办公室主任应对的观念和方法不对。其实，办公室主任对于众多小事、琐事和杂事不用直接去管，那是岗位工作人员和基层的事，若动手去管，一来力量有限，二来管理越位，三来弱化和降低了具体岗位人员和基层的责任。同时，办公室主任对众多小事、琐事和杂事也非高枕无忧，睁一只眼闭一只眼，而要经常调查研究，了如指掌，懂得这类事情特点、经常发生部位、处置方式，以及实际效果，有时甚至要比内部和下面更明白。这样才不会为一些小事、琐事和杂事迷惑与困惑，检查督办起来就能有的放矢，抓得住短板，以防止或纠正其对小事、琐事和杂事处理放任自流，以及处理不当而向负面方向转化。如果当一些小事、琐事和杂事发展到领导直接过问和干预时，说明办公室主任工作没有落实，所面对的问题业已转化和升级了。

三、不大不小事当管但有窍

如果说对于大事、小事、琐事和杂事的处理不是办公室主任的主要工作，那么处理不大不小的事则是其常做的和重要的工作。说事情不大，是指一般上升不到领导直接处理的台面，但常常又让领导放心不下，必须关注和希望做到位的事情；说事情不小，是指内部岗位人员和基层处理力所不及，需要上级助一臂之力，但又不便领导直接动手的事情。对此，办公室主任必须要管要办要知晓度数。常见不大不小的事可分四类：一类是会务。在政府工作中，大凡决定开会及怎样开会，是领导的事，保障会议正常进行是办公室主任必须直接抓在手里的事，大到会议材料，小到会议席卡，都当事无巨细，逐一安排，过目把关，且懂得整个流程和各个细节，是会议从具体筹备到结束的总管。二类是公文。公文是政府行政的重要工具，种类较多，数量较大。对于上行公文，无论是文种和内容，还是时效，办公室主任都必须安排部署好，文字关把好，到领导那里基本是履行手续；对于下行公文，也要注重把关；对于下面来的请示报告更要分别处理，及时提出意见建议，送领导阅批等。这些对办公室主任来讲，也必须亲自动手，对运行了如指掌。三类是接待。各级政府工作一般都有大量公务接待活动，既有上级检查指导工作的，也有下级汇报工作的，既有外来考察学习的，也有国际交往的，等等。为确保政府对外交往联系正常进行，并安排好领导活动，往往需要办公室主任具体谋划运作，周密细致安排，抓好各个具体环节。四类是协调。在落实政府工作决策过程中，时常会遇到矛盾纠纷，为保证领导集中精力抓大事，促使已安排的工作尽快落实到位，办公室主任就要主动上阵，及时了解决策落实过程中的情况，有针对性地化解矛盾纠纷，促进工作快速推进。处理不大不小的事情，也非手到擒来，需要相当的经验和智慧，需要相当的细心和严谨，需要相当的耐心和韧性，在把握度的规定性上，让领导知晓事情的由来和处置结果即可，让内部和基层具体落实、心里踏实、工作协调连贯即可。看不到这些，不要说当办公室主任很累而累不到点子上，就是领导、内部、基层若看不到这一点，也不可能充分发挥办公室主任的作用，做起事来难免事倍功半。

2008 年 4 月

从“三顾茅庐”看人才选用

“三顾茅庐”是《三国演义》的精彩情节，描述刘备为求人才，三次亲顾隆中，恭请诸葛亮出山，辅助其实现宏图大业，成为人才选用千古佳话。然则，若悉数历史和现实，三顾茅庐固然人口皆碑，法乎者众，但成之者甚少，成就大业的更少，其因何在？如果对三顾茅庐作深人分析，当会洞悉其中某些哲理，进而在人才选用上有所启迪。

一、三顾茅庐的环境

从三顾茅庐汲取人才选用之道，前提是要深入剖析环境因素作用。

巨大风险和空前挑战有利于人才成长与英雄有用武之地。三顾茅庐发生在东汉末年朝纲日废、群雄并起、烽火连天、战乱不止的乱世之秋，社会风险挑战均已达到高峰值，每个人都面临生与死的煎熬和磨难。正是这种极限危局，既像熊熊燃烧的熔炉，千锤百炼济世之才，又像滚滚江流大浪淘沙，使各种人才不断推陈出新。当人被各种艰难险阻逼到了绝境或没有退路之时，任何形而上学之思维、投机取巧之作为、低能庸俗之应对等，都将被现实无情淘汰出局。要想有一线生机，唯一出路就是赴汤蹈火，千锤百炼，培养真才实学，靠智慧和才干杀出一条血路，进而成就英雄伟业。在和平、安逸、舒适的日子里，人所面对的风险和挑战数量较少，强度较低，退路和利欲追求多了，也就难以激发人的危机感、压力感和紧迫感，导致意志懈怠，攻坚克难能力降低，英雄用武之地狭窄，甚至弱化社会优胜劣汰机制，让坏人和庸人成了气候，这也是事物二重性所在。

挫折和失败是人才选用者最好的清醒剂与助推器。刘备是三顾茅庐的倡导者和实践者，为匡扶社稷，施展抱负，他义无反顾地投身疆场，群雄逐鹿，然多失败，深感人才匮乏，独木难支，壮志难酬，因而求贤若渴，寝食难安。诚然，英雄不是天生就有用武之地，虽说要靠人才自身努力，但更多要靠伯乐相马。这就为人才脱颖而出提出了一个重要问题，即千里马常在而伯乐不常有。

其因在于有的人才选用者处在顺境和事业上升期，一般容易自恃脑子够用，应对得了眼前局面，在人才选用上少了外在压力感和现实紧迫性，多了优越感和自我高估心态，人才选用标准哪能不出偏差。诸如不重实战能力，偏好忠诚度和依存度，以及自我放心度和舒心度，故常被坏人和庸人所利用。实践证明，只有当人才选用者能力不足以应对风险挑战，且屡遭挫折和危难当头之时，人才选用才可能回归现实理性状态，不在乎谁说得好听，谁能投其所好，谁会搞关系等，转而注重智慧之人和实战之人。想当初刘关张桃园三结义时，刘备结识天下豪杰所用标准是义与力，而非智与谋。只有面对曹操、袁绍等强大对手屡战屡败，才转而以智取人，并演绎出三顾茅庐之佳话。因此，作为人才选用者，当清醒认识顺境易偏离人才选用标准，逆境和挫折能发人深省，选贤任能，而且只有那些真正的智者和大家，不论身处顺境还是逆境，都能保持清醒的头脑，在任人唯贤上坚定不移，持之以恒。

人才多置身圈外和超然世俗。三顾茅庐的另一主角诸葛亮，胸怀大志，才高八斗，隐居躬耕，汲山水灵秀，冷眼观世，蓄势以待，以求凤凰择高枝而栖，施展抱负和才华，济世救民。何曾追名逐利于官场，投机钻营于山头。可见，人才多隐居或散落民间，是值得关注的现象，原因复杂，但怀才不遇和怀才不露，多与人才选用者的素质和周围关系有关。诸如诸葛亮身怀绝技，隐居隆中数年，就在于刘表之类短视平庸，圈内坏人和庸人充斥，与其打交道既非所愿，也非所长，雄才大略非遇明主不供驱使。所以，作为人才选用者，若想干一番事业，目光千万不要仅局限于围绕身边转悠的人、投其所好的人和听话放心的人，这样的人不一定是人才。理当更多关注远离自己的人、视野范围外的人，甚至对自己不满的人，这样的人不一定不是人才。其实真正的人才一般不易被察觉，伯乐相马的关键是怎么相，说的就是目光和才智问题。

二、三顾茅庐的关系

人才选用涉及一个较为完整的关系链条，各链条要素的互动，在相当程度上决定着人才境况，三顾茅庐所展示的关系链条不仅相当生动，也相当深刻，值得引以为鉴。

人才选用者刘备。刘备是三顾茅庐关系链的主角，以及人才选用行为的组织者和实践者。形势所迫和发展需要，使之不得不求贤纳仕，图谋大业。即根据事业发展需要，自觉将人才选用纳入发展战略，并亲自掌握和部署；人才选用善于倾听各方意见，特别是名人志士和群众意见，看准了就坚定不移抓落实；人才脱颖而出，免不了遇到关羽、张飞之类的怀疑和反对者，尽管三顾茅庐所涉及的是对诸葛亮不了解情况下的举动，没有刻画嫉贤妒能、武大郎开店之辈。但是，来自权力核心层的怀疑和反对，是造成与人才失之交臂的重要因素。刘备的高明之处就在于力排众议，不受任何干扰，表现出难得的定力；更为难能可贵的是刘备能够放下架子，不耻三请，虚心请教，从内心深处表现出真诚和信任，创造条件让英雄有用武之地。应该说在这一关系链中，刘备的作用发挥得淋漓尽致，堪称楷模。

怀疑与反对者关羽和张飞。关张系刘备起家的挚友与骨干，是核心层中的核心。不管出于什么动机，他们对于刘备三请诸葛亮从内心深处是怀疑和反对的，并在一定程度上付诸了行动。这不仅使三顾茅庐显得曲折和生动，更揭示了人才脱颖而出是多么不易。应该说在刘备三请之下，诸葛亮出山还比较顺利，现实中的人才要想脱颖而出，不仅会遇到类似关羽、张飞的怀疑和反对，还会遇到类似才华横溢的周瑜的妒忌和排挤，以及类似阴险狡诈秦桧的陷害，后者常常是人才的排斥者、压制者和迫害者。这些都是人才选用不可不防、不可不究的大问题。

荐贤者司马徽和徐庶。什么人用什么方式荐贤，其效果往往不同。司马徽和徐庶是社会贤达，一个闲居山林，置尘世于度外，一个颇有抱负，踏上征程小试锋芒即落入“身在曹营心在汉”的困境。他们向刘备荐贤，既非刘备顶头上司、家眷亲属、结义兄弟和利益关系人，也非诸葛亮拜以疏通关系谋官腾达的掮客，更非个人利欲所求，而是出于对刘备的信任、尊敬和求贤若渴精神的感染，出于对诸葛亮才华的钦佩和尊崇。他们无疑是荐贤者的楷模。

被选用者诸葛亮。什么是人才，不同的人会有不同的看法，但大致应从所具有的硬实力和软实力衡量。硬实力主要是所具有的文化水平、认识分析问题能力和攻坚克难本事。软实力主要是所具有的道德品行、精神状态、意志毅力和人格力量。两者居其一即可称才，两者兼而有之谓之大才，诸葛亮即是这样一个大才。在躬耕隐居生涯中，一方面加强学习，纵观风云变幻，不以位卑而心灰，不以山居而浮躁，不以困苦而牢骚，不以才高而急功。另一方面以一种冷静目光和凤凰择高枝而栖心态审视各路并起诸侯，绝不为图一时风光而攀龙附凤、投机取巧、苟且偷生，不出山则矣，出山就鞠躬尽瘁，死而后已。诚然，对人才不必苛求面面俱到，但三顾茅庐毕竟为我们展示了一个人才的真正内涵，值得有志成才者学习借鉴。

三、三顾茅庐的流程

三顾茅庐虽是一桩脍炙人口的故事，却在相当程度上揭示了人才选用的工作流程，也正因为流程的科学合理，才产生了诸葛亮出山这一丰硕成果。

工作需要，注重实用。刘备非常重视人才选用，其立足点是能办大事和办公事，而非办私事和满足自己私心私欲。在创业之初，因力量薄弱，实际工作需要忠义之士和善武之人，故有关羽、张飞、赵云等人加入。随着事业初步推进，遂有一些文人谋士被招揽帐下。经历一系列失败和挫折后，才有三顾茅庐之美谈。可见，工作需要，是人才选用的前提，有需要，就应及时选用。正如俗话所说：什么是人才，有用就是人才。切不可因人设事、因关系选人，或许网络人才不少，面子好看，却没有实际用场。

高点定位，精心谋划。从三顾茅庐可以看出，选大才、用大才是刘备孜孜不倦追求的目标和既定战略，并纳入了整个群雄逐鹿、振兴汉室的重要议事日程，不论遇到什么情况和问题，都坚定不移去抓落实。从刘备殚精竭虑实践的结果看，三顾茅庐不失为实施人才战略的成功典范。

荐贤纳荐，良性互动。荐贤纳荐是人才选用的重要环节，因人才选用者工作范围和视野有限，那么经外界广泛荐贤，有利于扩展人才来源。荐与纳是矛盾统一体，纳者是矛盾的主要方面，其关键是有纳的意识，有纳的胸怀，有纳的谋略，有纳的行动。特别是对于荐者要知其心、知其能、知其位、知其见，重在分析、归纳、选优。诸如刘备在众多荐者中，就高度重视司马徽与徐庶之类专家和群众所荐。司马徽既属专家，又属隐居的普通百姓。徐庶也属专家，虽当过刘备军师，但走马荐诸葛时，已辞去军师要职，乃一介草民。他们与刘备没有利益得失，荐贤可谓既有专业水准，又有群众基础，还有道德风尚支撑，进而成就了刘备选用人才的美谈。

重视考察，力排干扰。从人才选用角度讲，刘备三顾茅庐的过程，既是重视人才的过程，也是考察人才的过程。对于事关事业发展的大事，不仅要倾听荐贤者之说，也当亲自登门向被荐贤者虚心请教，用心考察被荐贤者的认识水平和能力，并在考察中力排关羽、张飞之类的干扰，这对于人才选用者来说非常重要。

提供平台，信任支持。人才选用，不是为了好看和装面子，而是为了发挥人才作用，促进事业发展。刘备请诸葛亮出山，即拜为军师，授权指挥调度军政大事，在其施展才华上提供了十分广阔的平台。同时，对于来自方方面面的怀疑和反对，及时加以防范和制止，为人才创造了良好的工作环境，予以充分的信任和支持。

四、三顾茅庐的精华

三顾茅庐是人才选用的典范，历来为人们所称颂，但最值得学习借鉴的在于画龙点睛之作。

大胆选用年轻人才。凭山头派系、人身依附、利益交换和论资排辈用人，是封建社会官场常态，常有大量人才被排斥、压制和迫害，作为年轻人才很难有出头之日。其既不同流合污，又不得通其道，不得已也多被迫隐居山林，远离红尘，填词作赋，退而论书策。历史上许多精彩的诗词歌赋、文史巨著就是凤凰未遇高枝或官场失意之才的大作，其中不乏年轻人才的传世珍品。就像《隆中对》，此等精准把握天下大势的宏观高论，竟出自二十多岁的年轻人之手，若非刘备三顾，还不知将何以传世。三顾茅庐发生在封建社会背景下，刘备与众不同就在于敢于冲破封建官场束缚，熟知人才分布特点，不凭关系取人，也不培植亲信，而是根据事业需要，凭胆略和经验，力排众议，大胆选用年轻人才，非常难能可贵。实践证明，正因为刘备三顾茅庐，选用年轻人才，才得以创立三足鼎立大业。从刘备三顾茅庐选用年轻人才的目光、胆识和作为中，难道不能获得许多启发吗？

优势互补，强强联合。刘备三请诸葛亮，既让人赞不绝口，也让后人争论不休。诸如到底是诸葛亮行还是刘备行，有的说诸葛亮比刘备行，没有诸葛亮就没有刘备三足鼎立大业；有的认为刘备比诸葛亮行，因为诸葛亮为刘备所用，没有刘备，诸葛亮能耐再大也只是山野村夫。对此，姑且不予评论，但毕竟涉及一个重要问题，那就是没有刘备和诸葛亮，就不可能有后来蜀国成为三足鼎立的重要一极。在刘备和诸葛亮的关系中，刘备是帅中强者，诸葛亮是相中强者，帅相强强联合才是事业成功的关键。三顾茅庐在人才选用上揭示了一个非常简单而又深邃的道理，那就是人才选用主要涉及两大要素，一个是帅，人才选用者；另一个是将相，被帅选用运筹帷幄、冲锋陷阵和攻坚克难者。为帅要有德行、胆识和驭才能力，为将相重在德行和实战能力。只有帅与将相强强优化组合、优势互补，才能成就大业。若为帅和为将相者不能实现强强最佳组合，人才选用就会问题多多，古今中外都是如此。

精彩绝伦的杠杆效应。三顾茅庐是在众多要素相互作用下完成的，如同杠杆原理一样，各个要素都发挥了应有作用，因而获得了最佳效果。在三顾茅庐这一杠杆作用发挥上，被撬动的物体是诸葛亮和《隆中对》，前者是人才外在代表，后者是人才内在代表，两者均得而有之，实在是人才选用上的辉煌业绩。相比之下曹操虽然得到徐庶的人，却难用其才；支撑点是刘备选用人才战略，不论遇到什么艰难险阻，靠人才创大业、兴大业均坚定不移，毫不动摇；杠杆本身是刘备选用人才的智慧，以及对人才的真情实感和信任支持，这也是选用人才的重要武器；施加在杠杆上的作用力，是刘备三顾茅庐的具体行动和操作艺术，看似平淡无奇，但与其他要素浑然一体所产生的奇效也就不足为怪了。

综上所述，《三顾茅庐》是一本难得的选用人才教科书，值得人们结合实践，深入学习，认真研究，创新而为。如此，对人才脱颖而出，事业发展，都大有裨益。

2009 年 3 月

关于政府秘书长工作三要素

在地方政府中，一般都设有正副秘书长（或正副办公室主任），主要职责是协助和服务行政首长抓好分管工作。秘书长的工作和地位比较特殊，既处在行政工作运行中心，又处在衔接上下左右关口，还处在协调诸多矛盾事务前沿。因此，要当称职的秘书长，关键要围绕三要素做好工作。

一、行政首长叫干啥就干啥

秘书长是行政首长的助手和大脑、手脚的延伸，自觉适应行政首长的工作特点和工作要求，领导叫干啥就干啥，不仅是行政职能设计和职责界定问题，也是秘书长应具备的基本素质。因而对于行政首长交办的工作，都应积极主动和卓有成效地抓好落实，而不能反应迟钝，跟不上思路，拿不出具体办法，打不开工作局面；或是拈轻怕重，挑三拣四，做不到优质服务；或是自作主张，不规范办事，违背行政首长工作意图，超越工作权限，给行政首长惹麻烦、帮倒忙。然则，秘书长工作也不是单纯行政首长叫干啥就干啥那样简单，皆因所面对的客观实际复杂多样，开展工作具有一定的被动性和辅助性，且行政首长思想认识、能力水平、处事风格等各异。故秘书长工作，一方面要按常规做到行政首长叫干啥就干啥，所作所为围绕行政首长工作运转而运转，要做就做好和做到位。另一方面，也不能简单机械地理解行政首长叫干啥就行动，没叫干啥就坐等吩咐，而是要根据行政首长的工作性质和工作任务，找准自己位置，把握好度，在被动中寻求主动，在辅助中寻求发挥能动作用。行政首长直接吩咐的要抓紧落实，没有直接吩咐的，就要根据实际情况，具体问题具体分析，只要有利于事业，有利于行政首长工作，都要积极主动而为，甚至非常巧妙地弥补行政首长的某种不足。只要把握好度，没有超越行政首长叫干啥的范围和要求，这样一般会得到行政首长的肯定，配合行政首长工作会更加默契。应该说达到配合默契是需要工作能力和水平的，关键要有所为有所不为，创造性地为行政首长服好务。

二、部门领导请干啥就干啥

任何一级政府都由众多行政部门构成，其开展工作难免要直接和间接同行政首长打交道。秘书长的主要工作是给行政首长当好参谋和助手，也就不能不经常为部门服务，支持部门工作，协调督办部门落实有关事项。诚然，秘书长在行政首长身边，服务于行政首长，在与部门打交道时，既有与行政首长相同之处，也有不同之处。相同在于行政首长和秘书长都处在部门上级组织层级，不同在于行政首长是部门行政工作的上级领导，秘书长与行政部门不具法定上下级领导关系，对部门工作不负直接法定责任。正因为如此，秘书长要受行政首长委托去安排、检查、协调、督办部门工作。除此之外，要参与部门工作，就得部门领导“请”字在先，一般情况是不请不到，有请必到。当然，也常会遇到一些特殊情况，这就是部门所请之事，基本是好事少，麻烦多，也就是说好事部门自己办，遇到麻烦则找“领导”寻求支持。这就给秘书长工作提出了一个较为棘手的问题，一般容易采取的应对之策为：既然部门好事不见请，麻烦请上门，个别所“请”有小看人之嫌，于是便好事不沾边，麻烦挡门外，对小瞧人者予以反制。这种应对之策看似有理，实则少了风度和责任感。对于“请”上门的麻烦，不能简单拒人千里之外，而要对问题做深入细致的分析研究，看哪些问题是部门业已努力，解决起来力所不及；哪些问题是部门放不下架子，丢不起面子，工作努力不够，属推卸上交矛盾之举；哪些问题是少数部门利益作祟，自己惹的麻烦向上移交，或设局让上面把问题给扛着。对于部门力所不及的，要积极主动想办法帮助化解矛盾；对于部门努力不够的，要及时提出解决矛盾的参谋建议，必要时也要积极主动帮助化解矛盾；对于部门利益作怪的不良之举，要帮助提高认识，积极改进，必要时还要借助于政府和行政首长的力量加以督办，改进中却有实际困难的，也不必计较前嫌，而是满腔热忱地帮助其化解疑难。可见，秘书长对于部门好事之不请或少请，不必斤斤计较，要有开阔胸襟。对于麻烦常请常顾，也不必心烦意乱，要有较高境界，先当明白人，再当服务员和协调督办者。

三、百姓希望干啥力所能及干啥

广大百姓对政府工作都有很高期待，处在政府秘书长位置，难免要经常直接面对百姓，听取呼声，帮助解决实际问题，这就涉及感情问题、态度问题和职责权限问题。秘书长在服务行政首长过程中，应时常站在大局角度，认真把握百姓意愿，体察百姓疾苦，研究实际问题。在这方面要有真情实感，切不可将服务行政首长与服务百姓对立起来，或将服务百姓摆在无关紧要位置。实际上服务行政首长和服务百姓并不矛盾，往往为百姓服务得好，就是对行政首长工作的最大服务和支持。在具体实施过程中，则要讲究方式和方法。因为秘书长是直接为行政首长工作服务的，对外和对下并不具有行政工作法定职责，许多事情需要行政首长授权去直接督办协调，有些事情则不是秘书长能直接表态和处理的。因此，对于百姓期待，还不能简单处置，而要将问题来龙去脉搞清楚，思考问题如何处置，不能缺乏分寸，随意表态，超越自己的职责和权限。也不能借职责权限消极被动应对百姓反映的问题，比较好的办法是在力所能及上下功夫。一方面，要善于将百姓的疾苦了解清楚，把应对措施思考成熟，及时向行政首长反映，当好参谋助手，争取行政首长的重视和支持，借助行政首长力量把百姓问题解决好。另一方面，要以认真负责的精神，全力以赴地抓好落实。即针对百姓反映的问题和行政首长授权，加大协调督办力度，促进矛盾向好的方面转化，促使问题尽快得到解决。再一方面，要做好百姓思想工作，对百姓反映的问题既要认真对待，还必须做深入细致的分析研究，涉及正当合理合法诉求，要充分肯定和支持。因对政策了解不够，把握客观条件不准而提出的不当要求和采取的不当举动，要耐心宣传解释，通过摆事实讲道理，消除疑惑，化解心结，赢得百姓理解和支持。

2009 年 5 月

优化结构与人才选用

结构是指建筑物承受重量和外力的部分及其构造，又引申为构成整体的各个部分及其结合方式。大千世界各种要素无不在一定结构状态下相互联系和相互作用，且朝着正向或反向变化。在社会生活中，结构设计和组合既是一门科学，也是一门艺术。结构合理优化，有助于要素良性互动，取得好的运行效果。反之，即互动相左，运行失衡。人才是社会发展的精英和栋梁，重视人才选拔任用，历来是干部人事工作最重要和最难解决的问题——难就难在有的缺乏从优化结构角度选用人才，导致人才标准变异，选用实效事倍功半。因此，注重营造和保持良性结构状态，是选用人才的基本前提。

一、树立结构意识

事业发展要靠人才，人才脱颖而出的关键在选用，若实际效果不尽相同，大多与缺乏结构意识有关。诸如有的人比较注重个体素质静态表象或动态单一表象，甚至把具备某种符号和做好单一事物看成人才的重要标志，似乎有文凭就是人才，会搞人际关系就是人才，能为我所用就是人才。正是在这种选用意识指导下，难免导致具体选用行为的片面性，以至某些选用出来的人看似人才，或某一方面表现出人才所具备的素质，但一经实践检验，特别是大风大浪检验，不是为世人所诟病，就是给事业添损失。结构是各种要素的聚合状态，人才实际是在结构状态下和各种要素互动过程中，特定人所显现出的某种良好特质和表现。因此，大凡选用人才，一定要立足特定框架，在各种要素互动过程中，检验人的表现和状态。如此，人才选用才具有科学性。

一是从个体结构讲，要注重德、识、能构成状况。德是政治素质、道德品行、工作作风等，人才选用德的标准，一定是社会标准和组织标准，千万不能让德的标准个性化和个体化；识是从事工作应具备的文化知识、专业知识和经验常识，具备该知识，有助于指导和作用于实践；能是应对客观实际和具体事物的能力，体现的是实战、实践和发挥综合实力的直接过程。把握个体结构三要素，德是统帅，识是基础，能是主体，且必须讲究完整性和科学性，若出现任何偏颇，就可能导致看问题失真和失度。在实际工作中，轻视德而偏重于识与能或重视个体标准的德是较常见的，也是选用人才常出问题的重要原因。二是从群体结构讲，要注重特点、关系、效果关联状况。特点是相比较展现出的个体优良素质；关系是要素间的联系程度和影响程度，是个体素质发挥作用的环境；效果是个体素质在一定环境作用于实际工作的行动和结果。把握群体结构三要素，特点是前提，关系是基础，效果是重点。在群体结构中，通过比较而鉴别，通过鉴别而取优，实际就是动态选用人才的过程。现实比较常见问题是有的不太重视在群体结构中科学动态比较选用人才，而是偏重于突出个体特点，不甚了解实际效果背后关系的作用，容易把群体其他要素的作用归集于个体，良好关系的作用归集于个体，以及片面夸大成果，以成果掩盖关系的作用和个体素质的缺陷。或忽视不良环境对个体能力发挥的制约等，进而造成选用人才的失察和失误。三是从整体结构讲，要注重形势、规律、创造互动状况。形势是宏观大环境，把握形势要立足于局部结构状态又跳出局部结构状态，善于从全局高度深刻认识形势对局部结构状态下要素运行所提出的客观要求与任务，进而洞悉个体要素的适应性和能动性；规律是事物发展和人才成长选用的内在关系与走势，进而深刻认识局部结构状态下各要素遵循规律的情况，特别是个体要素按规律办事的情况；创造是个体要素的创新思维和创新作为，研究在局部结构状态下的实际功效，以及对形势和规律适应与认识的程度。把握整体结构三要素，形势是导向，规律是核心，创造是根本。善于从整体结构角度选用人才，是人才选用工作的最高境界，其关键就是既要深刻认识局部结构状态下的人才表现，更要学会用整体结构的眼光观察人才表现，防止和避免在局部结构状态下选用出的“龙”，放在整体结构中检验为“虫”的问题发生，进而给事业发展造成损失。

二、协调结构空间

结构是否得到优化，主要应看所形成的布局空间如何，且往往决定着各要素的位置和作用的发挥。因而要选用人才，当在各要素布局空间结构优化上狠下功夫。一是关于事的合理布局。事是要素结构的主框架，也是人才发挥作用的主要对象和检验人才能力水平的主要尺度，决定着结构空间优劣和人才选用的实际效果，在相对固定的结构中更是如此。科学选用人才必先在事的设置和优化上做文章，把结构空间的主框架搭建好。事看似简单，实际是优化结构空间和选用人才中最重要、最复杂和最难办的。因为事是客观实际在结构空间的具体反映，要把事办好，不仅要对事的本质有深刻认识，还必须对运动规律有深刻认识，进而发挥主观能动作用，去适应事、改变事和做好事。在事的体系中，常规事是事的基础，在事的集群中数量庞大，需要配置与之相适应的人力要素。但是，常规事不是人才主攻方向，也不是显示人才能力素质的主要载体，有的人时常感到人才难找，问题就出在拿常规事来衡量人才，甚至有的人才在常规事上反而显得不适应和“低能”；重要事是事的龙头，决定事的方向和地位，其结构配置如何，对把握人才素质和能力发挥意义重大；复杂事是事的痛点，内含错综复杂的关系和尖锐突出的矛盾，是事物向好的方面转化的主要障碍，既对人才提出了挑战，也是人才发挥作用的机遇，进而在与复杂事相结合过程中有助于识才、选才和用才；创新事是事的后劲，在事的新陈代谢中发挥着重要作用，做好创新事是人才的特质。因此，在事的布局结构上，重要事、复杂事和创新事的构成与效果如何，基本决定着人才选用效果如何。二是关于岗位职责合理布局。在要素结构中，事是普遍存在的，也是纷繁复杂的，要把事做好，必须按照相应规则对事进行必要梳理，为人力资源乃至人才选用构筑一定载体和平台，其关键就是岗位职责。从有利于事的办理和人才选用角度讲，岗位职责结构布局必须能够承载更多的事，特别是重要事、复杂事和创新事，以有利于人才脱颖而出和发挥作用。如果说有的人才选用问题不少，其症结往往就在不根据事的需要，过多设置岗位，弱化和分散责任，不仅影响办事效率，也发挥不了人才作用。三是关于行为人的合理布局。任何事情都得靠人去做，提高做事的质量和水平，还必须看选什么人，用什么人。人作为具有创造力的核心要素，配置状况如何关系重大，要达到较合理结构，重要的是要配少、配精、配准。少是人才脱颖而出的前提，精是能力素质的体现，准是与事责相适应，只有这样才有利于选用人才。现实比较常见的是有的配置人员太多、过乱，形成“三个和尚没水喝”结构，造成人力资源浪费和工作效率低下，还何谈人才选用和脱颖而出。总之，在协调结构空间上，事是基础，岗位职责是载体，行为人是核心，三者合理布局、协调互动是根本。如此，人才选用方能步入良性运行状态。

三、完善结构功能

构建科学合理的框架，优化布局各种要素，在人才选用上是否就高枕无忧了呢？答案是否定的。因为事物千变万化，纷繁复杂，而人这种特殊要素更是这样。其重中之重就是在结构功能优化上下功夫，只有功能完善和配套，才有助于人才环境的改善、人才素质的提高和人才作用的发挥。一是要建立健全压力挑战导入和再造功能。压力挑战是人才成长与脱颖而出、发挥才智的重要条件，也是结构要素运转的动力源泉。在功能不断优化的结构中，有效导入外来压力挑战，内在创新改革再造压力挑战，其度的规定性很重要，强度不够则缺乏活力和动力，强度太高、超越了要素承受能力会损害自身。因此，在外来压力挑战导入上，就是要对外在形势和大局发展变化有十分敏感的反应，将具有前瞻性、导向性、先进性的要素导入嫁接，转换成对内在要素正向发展的巨大压力挑战，并在度的范围内始终保持高压态势，不断促成内在要素抓紧适应，抓紧调整，抓紧发展。有效导入外在压力挑战是良好结构的基本功能，主要是以外促变，借力促进，让压力挑战激活要素的适应性和搏击性反应。具体到人才选用，就是能让人才的眼光更开阔，目标更远大，干劲更足，做事更努力。在内在压力挑战再造上，就是要始终不满足于现状，注重自我加压、自我完善、自我变革、自我提高，富于创新精神，以高标准、严要求来统领全局，通过再造巨大压力挑战，促进内在要素不断努力，不断进取，始终保持旺盛的生命力。二是要建立健全协调互动功能。在要素结构中，各要素是以什么状态存在和发挥作用，对于结构是否优良至关重要。其关键就是各要素要有协调互动机制，能在运行中优势互补，相互适应，相互促进，做到目标同向，行动同步，能力发挥具有放大效应，有效防止和杜绝要素间相互掣肘、相互制约和能力相互抵消，让各个要素在最佳环境和条件下充分发挥作用，在正向对比中，展现出要素的优势和特点。人才是相比较而言的，其成长和作用发挥的背后有许多要素在直接或间接施加影响，也只有各要素良好协调和互动，人才选用效果才能达到最大化。因此，在好的要素结构中，一定要有尊重人才、爱护人才、支持人才的浓厚氛围；要千方百计为人才成长和作用发挥创造良好的物质条件，不能让巧妇难为无米之炊；要优化工作任务配送流程和机制，对人才要有针对性量体裁衣，多压担子，压重担子，促其充分发挥创造力，防止和杜绝英雄无用武之地，以及大材小用和闲置浪费。三是要建立和完善优胜劣汰功能。作为要素结构，既在发展变化，也是相对不变，要始终保持优化状态，还必须建立和完善结构的新陈代谢、优胜劣汰功能，防止优质要素退化和变异，防范劣质要素干扰和掣肘，避免整个结构要素关系僵化和恶化。具体到人才选用，就是要始终坚持正确导向，按照社会公认的以德量人、以才取人、以事鉴人、以绩服人，排除不良干扰；就是要加大激励人才脱颖而出、创业发展的力度，不仅要给必要的政治荣誉，提高社会地位，而且要改善经济条件和物质待遇，充分发挥物质利益杠杆作用；就是要建立平等竞争的工作平台，用规则和制度鼓励支持人们开展竞赛，确保各方机会均等，平台均等，竞争环境和条件均等；就是要及时剔除有害人才脱颖而出、发挥作用的各种羁绊，坚决防止扼杀人才、浪费人才等问题发生，并及早将其淘汰出局。

2009 年 10 月

谈三顾茅庐与毛遂自荐

三顾茅庐和毛遂自荐是历史上反映人才脱颖而出的经典，只不过有所不同的是三顾茅庐中的人才是被用人者请出的，毛遂自荐中的人才是自我挺身而出的。诚然，无论被请出的，还是挺身而出的，都干出了惊天动地的大事。这就给后人在人才选用上提出了一个深刻而又沉重的话题，假如人才不被请、人才不挺身而出会怎样？答案也许仁者见仁、智者见智，却都绕不开如何正确认识和处理用人者与人才的辩证关系。

一、三顾茅庐——用人者的基本功

在用人者和人才关系中，用人者居于主导地位，是矛盾的主要方面，故千里马一般要伯乐选相。但是，从人才成长规律和发展历史看，往往千里马常有而伯乐不常有。换句话说就是千里马之所以未被相中，关键是有的用人者少了三顾茅庐的基本功。如此，才会出现诸葛亮多年隐居和毛遂屈居门下，以及事业发展时常遇到各种曲折。在人才选用上，三顾茅庐揭示了一个逻辑严密、寓意深刻的关系组合，颇值得用人者借鉴。“茅庐”指的是人才并不多在用人者身边或视野范围，以及名利交际场，而在实际工作一线；“顾”字在三顾茅庐中最重要，反映的是用人者对人才从内心深处的尊重和喜爱，并在实际工作中身体力行。尤其要放下架子，丢弃杂念，从事业出发，深入实际，发现人才、考察人才、尊重人才、诚请人才和使用人才；“三”字形容的是重视人才、选用人才不是心血来潮一阵子，而是坚定不移，坚持不懈，始终如一，不达目的不罢休。在现实生活中，有的用人者虽对三顾茅庐耳熟能详，实际行动和效果却有差距，其问题就出在未能把握三顾茅庐的科学内涵，以及未把目光聚焦在实践和实战中能征善战的人才身上。可见，作为用人者理当夯实三顾茅庐的基本功。

首先，真正用心。就是要深刻认识到事业成败靠人才，各种竞争的核心是人才，谁在人才选用上占据了制高点，谁就掌握了生存发展的主动权。同时，要立足公心，布局精心，力戒私心，到实践和实战中去发现人才、观察人才、研究人才，做到慧眼识才。其次，朴实用情。就是要对人才充满真情实感，力戒按烦琐等级礼节和衙门威仪行事，要实实在在关心人才，理解人才，宽待人才，以心换心，以情换情，与人才交朋友。再次，扎实用力。就是要积极为人才有用武之地创造条件，构建平台，支持人才挑大梁，冲锋陷阵，为人才筑起抵挡嫉妒、中伤、掣肘等明枪暗箭的盾牌。最后，善于用法。就是要审时度势，知人善任，有的放矢，对症下药，靠高超的工作艺术，调动人才工作积极性和创造性。如同刘备那样，为得人才到基层去访，上门去请，恭候站立伺睡，虚心请教大事，落泪跪请出山，授予决断权柄等。目的是感化人才，请出人才，取得人才，赢得人才的认同感和信任感，竭力奉献供驱使，而非施以权术，要弄手段，玩人于股掌之间。

二、毛遂自荐——人才发挥作用的重要形式

人才脱颖而出要寄希望于伯乐，这是千古形成和延续的社会组织性质与构架决定的，但并不意味着人才完全被动应对。在一定条件下，当千里马不被伯乐所相和事业发展到了紧要关头，也可主动出击，反客为主，毛遂自荐，发挥聪明才智，干一番事业。成语“毛遂自荐”，出自西汉司马迁《史记·平原君虞卿列传》，讲的是秦军包围赵国都城，形势危急。平原君赵胜奉命到楚国求援。行前欲从三千门客中挑选 20 名人才同往。挑来挑去仍缺一人时，平时默默无闻的门客毛遂主动自荐和再三请求加入，平原君勉强同意。到了楚国，平原君与楚王长谈未果，毛遂即挺身而出，冒着危险，义正词严，终于说服楚王出兵解围，成为千古佳话。从中可以得到的启示是：首先，“荐”是形式。毛遂自荐中的毛遂，泛指各种人才，自荐是当人才不为用人者重视而主动请缨的行为，所展示的是用人者与人才关系中，矛盾的次要方面向矛盾的主要方面实施反作用的一种形式，以促进矛盾向好的方面转化和彼此间建立良性互动关系。可见，人才脱颖而出既要靠伯乐，也要靠自己，进而达到对立统一。其次，“难”是现实。毛遂自荐是在特定背景下发生的，反观历史，可以看出，自荐背景是国难当头，风险挑战巨大，事业发展困难重重，这应该是人才自荐得以实现的基本条件。如果不是这样，有的用人者感受不到生存发展压力，也就容易缺乏求贤若渴的紧迫感。即便自荐者再有能耐，一般也难成其事。再

次，“干”是目的。毛遂自荐的指向是什么，毫无疑问是应对急难险重，实施攻坚克难。反之，他们依然会默默无闻过着门下客的生活，平静地等待伯乐相马、三顾茅庐和风险挑战降临。绝不会为了权力、地位、名利等不择手段向用人者推销自己，以求哄得、骗得、要得、争得、闹得、买得私利和好处，让这种不耻行为玷污毛遂自荐的名声。最后，“辨”是原因。用人者与人才应该是一种良性互动，在毛遂自荐行为中，还潜藏着人才对用人者的一种选择。也就是说在人才看来，用人者应该具有感召力与影响力，出于凤凰择高枝而栖和对用人者的认同，面对千里马不被伯乐所相，毛遂之类才有可能选用自荐方式，以赢得用人者重视，并提供施展才能的机会。不然，不要说毛遂自荐，就是三顾茅庐也不会出林泉半步。

三、三顾茅庐与毛遂自荐有机结合——人才选用的理想境界

人才选用，是事关事业成败的大事，也是许多用人者和人才努力探求与破解的重大问题。从历史和实践角度看，无论三顾茅庐，还是毛遂自荐，对于人才选用都很重要，也较难做好，要做到两者有机结合更是难上加难。应该看到，三顾茅庐和毛遂自荐，简单看是人才选用的范例，深入看则是人才选用理论和实践的高度形象概括与浓缩，经过历史和实践打造出的这类精品，毫无疑问展示了人才选用的理想境界。

首先，人才选用的最佳条件是大风大浪。三顾茅庐和毛遂自荐所发生的背景，无一例外是烽烟四起、群雄逐鹿的战乱时期，社会风险挑战巨大，每个人都面临着生死存亡考验，现实将用人者和人才都逼上了绝境，迫使用人者在人才选用上，遵循规律，将视野聚焦于社会的大风大浪。明君通过大风大浪选用能臣，能臣通过大风大浪选择明君，也只有通过大风大浪的洗礼，才能锻造出三顾茅庐和毛遂自荐等选用人才与君臣融合的精粹。其问题在于当社会处在和平环境，少了风云变幻和大风大浪，人们还能不能居安思危，保持和发扬高昂的战斗意志而不懈怠，继续演绎三顾茅庐和毛遂自荐等人才选用的壮美史诗。在优越条件下，懈怠和享乐会让有的人很难保持应对风险挑战的精神状态，导致三顾茅庐和毛遂自荐的实质和内涵发生变异。可见，要想在人才选用上大有作为，当立足于三顾茅庐和毛遂自荐的基本精神，在经济建设和社会实践一线和艰难困苦面前去选用人才。其次，三顾茅庐和毛遂自荐行为的出发点是应对

风险挑战与促进事业发展。三顾和自荐得以实现，首先得力于行为出发点正确，而非为了轻松的事，风光的事，悠哉的事，逐利的事等。也只有在用人者和人才行为出发点正确与融合时，用人者才能找到能用的人才，人才才能找到值得效力的用人者。现实中的三顾茅庐和毛遂自荐的成功典范之所以为数不多，问题往往就在于出发点有误，甚至发生了质变。缺少倾心应对风险挑战与促进事业发展的用人者和人才，人才选用的低级化和庸俗化也就不可避免。最后，顾者善顾，荐者善荐，需要强强联合，优势互补。由于社会分工不同和形势千变万化，用人者和人才素质能力不同，会在较大程度加大人才选用难度。尽管许多时候用人者和人才主观愿望良好，但在实际中好的请不出、好的自荐没有用等情况也时有发生。三顾茅庐与毛遂自荐就较好地解决了这一问题。作为用人者，刘备应是强者的代表，最大优势是志向远大，求贤若渴，不足是具体攻坚克难能力较弱，要请得诸葛亮这样善谋者和办事者，刘备在善顾上发挥得淋漓尽致。作为自荐者，毛遂是强者的代表，最大优势是怀才不露，胆识过人，是攻坚克难的好手，不足是缺乏施展的平台，要让平原君这样的用人者重视，毛遂须善荐。因此，只有用人者对于人才善顾，人才对于用人者善荐，实现强强联合，优势互补，人才选用工作才能步入良性运行轨道。

2010 年 3 月

当好地方行政首长之管见

行政首长是一个地方领导者，工作艰辛，责任重大，矛盾众多，影响广泛，且履职胜任格外重要。尤其对于初任者来说，工作如何尽快进入角色，少走和不走弯路，就更显时不我待。论及怎样当好地方行政首长，可谓仁者见仁，智者见智。若将复杂问题简单化，其实行政首长日常工作大致也就六件事——开会、调研、出差、阅文、接待、应急。只要明晰这六件事，围绕这六件事，做好这六件事，也就八九不离十了。

一、开会

开会是行政首长工作的重要形式，用以接收上级交办工作，讨论部署工作，检查督办下属工作。大致可分三类：第一类是开好自己的会。主要是围绕分管工作主持召开的会和参加与分管工作有关的会。第二类是代好别人的会。主要是因有的行政首长出差、生病和事多，不能主持或参加的有关会议，为了应急和保持工作的连续性与协调性，临时改由其他行政首长代为主持或参加。第三类是陪好其他的会。主要是出于规格等需要，以及对外展示整体形象所参加的会。可见，行政首长的工作重点之一是开好自己的会，然后才是代好别人的会和陪好其他的会。

要开好自己的会，一是精心准备。行政首长是社会公众人物，开会是公务场面活动，对行政首长能力、形象和工作效果的展示至关重要。那么在操作上也就不能掉以轻心，简单从事，而要围绕议题，会前进行深入思考研究，尽可能把问题症结搞清，涉及的法律政策搞清，相应利益关系搞清，具体应对措施搞清，高效办会有关事项搞清，最起码在大的方面做到心中有数。二是善于控制会议节奏和情势，着力解决实际问题。行政首长召开会议，有些是按既定简单程序进行，开起来相对容易。但是，也有议题相对确定，研究的问题却很棘手，会议情势相当复杂。诸如有的议题属疑难杂症，有的矛盾已火烧眉毛，有的利益关系交织交错，有的意见尖锐对立。这一切都要求行政首长拿出应有的胆识和魄力，抓关键要害和主要矛盾，从解决实际问题出发，当机立断，控制情势，强力推进。避免议而不决，久拖不决，降低会议质量，影响行政首长威信。三是建设和弘扬好的会风。开会固然对行政首长工作颇为重要，但也要防止落入形式主义窠臼。其正确抉择是：开会以实际工作需要为前提，主题明确，内容集中，简洁明了，时间紧凑，干净利落，或利用现代信息网络讨论布置工作，尽可能不开会、少开会和开短会。

二、调研

行政首长处在地方层级高端，工作宏观特点明显。同时，也会涉及微观层面许多实际问题。要有效履职尽责，统筹兼顾各项工作，行政首长应当经常深入实际，调查研究，了解情况，发现问题，总结经验，考察干部，开阔思路，拿出措施，促进工作。一是注重从块块角度切入。行政是按区划构成的宝塔式结构，在一个地方区域内，行政高层是党委政府，其他则是由高层所派生出的。因此，大凡地方行政首长应善于沿中央、省、市、县、乡链条从下往上和从上往下看，只要上级党委政府作出重要决策和主要领导阐述重要理论现实问题，都要结合自身实际，围绕如何抓好落实开展调研，以利于工作政治站位高，思路定位准，进而形成良性互动。二是注重从条条角度切入。行政组织宝塔式结构内部一般都有上下分管工作对口的职务序列设置。作为下级层级行政首长，就要经常关注上级对口行政首长的重要行政行为。上有所动，下要落实，跟进调研，自不言表，关键要有专业性。三是注重从本职角度切入。行政首长大多有远大志向和各自分管工作，其中哪些是工作的主要矛盾和重点难点，以及为实现理想抱负想要干的大事要事或所干大事要事的进展如何，当做到心中有数，能及时破题解题，有针对性搞好调研。四是注重从时间角度切入。地方行政工作一般是以年度为时限，根据这一特性，行政首长最起码需要按照三个时段开展调研。即年初调研重在确立的思路下面怎样安排部署；年中调研重在了解落实情况；年底调研重在考察业绩和承上启下。五是注重从新情况和新问题切入。若是分管工作遇到较为突出或带有倾向性的新情况和新问题，应当及时跟进，搞明白是怎么回事。

不论从哪个角度切入开展调研，应做好的事项有五件：一是带着课题搞调研。即根据宏观形势、分管工作和基层实际需要，以及从群众中来到群众中去的要求，着力从繁杂事务中超脱出来，认真思考推进工作顺利进行的各种课题，经常深入实际，开展实实在在的调研活动，以从基层和群众那里得到答案，从具体实践得到启迪。切忌闭门造车、拍脑袋瓜和凭老经验行事。二是深入实地察看，广泛听取意见。一方面要尽可能多地察看项目，察看台账，察看散户、边远户和困难户等，做到有安排察看和随机察看相结合，力求对实际情况取得直观而深刻的印象。另一方面要更多倾听基层领导、专家和群众意见，这些都是行政首长把握实际、厘清思路的重要养分。其间尤其要更多倾听群众意见，因为从现实中一些行政首长调研活动看，基层大多事前进行了充分准备，日程安排一般非常紧凑，接触群众时则按本子唱戏，以免在行政首长面前捅娄子和为难行政首长。这恰恰说明行政首长倾听群众意见的重要性和紧迫性，也只有更多倾听群众意见，所了解的情况才能更真实、更深刻、更有价值。三是现场办公解决问题。论及困难和问题，毫无疑问多在基层，且许多困难和问题的解决是基层力所不及的，需要行政首长关心和支持。所以，行政首长在调研中，对于基层的困难和问题，应及时有效地帮助研究，现场解决。即便一时难以解决，回去后要抓紧研究落实，加强检查督办。同时，对于自己推进大事要事中的问题，要及时协调督办。四是轻车简从，力戒形式主义。到基层调研本来是行政首长正常工作，若处置不好，就容易变味、变形和变质。可见，调研所反映的是作风，行政首长理当在求实务实和廉政勤政上作出表率。五是善于总结归纳和消化调研成果。对于调研获取的各种情况，调研结束后还要有针对性地组织研究和论证，注重与法律政策对比，与有关业务对比，与社情民意对比，与信息化大数据对比，与历史经验教训对比，力求由感性认识上升到理性认识。行政首长还当下功夫对调研情况和总结归纳情况再行深思熟虑，以形成科学的决策建议和推进分管工作的新举措。

三、出差

行政首长在领导地方经济发展过程中，要开阔视野，促进与社会各方交流合作，难免愈来愈多要跨出区域和国门，出差也就成了工作之必需和家常便饭。一是争取支持。主要是向上争取政策、资金和项目，行政首长必须经常“跑部进京”或“跑厅进省”。二是招商引资。主要是在招商引资对象选择上，招商引资对象实力和业绩把握上，招商引资对象与本地经济发展优势互补上，招商引资由意向向实际合作转换上等，都需要行政首长在关键时候，主动和经常走出去，直接面对和妥善解决招商引资中的难题。从各地经济发展实践看，行政首长出差招商引资多少，时常决定招商引资成果。三是考察学习。主要是广泛了解外面世界，学习别人先进经验，寻找经济发展与交流合作的机遇。同时，考察学习的重点是要紧密结合自身实际，进行反复比较，学到真经。

确保出差行之有效，一是明确目的。出差是为了增长见识，配置资源，促进地方经济发展和民生改善，既要算好政治账，也要算好经济账，定位要高，要求要严。二是做好功课。即围绕出差目的，认真梳理实情，细致研究政策法律，拟定具体办法措施等，力求出差收获颇丰，形象良好。三是把握尺度。为工作出差没错，但行政首长是公众人物，一言一行都要受到社会广泛监督。故出差要自觉自律，轻车简从，厉行节约，注重制度规范和社会影响。四是劳有所值。出差是有成本的，“跑部进京”或“跑厅进省”要尽可能争取政策、资金和项目支持，招商引资要引得进大项目和好项目，考察学习要得以开启思路、学到真经、用于实践。

四、阅文

公文是行政体系下情上达和上情下达的重要工具，也是行政首长了解下情和安排督办工作的重要载体。因此，用大量时间阅读和批示众多公文，既是行政首长的常态工作，也是非常重要、非常辛苦的工作，有时也是非常头痛的工作。说重要，主要在于能帮助行政首长了解国内外大事和上级指示精神，以利于把握形势，明确任务，开阔思路，提高水平。能帮助行政首长了解所辖工作实际运转状况，以利于评估实情，思考问题，拟定措施，推进工作。正是从这点讲，行政首长事务性工作再忙，也当及时认真阅读公文。说辛苦，主要在于行政首长的时间和精力多用在处理实际问题，以及参加许多会议和交往应酬，要阅读和审批公文，也就不能不占用更多工余时间，加班加点。再则道理上讲要削减文山会海，其实文山较难削掉，导致有的行政首长公文阅读数量依然较大，更关键的是许多公文涉及的问题繁多复杂，要想在较短时间搞明白很费神。说头痛，主要在于有的下属报送的公文质量较低，既涉及态度问题，也暴露出水平问题，进而增大了行政首长阅读和审批的难度。有的上报请示报告，要么所反映的问题非常棘手，要么为了达到某种目的人为搞了一些虚假的东西、断章取义的东西、推卸矛盾和责任的东西，以误导行政首长。这些既是在考行政首长的水平，也是在考行政首长的耐力和韧劲。

既然公文如此重要，行政首长当高度重视公文工作，平时认真学习法律法规、各种政策、专业业务，熟悉各种情况，加强知识更新换代和能力提升，成为阅文的高手；既然阅读公文很辛苦，就要有吃苦耐劳精神，工作期间和工余时刻，都要聚精会神地阅读和审批，不能因时间和精力有限而延迟公文处理，以免影响工作；既然阅读有的公文令人头痛，就需要时刻保持清醒的头脑，注重把好关口。同时，也要注重从培养公文写作人才入手，抓好队伍建设和作风建设，对公文制作、传递和保管严格要求，加强管理和程序把关，注重考核，进而夯实工作基础。再则，行政首长也要尽可能带头以身作则撰写和规范运用公文，力戒文山会海之类的形式主义。

五、接待

在改革开放新形势下，地方行政与社会各个方面的联系交往日益频繁和密切，迎来送往和接待应酬也就成了行政首长重要而又艰巨的任务。一是精心接待上级。对于前来调查研究和考察工作的上级领导，不仅要高度重视，更要通过周密细致的接待，方便上级领导工作，展示地方工作业绩，以争得重视和支持。客观地说，上级领导来得多，是一个地方有生机活力的表现。二是热情接待外宾。对于前来考察访问的境外宾朋，要本着“有朋自远方来，不亦乐乎”的精神，注重礼数，真诚相待，周到服务，展示优势，密切交往，加深友谊，树立良好形象，建立和发展经济文化关系。三是对等接待同级。对于域外兄弟单位前来考察学习的领导，既要热情接待，提供方便，尽可能满足所需，展示本地区经济发展成果，关键还要注意兵对兵、将对将对等接待礼数，注重细微处见真功。四是妥善接待下级。对于基层前来汇报联系工作的下属，要注重送上组织的关怀和温暖，耐心细致地听取情况，能办的事及时办，不能或不宜办的事耐心解释。此外，作为行政首长，平时还有许多被动应酬来自上级的安排、平级的安排和下级的安排，也是其加强交流往来不可缺少的。其问题在于行政接待应酬一般是对上、对外、对下组织间的活动，社会公众并不参与。同时，接待应酬多在公共场所，公众所见基本是各种接待应酬形式和公众人物，若行为不当，容易成为社会所关注的热点。

有效解决接待应酬两难问题，一是牢固树立从简节约意识。在实际工作中，既要注重热情周到，更要注重树立廉洁形象，心中装着政策原则和社会公众，控制好规模、数量和场景，把握好度的规定性。二是建立和完善工作制度。接待应酬必须依规而行，行政首长则应带头遵循和落实制度，并在相当程度保持制度的公开性，有利于社会予以必要的理解和监督。三是统筹协调工作。行政首长既要充分利用接待应酬机会，优质高效地多宣传地方，多加强交流，多建立友谊，多获得支持，多促成合作，又要善于从接待应酬忙碌中解脱出来，将更多时间和精力用到为基层与百姓办实事上。四是搞好接待应酬反腐倡廉。作为行政首长，自己首先以身作则，还应把反腐倡廉当成分内重任，切实抓紧抓好。

六、应急

行政首长大量工作是在处理日常事务，但也会遇到为数不多、特别重要、必须及时应对的各种险情。一是公共安全事故。一般表现为社会上出现的诸如安全生产、公共疫情、食品安全和药品安全等突发性群死群伤事件，可谓风险等级高，影响和危害大，系社会关注的热点和焦点，此类事件之所以在社会转型时期比较多见，主要在于社会经济结构不尽合理，粗放经营普遍存在，生产设备设施老化，安全防范体制机制不够健全，人员素质不够平衡所致。二是社会群体事件。这种事件往往因某种因素诱导和激发，促使某些失控的人群采取过激行为，甚至违法违规去反映某种诉求或发泄某种情绪，直接导致社会某一方面正常秩序被打乱，甚至酿成打砸抢恶性事件。其背后原因十分复杂，潜在和聚集着大量盘根错节的尖锐矛盾，集中体现的是某种情绪对立，关系对立，利益对立，甚至思想意识形态对立。三是频发自然灾害。主要表现为地质性和气候性的，可在一个瞬间或一个时段爆发，常对社会某一方面造成巨大生命财产损失。

应对和处置各种突发事件，是行政首长的天职，也是最为艰难的事情。对此，一是有胆识。在压力和挑战面前，有大无畏的精神，即便天大的困难先顶上去再说。二是有责任。突发事件当前，贵在围绕大局，不分彼此，以第一时间抢点切入先行控制局势为己任，随之协调联动各方力量，集中作出快速反应，着力化险为夷。三是有智慧。突发事件背后，往往都有复杂而深刻的原因，应对处置的关键有时就是与有关利益主体的博弈。故行政首长不仅要有经验和知识积累，更要凭借敏锐的洞察力，善从大的方面认清问题的性质和要害，明确处置方向和思路，紧抓主要矛盾，牢牢掌握工作主动权，表现为智慧上的强者。四是有方法。所谓应对处置突发事件，其实主要是与人打交道，有时把人的工作做好了，甚至关键人的工作做好了，问题就可迎刃而解。这就有个工作方法问题，其核心是要会做群众工作。行政首长能跟群众坐到一个板凳上商量、交流、探讨问题，了解群众想法，熟悉群众行为，掌握群众语言，关心群众合法权益，及时主动为群众办实事，化解群众心结，赢得群众理解和支持，问题也就解决了一大半。五是有韧性。对于行政首长来讲，应对处置突发事件有时相当艰苦，特别是当矛盾处于针尖对麦芒和犬牙交错状态时，不仅要承担巨大压力，甚至还要冒着生命危险。面对这种矛盾转换的关键时期，要不气馁，不焦躁，不退却，坚决迎难而上做工作，靠强有力的韧性以时间换空间，往往能促使矛盾向好的方面转化。

2010 年 4 月

谈基层行政主要领导工作层次性

基层行政是行政体系的基础，主要领导是法定负责人，其工作质量和水平如何，往往影响较大。虽说主要领导工作纷繁复杂，但实际是有层次性的，正确把握工作层次性，善抓工作重头戏，对于主要领导搞好工作具有重要意义。

一、初级工作盘事务

应对和处理大量事务，是基层行政工作的基本特点，也是主要领导的常规工作。正因为如此，有的主要领导在应对和处置事务时，常常殚精竭虑，全力以赴，事无巨细，劳心劳力，一天到晚忙得不亦乐乎，有时还理不出个头绪，更不用说取得理想效果了，甚至深感心有余而力不足，难免有时困惑和烦恼。客观地说，主要领导应对和处理大量事务没错，其之所以深感忙于具体事务，较少成就大事和要事，实则工作停留在初级层面。应该看到，基层行政是有规律的，一方面在既定行政组织中，行政职务设置具有层次性，且呈宝塔式结构，主要领导处在高端。这就决定了主要领导工作不能一般化展开，而要定位更准，应对事务性工作的层次更高。另一方面在既定行政组织中，行政责任确定也具有层次性，且是倒宝塔式结构，主要领导所担负的责任最重和最大。这就决定了主要领导承担和履行责任不能面面俱到，而要在较高层次上担重任，挑大梁。再一方面在既定行政组织中，所要应对和处理的事务同样具有层次性，表现为有小有大，有简有繁，有轻有重，有易有难，加之行政职务和职责具有层次性，这就决定了主要领导应对各种各样事务不能眉毛胡子一把抓，而要侧重于大事、要事和难事。因此，作为主要领导，关键不是要不要做事，而是怎样做事，切忌陷于具体事务不能自拔，影响自己的正事。

二、中级工作盘财务

从一般意义讲，基层行政组织肩负服务和管理社会的重任，面对的问题异常具体和复杂。尤其在利益主体多元化、利益追求多样化的社会氛围下，要做一件事和做成一件事都相当不易，许多时候难就难在内在经济基础薄弱和物质保障能力有限，开门柴米油盐，闭门吃喝拉撒，干许多事都捉襟见肘，囊中羞涩，巧妇难为无米之炊，无疑会成为基层行政组织，特别是主要领导扎手的“刺猬”。为确保工作正常运行，有的主要领导很善于抓行政事务中最基本和最攸关生存发展的事务——运作财力和物力，也就是人们常说的鸡头啄米养活鸡身，至于其他事务性工作则放由别人去做。由此出发，他们对内常常精打细算，开源节流，勤俭节约，把钱用在刀刃上；对外充分发挥职能优势和公关交际能力，想方设法争取上级支持，以确保组织正常运转和日子过得去；对各种业务的投入产出，还要善于从资金和财务的角度作经济分析，算明白账。能做到这些，足以证明主要领导工作不仅抓到了关键，也证明其能力和水平相当过硬。但这是不够的，就如同盖楼房一样，基础虽然打得扎实，但并不意味着整个楼房拔地而立，更不要说楼房的设计、功能如何，毕竟社会主要关注的还是楼体和功能问题。从基层行政组织工作基本要素事、人、物来讲，主要领导抓住和盘活物质基础要素，只能称其抓住了某一重要环节，工作处于居中状态。要不断提高工作质量和水平，当向更高层次发展和迈进。

三、高级工作盘职务

所谓基层行政组织，实际是由众多工作人员构成的集体，并具体担任不同职务，履行各项行政职能，其素质和职务行为如何，对行政组织运转和工作成效影响重大。因此，大凡有较高水平和较有作为的主要领导已不集中和具体应对各种事务，而是集中精力围绕职务功能优化和做人的工作，把人这一关键要素激活至最佳状态，靠工作人员的努力去实现业务工作不断跨越。也就是人们所说的“领导要善于琢磨人，工作人员要善于琢磨事”，两者有机结合，其功效往往事半功倍。说到盘职务，不同领导有不同做法，但大致都围绕科学配置职务资源，凝聚人心，发挥才能，协调联动，创造佳绩展开。一是抓思想。主要是注重观察工作人员思想状态，有针对性地加强政治道德教育和培训，着力造就有理想、讲政治、重修养的干部队伍，始终保持积极向上的良好精神状态。二是抓技能。主要是根据实际工作需要和工作人员能力状况，注重加大投入，通过岗位培训，制度激励和鞭策，创造必须和适宜的软硬条件，以及在具体实践中给机会、压担子、重磨炼，着力打造学习型团队和创新型团队，不断提升工作人员业务技能和专业技术水平，积累丰富的实际工作经验。三是抓作风。主要是加强教育管理，严格制度纪律，规范岗位职责，注重奖优罚劣，力求工作人员形成办事雷厉风行，严肃认真，精益求精，廉政勤政，优质服务的良好风尚。四是抓任用。主要是坚持正确用人导向和生产力标准，在培训锻炼和严格要求基础上，注重结构优化，任人唯贤，量才使用，让英雄有用武之地。五是抓督办。主要是围绕工作人员履行岗位职责、重要工作阶段和工作要务，注重检查督办，推动和促进工作人员正确高效地履行职能，圆满完成工作任务。六是抓排忧。主要是针对工作人员工作和生活力所不及的实际困难，注重带着感情雪中送炭，及时给予帮助和支持，把组织温暖送到工作人员心坎上。善于盘人是一种艺术，更是主要领导能力素质和人格魅力的体现。实践证明，在一个地方和单位只要把人盘活了和盘顺了，事业大多兴旺发达，充满生机活力。

四、超级工作盘专务

基层行政主要领导能把事务性、财务性和职务性工作做好已非常不简单，但是不是据此就能高枕无忧了呢？应该说还有欠缺。因为从基层行政领导工作层次性角度讲，最基础的是事务性工作，重点是财务工作，具有决定作用的是做人的工作，居于龙头地位的是专务工作，只有做好该项工作才可步入自由王国境界。因此，在基层行政组织工作事务—财务—职务—专务链条中，主要领导工作前大后小不是理想状态，只有做到后大前小才可称道。一是重党建。高举思想理论旗帜，把握正确政治方向，统领工作全局，加强党性锻炼和修养，严格党规党纪，培育优良作风，充分发挥党组织的战斗堡垒作用和党员先锋模范作用。二是出思路。基层行政组织发展思路，是整个工作的指导纲领，也是主要领导专务工作的主要职责和重中之重。有的地方和单位工作之所以上不去，大多问题就出在缺乏好的思路上。要有好的思路，关键是主要领导要善于把握宏观形势、本地和本行业发展走势，以及客观规律，坚持深入实际，调查研究，广泛听取各方意见，及时制定和出台具有科学性、先进性、前瞻性和可操作性的发展思路，并围绕思路贯彻落实强力推进。三是抓文化。在基层行政组织中，能起到潜移默化作用和起最终决定作用的是行政文化，如果行政文化先进则工作欣欣向荣，行政文化落后则工作举步维艰。实践证明，大凡有思想有作为的主要领导，都会在行政文化建设上下大功夫，做大文章，进而实现行政组织由权威管人管事过渡到制度管人管事，由制度管人管事过渡到文化管人管事。四是理关系。行政组织并不生活在真空之中，难免要同社会各方发生联系和交往，并决定着生存发展环境优良与否。因此，作为主要领导，当高度重视工作所涉及的各种关系要素。对上要尽可能争取重视支持，对外要尽可能求得四面八方关心帮助，对内要尽可能调动一切积极因素，做到工作协调和人际关系协调。可见，要把有利于自身发展的各种关系搞顺也是主要领导必须常抓不懈的大事。

2011 年 1 月

话说基层行政领导几手绝活

在基层当行政领导是颇为辛苦的差事，平时有很多工作要做，但要把工作做好，就必须要有几手绝活。

一、见面握手

握手是人见面表达礼节的手势，所体现的是一种亲切、轻松、自然和彼此尊重的气氛。那么在基层当领导，不仅要经常接触下级和百姓，还要经常接待上级和来宾。即便同事每天也要打不少照面，这就有一个如何从外在到内在善于握手的问题。握手表面看是一种礼节，深层次体现的是一种意识、感情和文化，以及领导综合素质。首先，与上级握手比较容易，是因为上级地位特殊。主动积极与上级握手，不仅是外在需要，更是内在需要。其次，与来宾握手比较容易，因为与来宾大多没有利害关系，更主要的是天下之大，多一个朋友会多一份便利，无论对于外在需要和内在需要都是两利的事。再次，与志同道合者握手比较容易，是因为彼此利益相同、习惯相近、关系相依，甚至同属某种利益群体，外在和内在联系都较为紧密。又次，与下级握手不大容易，是因为领导居高临下，下级因工作关系既会给领导找好事，也会给领导找麻烦事，下级的素质和关系也多种多样，这些都容易影响领导握手外在和内在表现。最后，与百姓握手不大容易，是因为领导客观上与百姓隔着层级，直接接触百姓的机会较少，而百姓反映和希望解决的事往往比较棘手，若处置不当，还会招致各种微词，进而在干群之间产生某种隔阂，使其外在和内在减少了握手概率，或降低了握手质量。此外，与有个人恩怨的同事握手不大容易，是因为人在一起共事哪能不产生矛盾，倘若不能正确对待，难免面和心不和，彼此设防，内耗争斗，无论外在和内在都会有问题。因此，在基层当领导，要注重研究握手方面的学问，面对各种各样的工作对象，握手不仅要在表面上遵从有关礼仪，行为上不失风度，把手握好，更重要的是要加强品格修养，作风培育，在思想和感情上把握深刻内涵，不管对于什么层次的人，都要在心里把手握好。尤其与下级、百姓和有个人恩怨的同事打交道时更应如此。

二、报告拿手

开展基层行政工作，难免要经常应对上级检查指导、来宾考察学习和本级工作会议。每当此时，领导大多会向上级、来宾汇报工作，以及向下级报告工作，进而在众人面前露上一手，以充分展示自身的发展思路、工作业绩、精神风貌、特色亮点和能力水平，力求赢得上级重视和支持，为地方和单位争得荣誉、地位与实惠；赢得来宾理解和赞誉，加深彼此友谊和感情，构建互利双赢协作关系；赢得下级信赖和拥护，提升地方和单位凝聚力，以及领导自身威望和影响力。一句话，无论在上级和来宾面前，还是在下级面前，报告内容应非常精彩，上演的皆拿手好戏。首先，要有扎实做事的基础。客观地说，工作和业绩不是吹出来的，而是认真干出来的。如果不把工作主要精力放在干事上，仅靠浮在面上，闭门造车，炒作造势，是蒙不了人的。即便一时蒙混过关也难以持久，既影响事业，也坏了形象。其次，要不断总结锤炼提高。大凡一个地方和单位工作做得好只是一种客观现实状态，所折射出的规律、特点和先进性、科学性则是隐性状态。能不能把隐性状态转化成显性状态，往往需要行政领导具有超强能动思维，对所从事工作经常进行分析研究和总结，从中得出科学答案，而这些恰恰是能给人震撼和启迪的东西。最后，要善于把握报告时机和氛围，以及语言能力的积累和展示。时机和氛围在相当程度上决定着报告实际效果，作为领导不仅要驾轻就熟，充满激情和自信，更要针对听汇报人的特点，坚持说实实在在的话，有的放矢的话，新鲜的话，百姓的话。用坦诚待人，事实对人，业绩感人，水平服人。激情但不偏激，自信但不自揺，大气但不浮夸，深刻但不尖刻，专业但不狭隘，谦恭但不俗套，注重把握度的规定性。

三、要事举手

基层行政工作纷繁复杂，且有不少重点、要害和关键，无疑是领导的放矢之的，必须紧抓不放和大力推进，要事举手所要表达的就是这个意思。一来表明的是工作指向、工作态度和工作聚焦。二来表明工作的投入和力度所在等，旨在传递信息，引导和督促下级围绕决策抓工作。领导所要抓的要事虽然不少，但大致也就两类。一类是围绕业务发展展开所要抓的重头戏，另一类是与内在建设有关的重点，诸如党建、干部、纪律。两类工作相辅相成，缺一不可。特别是后者，若非旗帜鲜明地亮明观点和大力度抓落实，就会影响要事的推进。首先，善于把握复杂多变的形势，洞悉事物发展规律，进而开阔视野和胸襟。其次，善于认识和掌握地方与单位的实情，特别是自身发展优势和潜力，以及存在的不足，进而明晰发展方向和思路，有针对性地扬长避短抓工作。再次，善于利用条件和创造条件，主要是将已有外在良好条件把握好和利用好，这是借东风问题。同时，条件不具备，也要在力所能及和实际需要前提下，创造条件，积极营造适应和有助于自身发展的小气候。又次，善于精心组织和协调各种要素，将能力聚焦于要事，而不至于出现要素集聚不够或先聚后散的状况，影响要事推进。最后，善于全力以赴抓落实，因为干任何事都不可能一蹴而就，体现的是一个动态过程，要事的落实更是这样。从工作推进到得到好的结果，其间常会遇到这样和那样的困难与阻力，这些都需要领导系统跟进，过程控制，坚持不懈抓下去。只有这样，才有助于打开工作新局面。可见，领导在要事面前，一定要始终高高举手示意，以明晰地方和单位工作的主旋律，自身紧抓不放的“主打产品”，充分发挥好龙头带动作用。

四、小节抬手

领导所处的环境和接触的工作难免要与外面、下面各种各样的人打交道，有的要触及原则问题，有的还会触及大量小节问题。小节问题看起来虽不那么起眼，但要处理好也不大容易，比较形象的说法就是对外和对下要高抬贵手。所谓小节，一般涉及三种情况。首先，对外人尤其对百姓，之所以要在小节上高抬贵手，是因为百姓是服务对象，他们所提要求和期待一定要高度重视，而不必在意其看问题是否面面俱到，言语是否恰如其分，举止是否彬彬有礼。即便有的态度上有所冲撞，言语上有所偏激，举止上有所失当，也是正常的。不能在这些小节上斤斤计较，甚至在思维和情绪上产生波动与抵触情绪，影响服务这个主题。其次，对下属则是比较复杂的问题，领导的感受会更直接、更具体和更经常。下属的小节不能简单一概而论，而要加以区分。大凡发生在下属身上的某些生活习惯，以及能力上的某些不足，不影响重要工作，无损地方和单位形象，一般不必介意和斤斤计较，更不必按照理想化的要求面面俱到，严加苛求，少了人情味，特别是在外人和下属对领导个人表现不周等方面更应如此。比较好的是视而不见，或对事不对人提醒，或让有关责任人办理，或让当事人自己教育自己等。毕竟人无完人，有时候缺陷也是一种美，它是生活丰富性、多样性和生动性的表现，对此类小节当宽容一些。同时，对于小节宽容也不是一味放任不管，而要会管。因为有些小节表面看不值得一提，但细细分析研究，就可发现背后隐藏着大节，或是大节问题的苗头和折射，这就不能随意拍手，千万别把影响大节的小节当成一般小节处置。最后，对于自身言行千万要注意小节，因为领导的一言一行都为外在所关注，必须慎之又慎，这也是高处不胜寒所在。

五、表扬拍手

表扬是领导使用频率较高的工作方式，是对下级工作的公开肯定和鼓励，对于调动下级工作积极性和创造性有着重要作用。换种角度讲，领导如同地位十分重要的观众，对于舞台上演员的上佳表演，都要适时和大张旗鼓地给予喝彩和鼓掌，进而鼓励台上演员演得更好和更精彩。一般来说，对下级工作经常拍手赞誉是皆大欢喜和轻松愉快的事情，更何况来自领导的赞誉。但是，在人际关系较为复杂的情景下，对下级表扬要得体和有效，避免形式主义也绝非易事。首先，凡事都要有是非标准，每当下属优点突出和业绩突出，领导都应旗帜鲜明地肯定和表扬，且采取多种形式在众人面前表扬，这不仅是表明态度和立场，更是导向问题。其次，下属个体素质参差不齐，领导对下属的认知度、认同度、亲密度也各不相同。这一方面来自下属的素质问题，另一方面也有领导个人能力和水平问题。领导素质有偏差，就容易造成对亲近者拍手，对不感冒的人，甚至是反对自己的人所做出的成绩不能给予充分肯定，显示一碗水未能端平。这就需要抛开个人恩怨和私心杂念，不论对谁皆以工作为标准，该肯定的就要充分肯定。再次，善于拍手是调动下属积极性的工作方法，但不能当成形式主义的套话到处撒胡椒面，让表扬的价值贬值。最后，在现代社会，对下属鼓励一般有精神鼓励、物质鼓励和职级鼓励，这对领导来讲，就涉及会拍手问题了。关键要视下属具体实际量体裁衣，该给精神鼓励的给精神鼓励，该给物质鼓励的给物质鼓励，该给职级鼓励的给职级鼓励，该给混合鼓励的给混合鼓励，这些都要用得恰如其分，才能发挥最大效益。而不能习惯于给精神鼓励，少了相应物质鼓励和职级鼓励，甚至开空头支票而不兑现，更不能按人的亲疏定论，亲者鼓励过重，疏者鼓励过轻，最终会让拍手失去意义。

六、批评摇手

领导是一个地方和单位的管理者，管理就要经常纠正被管理对象的错误和偏差，批评就是这种纠偏举动的重要武器。目的是让有关当事人提高思想认识，改进工作方法，更好履行职责，推进实际工作。首先，摇手要注重防止和克服心理偏差。在基层当领导都会遇到与自己比较亲近的人、关系一般的人和感情隔阂的人，这些人在工作中难免出现这样和那样的失误，需要领导及时纠偏改错。对此，有的领导常对亲近的人不曾摇手，甚至心存袒护。对关系一般的人不便摇手，担心得罪人丢选票。对感情隔阂的人不断摇手，以至于过于警惕，小题大做，紧盯不放，处置过重等。不能有效防止和克服这些心理偏差，领导摇手就不能做到旗帜鲜明和公平公正，进而降低批评武器的效用，甚至滋生新的问题。其次，摇手要善于面上对事不对人，私下对事又对人。人尽管难免犯错，但有的犯错人也是顾忌面子的，甚至把面子看得过重，自己犯错是一回事，一旦面子被伤及，就会在心里结疙瘩，以致心怀不满，暗生抵触，在眼前所犯错事上不多言语，在今后其他事情上则容易显露出来，使得某些关系不协调，对工作明显不利。其正确办法是在众人面前一般对事不对人，可以把问题讲明，原因讲透，重在教育，让当事人自我反省自纠，让其他人引以为戒。然则，事情到此还不能完结，一般还应对当事人予以私下提醒，或严厉批评，要求和责令整改。至于具体操作，重要的是要根据情况，相机行事，互有侧重。而不能面上对事不对人较多，私下对事又对人较少，影响纠偏效果。最后，摇手要有后续配套纠偏措施和加强协调督办。问题发生到解决有一个过程，从领导纠偏角度讲，亮明了态度和指出了问题产生的原因与解决的办法还不能算工作落实到位。摇手要达到预期效果，还必须有后续配套措施，并注重加强协调督办，且这方面有时甚至比亮明态度和指出问题产生的原因与解决的办法还重要。不然，就可能出现前紧后松，落实不力，或者出现反弹和倒退，摇手也就落了空。

七、识人搓手

选人用人是领导的一项重要工作，但人想要用对和用好，前提是会识别人，这样使用才不至于失察和走弯路。识人是一门很深的学问，其因在于社会生活纷繁复杂，各种事物千变万化，人的面孔多种多样，在一般常态下较难把人的本来面目看清楚。这就要求领导对于人所展露出的良好表现和特点，可以无比兴奋，摩拳擦掌，跃跃欲试，但不要就此拍板定案，予以重用。比较好的办法是不要急于下手而先搓手，深入观察，好好思量一番再谋断。搓手是识别人要深入、细致和慎重的形象比喻，目的是看准人，不为表象和假象所迷惑。首先，要多看较为欣赏之人的短处。领导都有自己的处事风格和思想情感，当他人的某种特点与自己的相适应，或碰撞出火花，就容易引起共鸣，产生好感，甚至看对方某种优势因赞赏便抑制不住要寄予厚望和委以重任，进而容易陷于以偏概全取人的窠臼。要防止用人失当，倒不如先抑制一下欣赏和喜好的心情，想方设法去了解其缺点，甚至刻意用某种工作实践加以考验。如果说了解人的优点不容易，那么了解人的缺点就更不容易，只有把自己欣赏之人优缺点都了解清楚了，在使用上才能做到扬长避短，防止感情用事。其次，要多观察远离自己的人。有的领导识人以谁对自己服从、顺从，贴近、亲近，会来事、会圆场等为标准，大凡与自己感情近的，就拉近关系。对于感情距离较远的则不大在意，甚至好从反面想问题，感情和行为上也就容易时常弃之而去。这样做表面似有一定道理，殊不知可能埋没人才。对此，应换一个角度搓手，多研究观察这些人为什么远离自己，其主要优点优势是什么，以免让感情和感觉的有色眼镜模糊了视野。再次，要多看逆境中的人。在顺境条件下，一般人工作比较容易胜任，也较难显现出人与人之间素质上的优劣。因此，在识人时不要仅为顺境中的表象所动，在逆境中所为才能撩开人的面纱，显露出其本来面目和真实本事。有时候尽管在逆境中所取得的成效看似小于顺境中所取得的成效，但其所凝聚的个人能力和水平往往是不能同日而语的。前者主要靠自己的力量，后者往往要借助别人的力量和客观条件得天独厚。所以，逆境中看人是识人的好办法。最后，要多看反对自己的人。领导不是完人，工作做得不到位，就可能遭人反对，有时因见解不同也难免有反对声。同时，反对者也不是完人，所反对事项即便被实践证明反对错了，也不能就说反对者没有优势和长处。这就需要领导有宽阔的胸怀，不宜习惯对反对者保持警惕，甚至利用各种手段防范和压制。其实事物是有二重性的，关键要善于化消极因素为积极因素，若防范心理当道，习惯紧盯反对者的缺点，不善于观察优点和利用优点，对于工作是不利的。

八、用人放手

工作是大家做的。领导的主要责任是知人善任，量体裁衣，选人用人。如果说识人主要靠的是善于搓手，一旦选人用人到岗，就应该大力支持和放手使用，让其充分发挥聪明才智，这就是用人要放手的道理。领导放手用人也不是简单容易的事，从一些工作经验教训看，有的担心大权旁落，什么都要大包大揽；有的习惯把一个人的相对弱势看得一成不变，不大关注人是可以转变和提高的，因而对人对事不放心，常常指手画脚；有的为便于控制，人为设置一定障碍，以形成相互制衡；有的只要是有利的事就自己抓在手里，麻烦事就丢给别人，这些都不利于调动人的积极性和创造性。首先，放手就是岗位事务要让当事人唱主角。领导贵在把握全局，在大舞台上唱主角，对于一些相对具体岗位和小舞台，则要当事人根据职责和职能唱主角，要放心放胆让人干，且别人的主角唱得越好则越值得称道。甚至对于少数工作能力强的，还要更大胆和更多地加任务，压担子，鼓励支持其多干事、干实事。其次，放手就是要注重责权利相统一。我们说用人要放手，不是仅要人发挥主观能动性去白干活和干苦活，这也不是科学态度，长此以往也没有人会把活干好。要让人真心实意能干事，想干事，会干事，且充满激情和干劲，除要有适宜的岗位平台和职责外，关键要有相应权力和满足其正当利益，做到定责与放权让利相统一。最后，放手就是要有针对性地给予指导和支持。用人要放手，但也不是撒手不管，顺其自然，而要注重观察，及时给予必要的指导和支持。这主要在于客观实际复杂多变，人的能力有局限性。即便是人才；能力也是相对的，不是万能的，许多时候要因条件而异。同时，作为领导一般站位较高，掌握的权力和资源较多，每当属下工作遇到困难或力所不及，都要及时予以指导，鼓励其克难奋进，并施以援手，共同把艰难险阻排除掉。对于一时所出现的挫折，要帮助总结，给予必要的担当，解脱或缓解其压力，这也是放手问题的两个方面。

九、应酬缩手

当基层领导，都会遇到一个两难选择，即参加众多社交应酬活动。因为经济社会日益发达，各方联系更加紧密，正常社交应酬有助于要素良性互动。同时，行政工作特质具有多样性、开放性、关联性，社交应酬活动多发生在社会面，主要涉及公务消费。若操作控制失度，过于频繁和铺张，甚至滋生腐败，对行政形象影响较大。更何况行政所一贯倡导的是廉政勤政，加之社会上还有许多困难群体，要办的社会事业还很多。正因为这样，从事社交应酬一定要头脑清醒，慎之又慎，善于缩手缩脚，留上一手。首先，在思想上缩手。一定要深刻认识社交应酬活动的两重性，注重扬长避短，保持高度警惕，多从政治高度看问题。其次，在操作上缩手。除严格按规定操作外，也要善于根据实际情况，注重正常社交礼仪的同时，可办可不办的不办，可多办可少办的少办，可大办可小办的小办，可上办可下办的下办。领导也要尽可能不参加或少参加此类活动，就是参加也要控制规模和档次，注重率先垂范。最后，在精力投入上缩手。作为领导，所承担的责任和所履行的职能主要是依法行政、发展经济和改善民生，社交应酬只是辅助性工作。因而要避免将过多精力用于社交应酬，以防本末倒置，影响大局。

十、告别挥手

俗话说：铁打的营盘流水的兵。在基层当领导也不可能干一辈子，难免要转移舞台或退出历史舞台，退出较好理解，转移则有四种情况：一是向上转移到更大更宽舞台，二是平移到更好舞台，三是平移到较差舞台，四是向下转移到层次较低、范围较窄舞台。对此，有的人员应对方式是：上行的对原舞台事务依然关注，甚至时常或在关键问题上施加影响；平移向好的，也多对原平台事务有所关注，与旧部知己保持密切往来，并时不时下指导棋；平移向弱或下行的，比较容易感到脸上无光，心灰意冷，负气而行，甚至担心原舞台上的异己翻旧账，刨根底，清门户，难免心情不爽或较暗劲儿等。其实，这些都不是好的精神状态。正确应对处置之策则为心态平和，潇洒挥手告别。首先，挥手表达的是一种礼节。分分合合是人之常情，但作为领导不论怎样都要注重行政基本礼节，这也是领导应有的基本素质，最起码要在大面上过得去。其次，挥手表达的是一种自信。领导不管干什么和不论遇到什么情况，都要表现出应有的自信心，挥手致意所要折射的就是不论到哪儿都会摒弃前嫌，好好工作，愉快生活。再次，挥手表达的是一种工作画句号。人员调动或退出，意味着在原舞台角色表演结束，以及所履行岗位职责结束，应该说已画上句号。挥手就意味着不会再对原任工作说长道短，影响别人工作。或三天两头找麻烦，叫人为难。最后，挥手表达的是一种同志感情。人的岗位可以变动，工作可以了断，唯一不变和联系加深的是同志感情。挥手即寓意无论过去私交甚笃也好，有纠葛也罢，该过去的都过去了，该忘掉的都忘掉了，放眼未来，唯一值得珍惜的是在一起共事的那段缘分，进而保持和发展朴实无华和真挚高尚的友谊才是关键所在。

2011 年 3 月

关于凭什么用人

凭什么用人，是地方行政的一个老话题，也是一个新话题，更是一个永恒话题。之所以如此，皆因其重要、敏感、复杂和较难达到理想境界。要有效下好凭什么用人的棋局，一般当明晰十个问题。

一、凭组织用人

凭什么用人，首先涉及组织行为和主管行为。组织是一个地方和单位有用人职能的决策与实施主体，根据社会经济发展和上层建筑意识形态要求，以及组织性质，用人必须体现党和国家意志、法治精神、崇高思想境界、先进行政文化、优良公共道德、群众基本意愿、客观现实需要等。也就是说用人无论在理论与实际效果上都应是优质的、科学的、公正的和可信的，社会也是按此衡量组织用人的。主管是组织中具有直接用人职能的决策与实施主体成员，所作所为应是组织行为全面、系统、真实、具体和科学的体现。组织行为决定主管行为，主管行为体现组织行为，实现两者有机统一，即是凭组织用人之道。一要注重组织基础的坚实性。既然组织是用人主体，那么要用好人和用对人，必先将基础夯实，做到思路明确，制度健全，活动规范，成员精良。尤其用人主管更需品行高尚，作风过硬，克己奉公，对组织负责。二要注重组织决策的统一性。决策由组织决定，理当坚持决策产生的集体行为属性，又要按照民主集中制要求，严格决策程序，公开透明，加强监督，确保决策正确和科学。三要注重组织实施的坚定性。用人是政策性原则性很强的工作，既为社会各方关注，又易受到各种不良因素干扰，进而让组织决定在落实中走样、扭曲和变味。因此，具体实施大凡看准了的和决定了的事项，就要坚定不移，坚韧不拔，切实抓好落实。四要注重组织纠偏的及时性。事物总在不断发展变化，出现问题实属正常，许多工作一般较难做到尽善尽美，但并不意味只能被动应付，关键在于如何主动出击，及时处理。用人也是这样，除要不断增强组织免疫功能外，还必须增强组织应变处置能力，既要及时有效防止和纠正组织外在因素干扰造成的偏差，又要及时有效防止和纠正组织内在因素干扰造成的偏差，确保用人始终在良性轨道运行。

二、凭需要用人

行政运行面对和处置大量社会事务，需要众多能力高强之人担此大任，以推动和促进各项工作。实践证明，凭客观需要用人是行政用好人与用对人的铁律。一是职责法定需要。现代社会是法治社会，地方行政必须按法定职责用人和开展工作，以保证行政行为始终沿着法治轨道运行。二是基层组织需要。基层组织是社会的细胞，处在经济建设和社会事务一线，对形势发展变化的洞悉最直接，触及的矛盾最具体，需要行政服务和保障的要求最迫切，对行政工作运转的影响也最实际，既是行政服务的主体，也是实施行政管理的对象。因此，根据基层组织需要用人和履行职能，是做好行政工作的重要保证。三是人民群众需要。为人民服务是各级行政工作者的宗旨，其各项工作必须充分体现民意，反映民声，帮扶民困，改善民生。要做到这一切，首先需要切实将人民群众的意愿融入行政工作中去，进而选拔任用实实在在为民办实事的人冲锋陷阵。四是攻坚克难需要。如果说对于行政组织的最大考验和所要承担的风险，主要是应对各种艰难险阻和疑难杂症，那么攻坚克难也就成了行政组织最艰巨、最重要和最富有挑战性的工作，而夺取胜利最重要的支撑就在于选好人和用对人。五是自身建设需要。社会在发展，时代在前进，行政要适应新的形势，就必须不断加强自身建设，提高综合能力。在行政能力要素中，人的要素是第一位的，要着力打造基础扎实，精干高效，科学履职的行政组织，就必须千方百计把人用好。总之，凭需要用人，是行政的基本要务，也只能凭需要用人，才能选拔和造就素质精良，能征善战，大有作为的干部队伍，才能切实担当和不负神圣使命。

三、凭制度用人

用人是组织的规范行为，而且在许多大原则和实际操作上，都需用制度加以规定，成为组织统一的行为准则，凭制度用人就是确保组织行为正确的基础支撑。第一，凭制度用人体现的是法制规范思想。制度是对实践经验和规律的总结，且用规范刚性的形式加以确定，实际是外在法制形式在组织内的运用，是依法行政在用人上的重要体现。既然制度形同于法，是组织用人的刚性规定，那么不论是谁都必须不折不扣遵循，不按制度办事，从某种意义上说也就是违法。第二，凭制度用人体现的是组织整体意志。组织用人所采取的任何举措，都不是孤立行为和个别行为，以及体现某一方面意志，必须是组织整体行为，体现组织整体意志，这也是制度本身特点决定的。第三，凭制度用人体现的是对用人行为的约束。制定用人制度不仅要求各组织成员应该怎么做和不能怎么做，更重要的是如果组织内出现不按制度用人行为则必须受到制度约束，甚至为制度制裁。这种约束就是要杜绝任何不按组织制度用人的人和事，就算有所违背也能被及时制止。第四，凭制度用人体现的是规范性、连续性和一贯性的操作过程。制度既然是用人各种精华的凝聚，那么在实际落实上就必须是规范、连续和一贯的，不容许也不能随机随意变通和朝令夕改，更不能以个人意志为转移将制度当工具和摆设等。也只有这样，才能保障组织用人的准确性、正确性和有效性。

四、凭结构用人

大凡懂得建筑常识的都知道，一个好的建筑除了好的基础以外，关键要有好的结构。其实用人也是这样，在一个地方和单位，众人组合到一起，能否最大限度发挥作用，个人素质固然重要，但要害还在于人的组合结构是否优化。因此，凭结构用人历来是不容忽视的大事。一是注重把握效率最大化原则。从一个地方和单位角度讲，各项工作是否充满生机活力，不在于用的人多少，也不取决于个体素质如何，关键在于能否形成一个好的结构，达到用最少的人去干最多的事，并取得最佳效果，这就是凭结构用人的道理所在。二是注重岗位职能合理布局。用人的目的在于干事，要人干事，就得给人以岗位平台。岗位平台结构复杂多样，科学配置的前提是适应工作需要，进而对每个岗位平台所履行的职能、相互间的关系、运行的程序等作出明确界定。在此基础上，再来选用符合岗位平台要求的人从事有关工作。故岗位职能设置一定要讲究精干、科学、实用，有助于良性互动和综合作用发挥。坚决防止和杜绝因人设岗和因人设事，导致岗位平台臃肿，职能交叉重复，能力相互抵消，人的素质发挥受阻和人力资源浪费。三是注重人的组合要素优化配置。人的组合要素各不相同，既有地域差别，也有年龄差别。既有专业差别，也有资历差别。既有工作能力差别，也有工作经验差别。既有性别差别，也有性格差别等。这就决定了人员配置不能简单随意而为，而要充分考虑人员组合要素是否合理优化。如此，才能有效发挥人员组合体的综合作用，不至于要素不平衡而相互内耗和能力抵消。可见，凭结构用人是实际工作出成果和出效益的重要支撑，不懂得按照结构优化要求出牌用人，是不可能达到用人理想效果的。

五、凭大局用人

人们常说干什么工作要注重全局一盘棋，不论是将、仕、象，还是车、马、炮，以及兵、卒，运行起来都要围绕大局各司其职，这样才能取得好的效果。在一个地方和单位要做到凭全局用人，就必须根据实际需要用好仕、象和车、马、炮，以及兵、卒，使之相互配套，相得益彰。一要善于贯通上中下。一个地方和单位的工作是有层次性的，据此岗位设置也应当有层次性，因而用人一定要从大局和层次性出发，在实际运用上注重上中下的平衡贯通，而不能从上到下呈递减态势。二要善于协调左中右。用人问题，从某种意义上说是利益调整问题，在实际操作上只有本着公正公平，注重五湖四海，居公照顾各方利益，才有利于调动工作的积极性和创造性，而不能人为或不加区分地偏重一方，忽视另一方，造成左中右关系失衡。三要善于考虑远中近。人都有感情，许多工作和生活就是以感情为纽带建立与发展起来的，彼此感情深厚与否很正常。虽说用人是高度理想化和理性化的工作，但在社会生活复杂多样，人的素质参差不齐的条件下，也就不可能完全避免感情因素影响，只不过要更多发挥感情因素的积极作用，有效防止和克服消极作用罢了。这就有个如何妥善考虑感情远中近问题，注重感情因素作用，又不感情用事。事实上与个人感情近的，不一定就是人才，与个人感情远的，也不一定不是人才，切不可让感情因素蒙蔽了双眼，扰乱了思绪。四要善于兼顾内中外。事物是普遍联系的，在普遍联系过程中实现良性互动，对于各个联系单元大有裨益。在干部工作中，用人的目的是有利于工作和调动人的积极性。实际操作一定要用联系的观点深入分析研究与之相关因素，在突出重点的同时，搞好统筹兼顾，内外兼修。五要善于把握重中轻。在一个地方和单位的工作没有贵贱之分，却有岗位职能和工作任务轻重之分。从一般意义上讲，承担重要岗位职能和工作任务的，所付出脑力劳动和体力劳动会相对多一些，被任用的概率也会相对高一些。但是，在实际用人过程中，也要防止把问题简单化和绝对化，承担重要岗位职能和工作任务的不一定都是人才，居于次要岗位和担负较轻工作任务的也不一定不是人才，对于重中轻的问题不能简单看待，而要全面加以把握，进而有效防止用人有失偏颇。

六、凭民意用人

行政宗旨是为人民服务，这也是由上层建筑性质决定的。既然为人民服务，就意味着人民群众对行政用人具有发言权与决定权。那么凭民意用人不仅是理论问题，更是现实问题。一是凭民意用人就是要走群众路线。行政掌握公共权力，配置公共资源，且用什么人履职尽责，历来是人民群众关注的重点。要不断提高行政用人质量，除加强自身建设外，关键需在思想上和灵魂深处牢固树立走群众路线意识，增强走群众路线的主动性和自觉性，注重在实际工作中，将了解民意、尊重民意和体现民意纳入用人工作的重要议事日程，汲取群众智慧力量，发挥群众监督作用，保障群众意愿落到实处。二是凭民意用人就是要大力构建平台和畅通渠道。民意既具有聚焦性，更具有分散性，要做到及时和精准了解掌握民意，就应在用人上更多为群众搭台，有组织地开展各种活动，激发群众广泛参与。更多为群众开通信息渠道，保障群众畅所欲言。进而将用人纳入群众监督视野，以及公开规范轨道。三是凭民意用人就是要真正让群众说了算。民意看似较宽泛，但就用人而言，则要根据不同地方和单位实际情况，将立足点聚焦于基层和基本群体，以及实际工作范围内的群众，以有效获取和采纳群众在用人上的真实具体意愿，力求在用人上实现组织、主管、民意的一致性。如果三者有所不同，则要更多考虑民意，真正让民意成为用人的重要依据。

七、凭德才用人

用人要讲德才兼备，德反映的是思想、道德、品质方面的状况，才反映的是经验、知识、技能方面的状况。德才状况如何，以及怎样把德才转化为实际工作能力并取得良好社会效果，历来是用人必须高度重视和着力解决的大问题。实践证明，凭德才用人不仅是人类社会发展经验的高度概括和总结，也是衡量现实社会文明兴盛与否的重要标准，对地方行政清明高效与否的衡量尤其这样。一是凭德才用人是组织规范行为。其所依据的标准是社会政治标准、道德标准、大众标准、技术标准等，以衡量与检验人的德才状况，选拔任用理想远大、政治坚定、立场鲜明、道德高尚、作风优良、态度扎实、洞察能力强、钻研能力强、攻坚能力强、专业能力强的优秀干部。而不能依据其他标准，受其他不良因素影响导致组织行为的不规范和用人失误。二是凭德才用人基础在社会实践。人的德才素质的形成和提高，来自社会实践的磨砺，展示德才素质实际状况，离不开社会实践大舞台。要真正做到凭德才用人，就一定要坚持深入社会实践，按照社会标准去发现和识别人的德才，以看清人的本来面目和更准确与更科学地用人。而不能脱离社会实践，或不坚持深入社会实践鉴别人的德才，进而影响用人的准确性。三是凭德才用人讲究德与才的统一性和协调性。关于德与才的辩证关系，古人给了一个形象答案，德是才之帅，才是德之资，两者相辅相成，融为一体。这就要求在用人时，一定要全面准确地把握人的德才状况，既要注重考察德的先进性，又要注重考察才的特殊性和实用性，积极为人充分展示德才素质、发挥德才作用创造机会，提供平台。不能单纯强调某一方面重要，忽视另一方面的作用，导致用人失衡。

八、凭实战用人

提起实战，人们即会想到炮火硝烟的战场，且战场事关生死存亡，残酷无情，夺取战场胜利也就成了将士追寻的唯一目标。同时，影响战场决胜的因素尽管多种多样，但关键是参战将士的实战能力如何。实战能力强，战场取胜概率就大，重视战场实战能力，也就成了战场用人的法则。行政用人也是这样，甚至较战场选将用兵更有重要意义。曾几何时，人们论及用人频率较高的话语有：到社会大风大浪中选人用人，到经济建设和社会发展一线选人用人，到充满风险挑战和急难险重的工作中选人用人等。这些表述尽管不同，但意思一样，均强调按实战需要用人。一是凭实战用人就是要立足实际工作大背景。实战是决策转化为具体措施，作用于实际工作，追求理想效果的一种战斗状态与过程，讲究真刀真枪，真打真战。因此，实际用人一定要从应对实战要求出发，大胆选用知晓实战、应对实战、胜任实战的人。如果脱离实战的背景和条件，用人就会无的放矢，或无实际运用价值。二是凭实战用人就是要聚焦攻克艰难险阻和疑难杂症。提及实战，最为壮怀激烈的当属那些大仗和硬仗，这是实战序列的硬骨头。战场规律告诉人们，啃得下硬骨头，才叫胜仗，只有啃下硬骨头的人，才是战场上的强者。因而用人一定要把应对和处置艰难险阻与疑难杂症的实际状态视为重中之重。因为任何事物发展都不会一帆风顺，前进道路充满艰难险阻和疑难杂症，既是对人的挑战，更是对人的考验。任何人要想有所作为，就必须具有坚强的意志，良好的战略战术，敢于迎难而上，奋力打拼。实践证明，在艰难险阻和疑难杂症面前，任何伪装都将被无情剥去，只有实战能力强和勇于实战的人，方能到达理想彼岸。三是凭实战用人就是要注重综合能力应用和综合水平发挥。实战是十分复杂的动态过程，更是创业进取最精彩的过程。人要正确应对实战和赢得实战，往往比的是综合能力高低和综合水平发挥如何。即便有的人单项能力再强，或单项水平发挥再好，也难以达到理想状态。故凭实战用人，贵在综合，最高境界也在综合，而不能因单项优势而以偏概全、一好百好、高枕无忧。

九、凭实绩用人

实绩是人的能力作用于具体工作所产生的实际效果，具有客观性和真实性，历来是用人的重要依据。实绩作为具体工作结果，其实际价值如何，不能凭空而论，需用相应标准衡量，这种标准就是社会标准、群众标准和组织标准等。实际效果达到和接近标准，就是好的和比较好的，说明创造实绩人的素质和能力过硬或比较过硬，用人就该用这样的人。既然实绩是衡量和验证人的素质的重要标准，以及用人的重要依据，那么现在问题主要在于怎样对人的实绩作出判断和认证，如果对实绩把握不到或不准，就会影响用人效果。一是从职业责任和技术规范看，实绩是人在具体岗位从事具体工作创造出来的，其间凝聚着创造者的实际能力和岗位责任与技术规范要求。因此，善于用岗位责任和技术规范的眼光审视具体实绩，有助于把握实绩所具有的先进性和规范性。二是从创造实绩条件看，任何实绩，都是在一定条件下完成的。也就是说不能简单就实绩论实绩，而要善于观察哪些是在顺境下取得的，哪些是在逆境中取得的。哪些是在前人奠定坚实基础上取得的，哪些是自己艰苦努力主创的等。切实把实绩中人的作用区分清楚，以利于用人不为实绩表象迷惑而失精准。三是从工作急难险重程度看，行政工作尽管千头万绪，但实际也就是常规性和一般性工作，以及急难险重和疑难杂症。无疑后者的难度高于前者，所取得实绩的付出也要高于前者。因此，凭实绩用人，一定要将目光聚焦于急难险重和疑难杂症，能在这些问题上攻坚克难，打开局面，一般都是素质和能力过硬的人，也是值得用的人。四是从组织角度看，实绩是一种组织鉴别人和使用人的概念，内含组织整体性看法，而非个体性看法。组织整体性看法的形成，必须遵循规范的制度和程序，这样得出的结论，理当成为组织用人的重要依据。

十、凭艺术用人

用人是一道难题，其答案尽管多种多样，但上乘答案当属凭艺术用人，这也是古今中外用人大家的杰作和历史经验总结。在实际工作中，如何把人用好，确实需有相当高的悟性和实际操作能力。一要有博大的政治智慧和政治胸怀。行政是十分复杂的场所，在其间选人用人，没有相当的政治智慧和政治胸怀是不行的。政治智慧所表现的是对形势和各种复杂情况的判断与把握，对各种人群的鉴别和洞悉，对复杂矛盾破解的思路与策略，必须目光十分远大。政治胸怀所表现的是心里装着天下事，心地包容天下人，心灵所系天下理，海纳百川，理想崇高。不然，是用不好、用不了、用不起、用不成人的，这靠的是政治境界服人。二要无私无畏、公平公正。在行政中，不同人的利益诉求、行为操守、实际能力和影响层面是不同的，面对复杂人群，要想用人得当和成效显著，实际操作理当站在全局高度，从事业出发，公心为上，公道处事，公正待人，不徇私情，力戒个人私心私欲和不良关系干扰，这靠的是人格力量服人。三要遵循和运用人才发展规律。人各有特点和长短，客观的外在条件变化对人的思想和能力发挥都有直接影响，人的成长也是一个动态发展变化的过程。在实际工作的一定前提下，不同的人按照优化结构组合，常能产生 $1+1>2$ 的效果。认识规律、掌握规律、运用规律，是用人的重点和难点，需要丰富的实践经验，深厚的理论功底，超强的实战能力，这靠的是实力服人。四要善于运用无形之手和柔性之力。用人在大原则上要高调亮明观点，实施刚性操作，这是丝毫犹豫不得和马虎不得的。但是，人也是有思想和感情的，且丰富多彩，千变万化，仅凭一味唱高调和刚性运作往往不够，更多还要善于化有形为无形，通过润物细无声，象征艺术，打太极拳，情感融通等无形之手和柔性之力，量体裁衣，扬长避短，驾驭使用，实现正其心、尽其力、畅其情、成其业，不战而屈人之兵的功效，这靠的是策略服人。可见，大凡艺术的东西，都是具有广度、深度和力度的东西，凭艺术用人就得有这种境界。

十一、几点结论

凭什么用人是行政的大事，各种用法要得心应手、游刃有余，防治问题，成效显著，关键要思路清晰、纲举目张。一要旗帜鲜明亮观点。鉴于用人所具有的重要性和特殊性，无论决策和落实，都必须坚持以先进理论为指导，以思想政治道德为统领，以人民群众意志为尺度，以知识能力、专业能力和实战能力为基础，以客观社会效果为支撑，且持之以恒，常抓不懈。二要坚持用辩证观点观察分析问题。用人问题十分复杂，无论正面用人，还是负面用人，都是社会复杂现实的反映。故必须引起高度重视，学会用更新、更高和更开阔的视野去洞悉问题症结所在，按辩证观点把握方向，千万不要简单以为只是用几个人，不值得小题大做。三要深刻认识各种问题成因。凭什么用人问题，是行政的普遍问题，其发展之所以不平衡，仍然是社会生产力发展水平不高的产物，是封建社会意识形态遗毒干扰的产物，是市场经济负面影响的产物，是某些用人体制机制不完善的产物，是有的仕途之人素质不高的产物。这一切都决定了用人问题的解决不可能毕其功于一役，而是一个艰难和长期的过程，既要深刻认识其长期性、艰巨性和复杂性，也要增强信心和勇气，进而有的放矢，对症下药，一抓到底。四要坚定不移地推进综合治理。用人不正之风形同疑难杂症，要害在于少数人掌控权力与公共资源，用人私心私利当家，违规操作，以及缺乏监督约束，各种弊端就会层出不穷。因此，要建设清明政治，优化行政，当把重点放在防范和纠正用人背离正确轨道。一方面要强化制度约束力和防范纠偏能力，限制和规范用人裁量权，杜绝公共权力运用的情感化、关系化、庸俗化。另一方面要依靠社会力量，通过阳光操作和过程控制，保障用人优质高效。再一方面要坚持不懈开展全员教育，大力倡导用人新风，无情鞭挞各种歪风，以增强干部自律意识，法律制度意识，思想道德意识，进而不断提高干部队伍的精神境界。

2011 年 5 月

谈“藏龙卧虎”与“龙腾虎跃”

——试论人才选拔任用的几个问题

在我国传统文化中，赞誉一个地方和单位人才集聚、群英荟萃、人尽其才、才尽其用时，皆习惯用成语“藏龙卧虎”与“龙腾虎跃”来形容。至于龙为什么藏与腾，虎为什么卧与跃，则不大为人关注和探究。其实人才之“藏”，似未挖宝藏、冰山一角、挂壁良弓。人才之“卧”，系隐居蛰伏和不显山露水，虎落平阳和无所作为，稍有所动尚未展示或略显虎威就销声匿迹。人才“藏”与“卧”，是一个地方和单位的资源优势，也是一种悲剧，说明人才被困和浪费。自然“藏”与自然“卧”，说白了是缺少客观条件和机遇，或人才个人主观使然；被迫“藏”与被迫“卧”，说白了是遭到打压；制度“藏”与制度“卧”，说白了是人才制度有缺陷。故人才选拔任用就是如何认识“龙”与“虎”，怎么变“藏”为“腾”、变“卧”为“跃”。

一、要明释“腾”释“跃”之义

既然“藏龙卧虎”与“龙腾虎跃”中，“藏”与“卧”是问题，“腾”与“跃”是目标和重中之重，那么要做好人才选拔任用工作，必先明晰何谓人才之“腾”与“跃”。

人才之“腾”，主要有升高和腾飞之意，既体现在社会层面，更体现在专业层面。其一为社会地位高。在一个地方和单位，人才得到广泛尊重，爱才、护才、重才、安才、亲才成为良好风尚。只有人才社会地位上去了，人才之“腾”才能好风凭借力。其二为占位层次高。人才作用发挥，需要良好的条件和舞台，实现优势资源向人才集聚，工作站位显得格外重要。在一个地方和单位，只有站位上去了，人才之“腾”才有正确导向。其三为构架水平高。人才都有不同水平，其水平发挥要达到最大化，所处什么样的构架显得非常关键，特别在构架内不重质、不抵消和不浪费。在一个地方和单位，只有人才构架水平上去了，人才之“腾”才有现实性。其四为工作尺度高。人才价值指向是干大事、要事、难事和高精尖的事，在一个地方和单位，只有人才工作尺度上去了，人才之“腾”的价值才得以体现。其五为成果水平高。成果是人才作用发挥状况的终极反映，一般处于领先水平。在一个地方和单位，只有成果水平上去了，人才之“腾”才真正达到了理想状态。其六为付出回报高。人才要讲奉献，但作为组织和领导则不能“又要马儿跑，又要马儿不吃草”，人才的攻坚和付出应当得到合理回报。在一个地方和单位，只有回报水平上去了，人才之“腾”才得到了公平对待。

人才之“跃”，主要为跨度和跨越之意。首先为前进步子大。主要指人才工作节奏和步子大于群体，以及在某类工作推进上大于同行。其次为攻坚进度大。攻坚克难是人才作用发挥的常态，也是其他人工作承接能力与人才的差别所在。人才作用发挥得好，不仅要看与攻坚克难事物的对接，还必须看实际操作力度是否达到最大化。达到最大化，则说明人才派上了用场。再次为作用范围广。人才作用发挥要有舞台和活动空间，进而让人才充分施展才能，开展工作。最后为领先优势大。人才所从事的工作是相对于群体和同行而言的，经过人才的努力和创造，其综合指标一定是处于领先地位，并成为领跑者和业务带头人。

二、要得重“腾”重“跃”之理

“腾”与“跃”是人才作用发挥的理想状态，也是事业发展的根本保证，这已为古今中外无数实践证明。任何大有作为的组织和领导，其过人之处往往就在有深厚的人才思想基础，熟谙人才“腾”与“跃”的深邃道理。

认识和驾驭发展变化形势，要靠人才“腾”与“跃”。实践证明，大凡创大业和干大事，必先善于应对发展变化形势，这是决策思维的开端和实践活动的源头。毕竟形势风云变幻，形势万象纷呈，形势里面有机遇，形势里面有风险，形势在相当程度决定事业成败。组织和领导要在形势面前成为智者与强者，最直接和最有效的方式就是从人才“腾”与“跃”中聚良谋、汲智慧、借东风。反过来说，对形势有深刻认识，是许多人才具有的优势，借助这种优势为组织发展目标所用，一个重要前提是人才处在“腾”与“跃”状态。就如同《隆中对》一样，诸葛亮对形势的认识和把握举世无双，但也只能在三顾茅庐所创造的“腾”与“跃”的环境下，天下三分绝唱才可能转化为现实。可见，组织和领导若不能认识和驾驭发展变化的形势，其背后一定是人才没有处在“腾”与“跃”状态。

掌握和运用事物发展变化规律，要靠人才“腾”与“跃”。事物发展变化是有规律的，有的之所以干大事成大业，有的之所以功败垂成，较多差别就体现在对事物发展变化规律的认识和掌握上。规律潜在于事物发展变化过程中，决定事物发展变化的方向、轨迹和效果。规律不是人人都唾手可得，须在实践中认识和把握，而这恰恰是人才所具有的另一优势。在实际工作中，要真正掌握和运用规律，就必须想方设法让人才“腾”与“跃”。

改变客观现实，要靠人才“腾”与“跃”。认清形势和把握规律，所要解决的只是方向、谋略和思路问题，但能不能将其转化为现实，还需在实战中克服千难万险，方能达到理想彼岸。讲实战，需要坚韧不拔的毅力，求实务实的作风，机动灵活的战略战术，超强的攻坚能力，而人才的实用价值就在于此。也只有人才“腾”与“跃”，才能取得按发展思路改变客观现实的良好效果。

三、要鼓自“腾”自“跃”之劲

人才“腾”与“跃”，不仅取决于人才，也取决于组织和领导。人才有主观努力自“腾”自“跃”问题，组织和领导则有如何鼓励人才自“腾”自“跃”问题，鼓励就是一种态度、信任和支持。

鼓励冒尖。“腾”与“跃”是一种相对状态，形象说法就是在相比较中冒尖，体现的是人才素质、作用发挥、享受待遇等要高于一般人。鼓励所侧重的是精神和导向，对于激发人才发挥主观能动作用去“腾”与“跃”非常重要，昭示着组织和领导为人才自“腾”自“跃”当靠山与保护伞。因而鼓励必须旗帜鲜明，真心诚意，始终如一，让人才放心、放胆“腾”与“跃”，而不必担心和顾忌人言可畏，出头的椽子先烂。

鼓励打拼。人才是事业发展的顶梁柱，鼓励人才腾起来与跃出去，自觉投身到发展大潮中勇立潮头，建功立业，是组织和领导的重要工作。人才自“腾”自“跃”和创造，是一个攻坚克难的过程，更是忍辱负重的过程，因而组织和领导要坚持从关心关爱角度，鼓励人才坚定信心，聚精会神，克服困难，勇往直前，在打拼中创造佳绩，实现人才应有的价值。

鼓励学习。事物是发展变化的，人才优势多相比较而言，面对人才素质和作用发挥的竞争日趋激烈，人才要始终保持自“腾”自“跃”状态和相对领先优势，就必须在巩固已有成果基础上，不断更新知识，提高素质，增强竞争力。对此，除人才自身努力外，组织和领导更要有发展与科学的眼光，持之以恒和加大力度鼓励人才向书本学习，向同行学习，向群众学习，向实践学习，真正成为学习型的自“腾”自“跃”之才。

四、要尽助“腾”助“跃”之力

人才不是“高、大、全”之类人物，要将能力发挥到最大程度，升腾至顶，跨越至边，当需人梯相助，有东风可借。助推人才“腾”与“跃”，是组织和领导的基础性工作，也是最直接和最硬的活儿。

给尊严。就是下大决心，全力营造尊重人才、爱护人才、学习人才的社会氛围，让人才生存发展如龙归海和虎归山，龙有龙颜，虎有虎威，不能让嫉贤妒能之类的不良文化和习气有丝毫土壤，尊严是人才“腾”与“跃”颇为重要的精神助推力量。

给机遇。机遇是发展过程中自然生成的，更多是组织和领导创造出来的，有的机遇可谓千载难逢，且机遇往往孕育着希望和成功。对人才来说，能获得机遇，把握机遇，就具备了“腾”与“跃”的良好开端，有了发挥才能的切入点。因此，要助推人才更好地“腾”与“跃”，作为组织和领导就得主动将各种各样的机遇向人才倾斜，甚至人为地让人才有更多的优先选择和及时准备。

给平台。平台是人才发挥作用的工作岗位、工作职能和工作条件，要助推人才“腾”与“跃”，作为组织和领导应当解放思想，敢作敢为，打破常规，只要是看准了的，不仅要给平台，还要尽可能给大平台，给好条件，给先进工具，毫不犹豫地将人才推到应有位置，真正让人才有施展拳脚的阵地。

给重担。就工作任务和对象而言，任何一个地方和单位的工作序列中，都难免有难啃的硬骨头影响全局，但往往硬骨头被啃下，就意味着整个局面的打开或稳操胜券。因此，将人才推到相应位置，就是要将其才能直接与实际工作相结合，注重有针对性地将工作技术难题、急难险重、风险挑战与人才对接，真正让人才攻坚克难，大显身手，夺取胜利，而不是摆在相应平台好看，或争个名声。

给呵护。人才并不十全十美，也会有这样或那样的缺点，以及工作中会出现差错和失误。作为组织和领导要让人才“腾”与“跃”得更好，在全力助推发挥作用的同时，还要考虑减负减压，挡风遮雨，开路架桥，保驾护航，甚至帮助其纠正偏差和错误，弥补工作过失，让人才始终沿着正确轨道“腾”与“跃”。

五、要有促“腾”促“跃”之法

人才的价值或“腾”与“跃”，往往是以选用、实战和效果为标准的，选拔任用人才应做到以下几点。

善识才。选拔任用人才是组织和领导的重要职责，难点在识别人才，关键是注重外在寻人才，梳理内在看人才，且按人才标准作出结论，而非按文凭、职称、关系和感情作出判断。不然，就容易走入形而上学的死胡同。事实上事业所需栋梁之材大多不在工作惯性运行平台上，不在身边小圈子内，不在人身依附关系链条间，不在好看名单里，而在火热的社会实践中。因此，识才应重在发现人才特点和优势，既要从德的角度识才，解决方向问题，也要从能的角度识才，解决本领问题；既要从文凭职称角度识才，解决知识水准问题，也要从实战角度识才，解决实用问题；既要从纵向角度识才，解决高精尖问题，也要从横向角度识才，解决通用型问题；既要从专业角度识才，解决技术性问题，也要从事务角度识才，解决协调性问题。可见，组织和领导的识才水准上去了，人才“腾”与“跃”也就有了好的前提。

善聚才。事业发展需要人才，网络集聚人才是组织和领导的基本功。其通常有两个途径，即内在吸引和外在助推。从吸引讲，一方面要靠硬实力，有适应人才发挥作用的工作环境、工作条件和工作待遇，以及相应岗位职务和权限，让组织内外人才在条件和利益比较中，择优向组织集聚，增强对组织的向心力。另一方面要靠软实力，突出表现在组织具有尊重人才、选贤任能的浓厚文化氛围，领导具有高超的领导艺术和人格魅力。从助推讲，要善于把握宏观形势和市场走势，在机遇和挑战中借力发力，助推人才向组织集聚，为我所用。同时，还要把优势资源向人才聚焦，转化成强大的内生动力，将人才向重要岗位上推，向工作急难险重任务上推，向技术创新前沿上推，通过助推建功立业，将人才牢牢凝聚在组织之中。

善量才。人才是相比较而言的，衡量人才的主要参照物是实际工作。即拿实际工作与人才特点和优势相比较，目的是量体裁衣，人尽其用。量才是用才的前提，在相当程度上反映组织和领导选贤任能的水平。量才需用相应尺子，重点是要善用道德尺子，衡量人才思想素质和社会责任感，以对道德水准作出评价；要善用理论尺子，衡量人才基本文化素质和基本理论功底，以及相对理论优势，以鉴别认识水平和知识内涵；要善用岗位要素尺子，衡量人才对不同岗位、不同职能与不同责任的关联程度、适应程度和协调程度，以把握基本能力素质的实用性；要善用专业尺子，衡量人才技术潜能和技术水平，特别是在某些领域或某些行业上的强项，以知悉所具有的专业特长；要善用社会关系尺子，衡量人才所具有的社会关系知识，应对复杂社会关系能力，以了解处理人际关系和做人工作的实力。只有把人才的状况和水平了解清楚，洞悉于心，具体使用起来才不至于无的放矢，张冠李戴。

善砺才。一般而论，人才才质可分两个层面——基础普通层面、领先独特层面。同时，才质并非一成不变，而是在动态变化中可能进化或退化。才质要不退化，就得不断磨砺，既为彰显特色，崭露头角，更为保持锋芒和领先优势。俗话说：磨刀不误砍柴工。人才也如刀刃，刀锋是磨砺出来的。即便是锋利的刀锋，频繁使用也会因磨损而变钝，需要不断使用和不断磨砺，磨砺是促成人才成长和素质不断提高的关键。磨砺除人才个人自觉而为外，重要的是组织和领导紧抓不放。即注重用纵向专业技术任务磨砺，专业技术发展是有层次性的，发展的高端没有止境，要通过激励和倒逼机制，有针对性地适时将相应人才像爬台阶那样自下而上推进到相应层次，促其专业技术水平不断得到锻炼提高；注重用横向多重岗位磨砺，事物是普遍联系的，要让人才把握事物发展变化规律，往往需要不断变换角度和视野，在大纵深和大平面为有的人才提供多岗锻炼，不断丰富阅历，积累丰富经验和深厚功底，促其统筹协调水平不断提高；注重用纵横交错的复杂矛盾磨砺，在实际工作中，都有一些难啃的硬骨头和疑难杂症，对人才才质磨砺最有效的办法就是让其多啃硬骨头，多处理疑难杂症，促其不断提高打大仗和硬仗的能力；注重用逆境和挫折磨砺，事业发展和人才成长，都会遇到这样和那样的逆境与挫折，多让人才在逆境和挫折中摔打的最大好处在于既能磨其能，更能磨其心，促其思想、精神、毅力和斗志得到锤炼，这也是古今中外成大气候者常有的经历。

善用才。即用在深谋远虑上，就是围绕组织建设和发展大事用其智，出主意、想办法、当参谋，及时提出前瞻性和实用性对策建议；用在创新发展上，为不断提升组织高端业务和确保竞争优势，必须千方百计将人才派到创新发展的前沿阵地，充分发挥其聪明才智，攻克各种技术难关，为组织发展提供不竭动力，确保组织长治久安；用在关键刀刃上，社会复杂多样，组织运行充满许多不确定因素，会在相当程度上带来风险挑战。应对处置风险挑战，是人才的强项，也只有让人才铁肩担当，冲锋陷阵，组织才会转危为安，协调运转；用在打头断后上，搞工作开头事宜较难，难就难在没有基础，少了条件，缺乏经验，变数较大，需要准确摸清情况，开拓进取，为整体工作推进打开局面。同时，在整体工作大致推进到位后，煞尾和打扫战场事宜也非常重要，甚至难度很大，难就难在推进过程中所聚集的力量和资源逐步转移，导致工作反弹和难画句号等不确定因素趋于活跃、作用增强。打头断后恰恰是人才所能所优，发挥人才作用，往往就能取得事半功倍之效。

善驭才。人才都有较高的认识能力和实战能力，属真正的能人，尽管有的人优点和缺点都较突出。能人大都不好驾驭，如同烈马难以驯服。即便能人驾驭能人，也可能出现百姓所说的“一山不容二虎”。在人才驾驭上，古今中外常用方式大致有两类——权术和艺术。能成为驾驭人才的艺术大师，是组织和领导选贤任能的最高境界。从那些大有作为的组织和领导实践看，有的注重以德服人、以智服人、以情服人、以能服人、以绩服人。诸如人们议论到底刘备强还是诸葛亮强一样，说诸葛亮强是因其智慧，但终被刘备所用，是刘备以德以情将诸葛亮折服；诸葛亮驾驭关羽、张飞，主要是以智能将其折服；唐僧则是以坚韧不拔的毅力将三个徒弟折服。有的对人才注重养心、任能、予利、容过和纠偏；有的思维行为方式注重站在道德高地、统筹全局高地、资源配置高地、情感高地、坚韧毅力高地运筹帷幄，有的放矢，具有理性大师、柔性大师和刚性大师的明显特征。一句话，善于驭才，才能使人才真正地“腾”与“跃”。

六、要谋久“腾”久“跃”之势

纵观人类历史长河，从某种意义上讲是人才“藏”与“卧”和“腾”与“跃”的长河，而且“腾”与“跃”较少，“藏”与“卧”多见。同时，人才一时一事“腾”与“跃”易，长久“腾”与“跃”难。可见，任何大有作为的组织和领导，都应从战略高度，深入思考人才的久“腾”久“跃”问题，形成的战略思维不因时间和领导变化而变化，确保事业良性运行和可持续发展。

目标高远。事业发展永无止境，人才成长和作用发挥却有周期。这就需要组织和领导在人才战略布局上，定位要准，必须上升到十年大计和百年大计谋划，而不能仅限于具体岗位、具体人物、具体时段和具体工作；视野要宽，善于把握天下大势和宏观大局，所谋所断突出前瞻性、针对性和广泛性，而不能仅限于本单位、本行业和本区域特殊或个别事物；层次要高，着眼于紧跟未来科学技术和社会文明发展走势，确保人才实力始终保持领先地位，而不能仅限于眼前所具有的某些相对领先优势。否则，就可能因短视而成为井底之蛙。

环境一流。环境是人才成长和作用发挥的土壤，那么在土壤优化和保养上，就要像种庄稼那样，必须要有适宜禾苗生长的水分、空气和肥料，并实施深耕细作和科学管理，注重防止各种自然灾害和病虫害。具体来说就是要在全社会营造尊重人才的浓厚氛围；就是要注重保护人才，强力防范和制止各种嫉贤妒能的行径与问题；就是要注重随形势的变化与时俱进，不断创新，扎实作为，始终在环境优化上谋划在前，及时抢占未来发展制高点。

要素集聚。俗话说：一个篱笆三个桩，一个好汉三个帮。从历史经验和实践看，要让人才充分发挥作用，外在要素的动态集聚，一定要大于人才数量和质量的动态集聚，以确保人才有更大的活动空间和舞台，最大限度将能力发挥到极致。要素集聚尽管多种多样，但大致为两种：一种为必要的硬件，有人财物强力支撑，也如百姓所说“当兵的有枪，当官的有印”；另一种为必要的软件，主要是适应的岗位、职责、制度、机制和任务同人才有效对接。如果说人才缺少或浪费，以及被压制问题时有发生，皆因硬件和软件要素没有或较少聚集到人才身上所致。

结构优化。对组织和领导而言，结构对人才的成长和使用至关重要。在人才工作实践中，老与少、土与洋、专与综、文与武、引与用、多与少等结构失衡之所以经常发生，许多时候是取决于内在结构，关键是没有把握好度的问题。具体到一个地方和单位，就是人才不多不少，多了浪费，少了蜀中无大将；就是不能以牌子为标准，而要以实用实战实效为标准；就是实际操作要立足优化现实结构，使人与人、人与事、事与事、硬件与硬件，硬件与软件、软件与软件等始终处在良性互动状态。在此基础上，要善于根据形势发展变化需要，前瞻性和有针对性地实施动态结构调整，在有利于人才发挥长效作用上成为智者和领跑者。

梯次配备。人才“腾”与“跃”如同排兵布阵，既要根据实际工作需要，发挥人才作用，做好当前工作，又要着眼长远，保持人才使用和作用发挥具有节奏感与连续性。在梯次配备上，应配好为帅者，能有效统领一方；配好谋略者，能有效运筹帷幄，点兵布阵；配好攻坚者，能有效扛大梁，打硬仗，排疑难；配好助攻者，能有效支持主攻，且在实战中得到锻炼提高；配好后备者，能有效学习跟进，保持后劲。从现实角度讲，前三者是重点，但受人才生命周期所限，后两者是必要补充和准备，更是为逐步顺利过渡而布局。

制度保障。人才使用如何，领导作用巨大，而且每当遇到大有作为的领导，人才就“腾”与“跃”。但是，大有作为的领导有生老病死和岗位变动，若遇庸人和坏人当道，人才命运就会逆转和倒退。要保证人才久“腾”久“跃”不以领导变化而变化，不受领导能力高低所左右，关键是组织制度机制过硬和运转流畅。即管住领导行为，防止和制止领导私心或失误有碍人才作用发挥；管住环境和氛围，防止和制止任何嫉贤妒能问题产生；管住运转渠道，防止和制止人才使用渠道不畅与堵塞；管住工作链条，防止和制止链条设置对接有误导致人才使用脱节。只有这样，人才久“腾”久“跃”才能落到实处。

2011 年 6 月

基层行政领导真功在“六杆（竿）”

基层行政领导是一个地方和单位事业发展的领头羊，无论行政组织，还是社会公众，往往对其要求和期望很高，要不辜负这种要求和期望，且大有作为，就应着力锤炼，强身健体，具备“六杆（竿）”真功。

标杆。领导担负有重要职责和艰巨任务，要不断开创工作新局面，取得实实在在的发展业绩，前提是要善于适时和有针对性地树立工作标杆。标杆是领导理想抱负的展示、工作思路的展示和行为指向的展示，意义非同小可。树立标杆需要有坚实基础，主要得力于对宏观形势的准确研判，对政策法规的全面把握，对工作业务驾轻就熟，对具体实情了然于心，对黎民百姓意愿深切感悟，进而在发展经济和改善民生时目的明确，决策科学，布局优化，特色鲜明，具有很强的震撼力、影响力和推动力。可见，领导要成就大事，必先树立标杆。

腰杆。基层行政处在经济发展和改善民生的一线，各种风险挑战巨大，艰难险阻众多，无疑会给领导工作以空前压力。尤其在发展、改革和稳定上，有的甚至形同泰山压顶，且对领导的意志和决心构成了严峻考验，面对压力和考验关键是要挺直和硬起腰杆坚强应对。腰可谓人体承受压力最重的地方，腰出了问题，不要说负重，就是正常生活也将受到严重影响。当领导也是这样，在众多压力面前，不知有多少双眼睛看着领导“腰杆”做何反应，行善者会担心其承受不住压力而使工作受损或退步，肇事者会捕捉其表现出的丝毫软弱犹豫而得寸进尺，妄为乱为。领导自己则必须有胆，一不怕苦，二不怕死；必须有力，不仅自己能力高强，敢打敢拼，还善于借法律之力、政策之力、组织之力和群众之力攻坚克难；必须有势，善于营造昂扬向上的打攻坚战的浓厚氛围。因此，挺直和硬起腰杆，是领导意志力坚定的形象诠释，就是要有那种“泰山压顶不弯腰”的气概。

杠杆。基层工作难做，是领导所必须面对的实际，只不过在具体操作上，并不需要事无巨细和包打天下，因为领导既没有这个精力，更没有这个必要。重要的是在谋全局和抓大事的同时，应想方设法将各方积极性和创造性调动起来，围绕既定工作目标去狠抓落实。大凡有作为的领导，是很善于运用杠杆原理的，杠杆一端所要撬动的物体是大量实际工作；选择的支点是领导画龙点睛之作，体现的是战略眼光和战略布局；运用的杠杆是领导整合的综合职能优势；在杠杆另一端的则是领导四两拨千斤的巧力和集聚的各方之力。在这组关系组合中，实际工作是客体，支点是关键，职能整合是基础，施加的作用力是重点，领导则是运用杠杆原理的高手。

撑竿。在现实生活中，人们常见的撑竿或是撑船之用，或是体育项目跳高之用。前者是撑竿人底助推船体前行，后者是助推运动员跨越新的高度。撑竿对领导工作具有重要借鉴意义，善于运用撑竿原理是领导工作水平和艺术的重要体现。从行船角度讲，船浮于河上，客观存在顺水漂流之势，少了逆水行舟之力和前进方向感。撑竿之功效在于入水探底，既能稳定船体，也可按既定方向撑船前行。基层行政工作许多时候也会遇到流水一般的软阻力，导致工作在不经意中“顺水漂流”或少了方向感。领导善于利用“撑竿”，就是要打破工作软阻力，直接“撑竿”入底，落到实处，稳定大局，明确方向，助推工作向着理想彼岸前行。从跳高角度讲，运动员依靠自身力量所能跃起的高度有限，借助于撑竿所跃起的高度往往是靠自身力量所能跃起高度的数倍。基层行政工作许多时候还会遇到跳高一般的硬阻隔，导致工作达不到应有高度而处于落后被动状态。领导善于利用“撑竿”，就是要打破工作的硬阻隔，像撑竿跳那样，加速助跑，一冲而起，借撑竿之力，实现工作跨越。从撑竿角度讲，开展工作无论打破软阻力，还是打破硬阻隔，应注重聚合内力，借助外力，激发动力，形成合力，所借用撑竿不是别的，而是领导内在智慧和毅力，以及外在政治、法律、民力等要素优化而成的攻坚克难利器。可见，善于把握和发挥撑竿功效，对领导工作大有裨益。

鞭杆。基层行政工作不仅会遇到外在重重阻力，有时还会遇到内在重重阻力，特别是有的工作人员素质不高，工作打不开局面，甚至添乱之时，领导就不能熟视无睹，任其发展，而必须动用平时尽量不用，到了关键时候又不能不用的“鞭杆”。众所周知，鞭杆的作用就是抽打，目的是让人噤若寒蝉，望而却步，或让被抽打之人有切肤之痛，为自己不良行为付出代价。“鞭杆”是一种重要的管理工具，领导就是掌“鞭杆”之人。首先要有言在先，讲好规矩，定好制度，明晰纪律，广而告之。其次要注重教育，防患于未然，警钟长鸣，抓早抓小，将问题解决在初始阶段和萌芽状态。平时不管不问，张网以待，等人自投罗网再加惩治，是工作不力的表现。最后要对那些对规矩、制度和纪律视而不见，对教育帮助和规范管理置之不理，对实际工作造成较大损失的人和事，绝不能姑息迁就，当毫不留情、毫不手软挥动“鞭杆”，执行规章、制度和纪律，通过实施摘帽子、移位子、减票子、打板子等，对当事人实施教育惩戒，对其他人以儆效尤。

旗杆。俗话说：一个领导就是一面旗帜。毕竟领导处在基层行政举足轻重的位置，时常要与人民群众打交道，其一言一行和所作所为都应堪称典范。须知人民群众对党和政府的认识，居多都是从视野范围内领导身上延展的，这就决定了领导对自己的要求要更严和更高。首先要当智慧之旗，在把握天下大势、政策法规、工作规律和社情民意上具有前瞻性、先进性和针对性的思维行为。其次要当敬业之旗，具有强烈的事业心和昂扬的创新精神，全力以赴搞工作，一心一意干事业。再次要当作风之旗，坚持实事求是，一切从实际出发，深入基层，调查研究，说实话，干实事，求实效。最后要当廉政之旗，身居官位，掌握实权，调控资源，但如履薄冰，夙夜在公，廉洁自律，勤俭节约。

2011 年 12 月

当政府秘书长要明晰角色定位

政府秘书长（或办公室主任）是行政首长的重要幕僚和助手。秘书长属政府职务序列较为特殊一类，说其大可以大到代行政首长履职处置重要事务，说其小可以小到如办事员那样应对具体事务；说其前可以前到复杂矛盾事务的一线，说其后可以后到幕后参与政府诸多决策过程；说其担子重可以重到涵盖行政首长履职的方方面面，说其担子轻可以轻到较少直接承担法定责任。因此，要当一个称职的秘书长，关键是要善于把握角色定位，全心全意干好服务行政首长、服务行政部门和服务基层群众的工作。

大舞台上的麻雀。行政首长肩负重要法定职责，也是行政大舞台的主要角色；部门领导是政府重要阁员，肩负专项法定职责，也是行政大舞台的主要配角或重要角色。秘书长工作活跃在行政大舞台，许多时候可像麻雀那样，在台上飞来飞去，穿来穿去，具有居高临下的视角和条件，有助于察看行政平面运转布局结构和各个演员平面工作状态，且往往不为社会所关注，这也是行政首长和部门领导所不具备的。首先要注重隐身。秘书长虽然在政府决策机构和行政首长身边工作，但不能工作在高层而把自己看高，在领导身边而把自己当成领导，整个工作必须低调行事，小心行事，默默行事，要像麻雀那样肝胆俱全，却不为社会所瞩目。其次要善于飞来飞去。行政大舞台和麻雀般角色，为秘书长工作穿梭于上下左右提供了便利，但也不是随意而为，重要的是要避开聚焦于舞台的灯光，绕开众目睽睽的视野，切忌叽叽喳喳，要选择适当角度和机会上下翻飞，选好看点，审时度势。最后要真正看出门道。在行政大舞台上飞来飞去，不是为了优哉游哉，凑凑热闹，而是为领导服务、为部门服务、为基层服务，纵向观察了解更多情况，研究思考更多问题，以使服务工作更具方向性和针对性。

看戏坐在前三排。行政大戏毕竟要面向整个社会演出，所有场景布置和演员表演都毫无例外主要面对台下观众，进而通过演出教育观众、影响观众、激励观众，并接受观众的评判和检验。每当行政大戏开演时，当秘书长的一个重要任务不是在舞台上扮演角色，而是经常要坐在台下观察台上各个角色的表演如何。鉴于工作的特殊性，较之于其他观众，秘书长看戏往往可以坐在前三排，这也是秘书长看戏得天独厚的优势所在。客观上有助于秘书长耳濡目染，享受艺术氛围，感悟社会发展真谛。若要真正看清楚了，看仔细了，看明白了，听清楚了，听仔细了，听明白了，也需要相当功底。首先看戏要懂戏。这就是懂得行政工作基本常识，懂得行政工作运转基本程序，懂得行政工作基本法律法规和政策，懂得行政工作基本方式方法，懂得行政“演员”基本戏路和风格等，懂戏是看戏的前提。其次看戏要入戏。就是要随着剧情展开，身临其境和聚精会神地看与听，并注重在思绪上与演员换位思考，看演员表演得如何，思索假定自己表演又会如何。再次看戏要悟戏。看戏不仅要看热闹，更要看门道，门道不是他人送的，主要是自己悟的。悟就是要悟事物的来龙去脉，变化的成因和规律，以及表演者的演技与艺术等，这是个归纳加工上升到理性认识的过程。最后看戏要评戏。参谋协调是秘书长的重要职能，对于所联系和涉及的工作，都有责任和义务对成绩与问题，以及改进的措施提出意见建议，以利于表演者改进工作，提升服务质量和水平。

经常幕后多忙碌。行政舞台上的重要角色，主要是行政首长和部门领导。但是，他们能否出色演出，除自身素质外，还离不开秘书长之类的幕僚协助，少不了秘书长这样的幕后“英雄”服务。首先是布置舞台。也就是说在演员登台之前，秘书长要根据行政首长的指示和工作实际，提前调查研究，了解情况，拟订方案，协调各方，化解矛盾，统一步调，将台子搭建好，做到大兵未到，粮草先行。其次是准备道具。主要是为行政首长和部门领导开展工作做好工具上的准备。诸如会议材料、交通工具之类，而这方面的事务往往是大量的和具体的。要保证演员上台演得好，能够吸引观众，影响观众，也就必须好马配好鞍，秘书长就得实实在在当好这个事务长。最后是帮演员化妆说戏。行政首长和部门领导是社会公众人物，其一言一行直接代表组织形象，比较引人注目。这就需要秘书长在演员登台之前，要比较深入和比较细心，协助演员梳理有关细节，提醒关注事项，搞好相应工作，助推演员闪亮登场。

隔三岔五走台步。政府工作千头万绪，所面对的新情况和新问题层出不穷，工作的风险性和不确定性很大，行政首长无疑要承担应对处置的重任。然则，有时因时间所限、地域所限、精力所限、角色所限，对有些事务的处置也就会无暇他顾，或从程序和策略上考虑需要由秘书长替补代行处置。这时的秘书长作为行政首长的影子角色也就要登台补位演出了。首先是善跑龙套。就是在舞台上为行政首长和部门领导做些辅助性、铺垫性和协调性工作，既出现在整个工作流程或演出剧目的开端，也经常出现在过程之中或活动的尾声，目的是工作衔接流畅，无缝对接，一气呵成。这对秘书长来讲是个细活儿，也是不可缺少的活儿。其次是急事快办。行政工作往往会遇到许多急事和突发事件，急事需要急办，讲究“快”字；应对突发事件需要快到、快控和快处。在这方面无论实际需要，还是方便行政首长工作需要，当秘书长的都要及时充当消防队员救火和灭火。因为急事的办理往往涉及大量程序问题、细节问题、琐碎问题和操作问题，行政领导所要做的是定原则，具体协调落实由秘书长操刀显得较为妥帖。对于有些突发事件的处置，当行政首长和部门领导暂有不便之时，由于秘书长有政府的背景和行政首长的影子，在处置上有助于占据主动，协调各方，最终有效化解矛盾。再次是做好缓冲。行政首长居于政府机构序列的顶端，其主要职责是抓决策，办大事和要事。面对各种工作和矛盾，若是处置起来大包大揽，事无巨细，势必影响决策制定和大事要事的落实，更何况许多问题要得到妥善处置，前提是要将事情本来面目搞清楚，因而在行政首长前面设置一道缓冲区就显得十分必要，政府秘书长时常要起到的就是缓冲区的作用。主要表现为以其特有的身份和地位先行应对方方面面的具体事务，通过分析梳理搞清楚事情原委。一方面直接将杂事、琐事和一般事处置好，给行政首长腾出更多时间和空间去抓要务。另一方面对于有的复杂问题处置先期做些摸底、稳控、提出对策建议等工作，给行政首长处置复杂问题留下较大回旋余地。最后是突击担当。秘书长的常规工作主要是协调督办和事务性服务，只不过有时为了推进某些重大项目的落实和疑难杂症的化解，根据工作需要和行政首长授权，难免临时领命出征，担当突击队员，阶段性地打攻坚战。让秘书长以行政首长代言人和影子的身份突击疑难，有助于协调各方力量，集中时间和资源要素，大力解决关键问题。同时，也有助于行政首长统筹全盘，把握重点，抓好落实。

2012 年 7 月

落实管党主体责任，切实抓好“三打三防”

我国国防建设有一著名原则——“三打三防”。“三打三防”，旧的概念为打坦克、打飞机、打空降，防原子、防化学、防细菌；新的概念为打隐形飞机、打巡航导弹、打武装直升机（超级为打航母、打卫星、打预警飞机），防精确打击、防电子干扰、防侦察监视。该原则的制定和实施，对于不同时期应对复杂多变的国际环境，加强国防建设都起到了重要作用。其实针对新时期管党治党实际，在行政中观层级和微观层级，落实党委党组主体责任也当注重抓好“三打三防”。

打基础，防思想滑坡。一个地方和单位管党治党效果如何，首先在于夯实教育和制度基础，切实防止党员干部思想老化、僵化、退化、弱化和西化。故在教育上必须有的放矢，针对容易导致党员干部思想出问题和行为腐败的三大要素——私欲膨胀、权力资本失控、制度漏洞，以及某些习惯性先我、优我、护我、尊我等不良思维，围绕先进思想理论、服务宗旨和党风党纪，做到领导常讲、理论常学、培训常抓、问题常纠、警钟长鸣，增强党员干部先民、优民、护民、尊民的良性思维，促进精神提振，思想解放，观念更新，昂扬向上，强基固本。同时，要注重克服畏难情绪、松劲情绪、厌战情绪、自满情绪，进而抓思想教育敷衍应付，搞形式主义。在制度建设上注重不断完善、系统配套和严格落实，真正用制度管住权力、管住关系、管住欲望、管住思想。力戒制度一大堆，锁柜里，挂墙上，说起好听，检查好看，落实管一阵或少力度。

打硬仗，防工作落后。落实管党治党的主体责任主战场在业务工作，因为党组织与党员的凝聚力和战斗力如何，主要是通过业务工作大平台加以体现，以及必须通过业务工作大平台与社会和人民群众联系互动得到检验，涉及其中的硬仗、大仗和恶仗更是这样。而业务工作低标准、低水平、低效率不仅是各种消极腐败问题的温床，也是管党治党落实主体责任不力的结果，对党的建设和党员素质提升影响较大。因此，要在主战场掌握主动，对症下药，攻无不克，战无不胜，就当始终坚持工作提标提档，提速提质，加压加力，加码加鞭，引导和促进党员干部聚精会神，全力以赴，深化改革，攻坚克难，创先争优，争作为，干实事，创大业，惠民生。让党员干部在打硬仗中风风火火地拼搏，紧紧张张地工作，踏踏实实地办事，认认真真地服务，孜孜不倦地努力，默默无闻地奉献，防止工作机器不转、慢转、空转和乱转，确保各项工作让上级放心、群众满意，行业领先，成果丰硕。此外，还必须认真抓好党组织自身建设，注重优化结构，练好内功，健全职能，始终发挥政治引领和战斗堡垒作用。

打苗头，防贪腐滋生。众所周知，诸多贪腐问题发生都有发展变化的过程。有效落实管党治党主体责任，其重点就是要针对贪腐问题发展变化的规律和“常在河边走，哪能不湿鞋”等旧的惯性思维，在问题酝酿和滋生蔓延初始阶段与苗头乍现时候，就关口前移，重心下移，责任上移，双管齐下。一方面，针对贪腐问题，要及时在欲望脱轨的拐点、资金进出的起点、权力运行的节点、关系交汇的网点、利益追求的基点上小题大做，抓早抓小，绝不放过枝节和芝麻问题，通过源头控制和过程早期控制，净化环境，消除隐患，防止党员干部思想出格，行为出错，工作出乱，犯事出丑，在人民群众中坏了形象，让事业发展遭受损失。另一方面，针对在反腐败高压态势下以权谋私和贪污腐败问题被遏制，不负责、不作为、形式主义、玩忽职守等腐败问题抬头和变形的实际，注重做好问题扫描和透视，建立健全内部监督体系，善于借助群众和舆论力量，常态化进行思想和工作“体检”，做到无病防病，小病早治，不生大病；注重紧盯工作职责，严防责与人脱节，人与事脱钩，行与果脱靶；注重厘清工作方式，做到少而精，精而优，常晒形式主义的底子，狠挤形式主义的水分，让形式主义没有立足之地。以防止和避免走前松后紧、前犯后整的老路，从而减少治理的综合成本。

2014 年 12 月

做好地方行政工作必须正确处理“四大员”与“四小员”关系

论地方行政工作，总离不开形象称谓的“四大员”和“四小员”，前者为司令员、教练员、评论员和监督员，后者为勤务员、运动员、服务员和办事员。两者工作状态与相互关系如何，往往决定地方行政工作的质量和水平。

一、辩证关系

相对于具体事务和从业人员工作场景而言，地方行政公务员一般可分两个层次，一个是由务虚和间接行为为主的“四大员”构成，也就是人们常说的发号施令的主官、工作分管领导和专业技术骨干、宣传理论工作者和从事监督工作的人员。另一个是由务实和直接具体行为为主的“四小员”构成，也就是人们常说的服务领导和机关的工作人员、在一线打攻坚战的工作人员、直接为百姓办事的工作人员和从事其他具体业务的工作人员。前者居高临下，后者居下仰上。前者动脑为主，后者动手为主；前者居多张嘴，后者居多跑腿。两个层次结合，也就构成了矛盾对立统一体，无疑“四大员”是矛盾主要方面，“四小员”是矛盾次要方面，但在一定条件下或某些事物上也能发生角色转换。一是“四小员”为基础。地方行政是正三角形组织结构，处在初级层级的是众多“四小员”，地方行政工作要有所作为和大有作为，就必须高度重视“四小员”的基础地位，加强行政基础工作，充分调动“四小员”的积极性和创造性，多让“四小员”打冲锋，攻山头，炸碉堡，建奇功。毕竟大量直接具体操作要靠“四小员”实施，中高层级的信息来源也在于此。二是“四大员”是引领。“四大员”处在地方行政领导管理监督地位和中高级层级，该层级是行政决策发源地，行政权力集散地，行政氛围主阵地，行政监督根据地，行政责任承包地，行政运行的主导和推手皆集中于此，往往影响“四小员”的前途和命运。三是彼此间贵互动。其实“四大员”和“四小员”的不同，只是岗位、责任和分工不同，主要是工作需要和组织安排决定的，两者的工作目标和方向是一致的。故两者更应该加强联系互动。尤其“四大员”要主动打破上下级界限，关心“四小员”，理解“四小员”，信任“四小员”，帮助“四小员”，支持“四小员”。在此基础上，也要善于赢得“四小员”的尊重、服从和支持，在思想和感情上不分彼此，形成一个有机整体。四是上下级求共振。既然“四大员”和“四小员”都是为了一个共同目标而工作，那么各自履行岗位职责就必须在工作同向、协调同步、协力同心、殊途同归上下功夫。“四大员”要更多站在“四小员”角度看问题，眼界要更聚焦一些，工作要更深入一些，身段要更柔软一些，思维要更微观一些，以更好了解“四小员”情况和基层实际，求得宏观层面工作更能接地气。“四小员”要更多站在“四大员”角度看问题，眼界要更开阔一些，站位要更高一些，思维要更宏观一些，以更好理解“四大员”指示精神，用以指导自身微观层面的具体实践。

二、错位关系

地方行政工作千头万绪，千变万化，风险挑战巨大，皆容易导致“四大员”和“四小员”工作难开展、遇麻烦、惹争议、犯错误，且问题多来自有的“四大员”与“四小员”关系不顺。

从“四大员”问题看：一是轻小。平时工作在上，缺乏深入，不重视“四小员”，不关心“四小员”，与“四小员”无感情和共同语言，习惯将“四小员”看成工具和跑堂的。二是哄小。地方行政具体事务成千上万，需要“四小员”在一线和基层打头阵应对，或为“四大员”遮风挡雨，消困减压。为让“四小员”履职尽责，有的习惯一味高调褒奖，哄“四小员”多干事，快干事，别误事，不坏事。三是压小。不实事求是，不管事务简繁，原因何在，难处多少，常在墙上画虎，常在空中摔鞭，常在身后督战，常在秤上加码，习惯从上限要求，从狠处喊话，从疑难压担，从超限赐责，令“四小员”疲于奔命。四是累小。“四小员”应对纷繁复杂的工作，不仅需要自身努力，更需要“四大员”的理解和支持。但是，事实上有的“四大员”仅习惯于压着“四小员”干活，至于“四小员”无米之炊和身陷困局则不闻不问，或蜻蜓点水了事，让“四小员”常在艰难困苦中饱受艰辛。五是斥小。在基层一线搞工作，哪有不出问题的，且问题出现有的是外在因素所致，有的是主观因素所致，正确做法应是帮助“四小员”认识分析问题，重在弥补和纠正主观因素不足。但是，有的对“四小员”所出问题常以事后诸葛亮、教师爷和包青天自居，不问青红皂白一味上纲上线斥责，将“四小员”批得灰头土脸，情绪低落。六是整小。“四小员”犯错误应该处置，但也不是没有章法，毛主席有一著名论断：政策和策略是党的生命，各级领导同志务必充分注意，万万不可粗心大意。对“四小员”处置也应这样，必须注重教育从严，惩治有度，以理服人，彰显水平和艺术。

从“四小员”问题看：一是远大。主要表现在有的对“四大员”表面尊敬遵从，实则心灵和感情有距离，奉行你走你的阳关道，我走我的独木桥。二是搪大。“四大员”常会对“四小员”安排工作或多有指教，有的对此不论正确与否，皆习惯搪塞应付、做表面文章，甚至弄虚作假，蒙混过关。三是怨大。有的缺乏担当，斤斤计较，习惯横攀竖比，总感觉自己吃亏，组织和领导关心不够，支持不力，一碗水没有端平，对不住自己，早晚都牢骚满腹，心不平，气不顺，想不通，背包袱。四是烦大。有的政治上没什么追求，能力上没怎么提升，平时大事做不来，小事做不好，从事简单重复劳动大错不犯，小错不断，常让“四大员”用之不放心，教之不见效，整之不够杠，弃之不好办，着实令人心烦和无奈。五是难大。基层一线工作总会有这样和那样的麻烦事，或突发事件，其中有些属外在因素造成，有些则属“四小员”不作为、慢作为、少作为和乱作为造成。此时有的不尽职尽责不说，还非常善于推卸责任，总想着天塌下来让高个儿顶着。其最常见和最有效的办法就是夸大其词，断章取义，掐头去尾，故弄玄虚，十万火急般的向上报告，不仅将矛盾上推，更把矛盾炒成天塌地陷般的危情将上级给吓住，促其顺利接过扎手的刺猬和为难犯愁，自己却在后面偷着乐或反过来对上级不时催办。六是抗大。有的对“四大员”的批评处置心存抵触和不服，闹情绪，走极端，常拿工作当出气筒；或私利和庸俗关系作怪，拨弄是非，参与内耗，设局拆台，抗命犯上；或破罐子破摔，打赤脚不怕穿鞋的，动不动就找碴儿滋事。

三、理顺关系

既然明晰了地方行政“四大员”与“四小员”的关系，以及现实中存在的问题，那么在具体实践中，就必须运用辩证思维，创新工作举措，加大协调互动力度，围绕发展目标和工作思路，增强体系内生动力，确保行政机器运转高效有力。

作为“四大员”，一是尊重“四小员”。“四小员”工作具体而复杂，责任重大，劳作辛苦，是事业发展的主力军，其劳动和奉献理当得到“四大员”的尊重与信赖。即就是要消除权力地位所造就的自以为上、自以为是、自以为能、自以为强的旧观念，重在将感情和人格摆到平等位置；就是要善于发现和肯定“四小员”的长处与地位，真心实意依靠“四小员”，重视“四小员”；就是要在内心深处把“四小员”看成服务对象，自觉优质搞好各项服务。二是关心“四小员”。“四小员”既是公务人员，也是社会普通一员，还是家庭成员，平时难免有这样和那样的困难或心事，除了靠自我克服消化以外，有些力所不及的也需要得到领导的温暖，以及组织大家庭的关爱。这就需要“四大员”不仅要对“四小员”工作严格要求，还必须做一个细心的人、体贴的人、重义的人和尽责的人，注重在不违反原则前提下及时为其排忧解难。三是培养“四小员”。社会在不断发展变化，人都有价值观念和追求。“四小员”作为基层一线主力军，要切实发挥应有作用，一方面要靠自己努力，更重要的是“四大员”培养。这种培养既要体现在政治进步成长，也要体现在业务能力丰富提高。既要体现在鼓励与褒奖，也要体现在纠偏与批评。既要体现在压担子重实践，又要体现在传帮带，扶上马送一程。四是支持“四小员”。“四小员”既然工作任务繁多，难度巨大，作为“四大员”就不能一味当甩手掌柜，或到基层走马观花，撒胡椒面。而要在积极支持和善于支持上用功，做到在感情上全力支持，在方法上着重支持，在物质要素和精力投入上适度支持，既不能让好哭的孩子有奶吃，也不能让不闹的孩子无奶吃。既不能荒了“四小员”责任田，也不能种了“四小员”责任田。重在支持恰到好处，及时有力，雪中送炭。五是严管“四小员”。人都有欲望和私心，“四小员”也不例外，欲望和私心能否病变发作，既有个人素质问题，也有客观条件问题。更何况“四小员”从事众多行政事务，与广大群众直接打交道，难免遇到诸多诱惑，严格管理“四小员”也就势在必行。这种严要严在态度上，对工作和问题不讲情面，不打折扣；严要严在效率上，对业务工作和服务群众事项必须按高标准定任务，大力度抓落实；严要严在廉政上，对制度机制漏洞和苗头问题快速出击，严密防范，铁腕整治，绝不手软。六是学习“四小员”。“四小员”是行政体系的多数和基本群众，他们对基层一线情况最明晰，对问题和规律把握最准确，对所从事实际工作最有发言权，因而其许多思维、观点、经验和做法值得“四大员”学习。反过来说“四大员”要在“四小员”面前有威信和有口碑，并做好务虚工作，若不熟悉和了解“四小员”及其务实工作，难免形同无源之水和无本之木。因此，“四大员”应端正思想，放下架子，经常深入实际，先当“四小员”的学生，进而掌握情况，丰富自己，开启思路，举一反三，总结提高，再去当“四小员”的先生。

作为“四小员”，一是敬重“四大员”。在“四大员”与“四小员”关系中，尽管“四大员”是矛盾主要方面，但也不是“四小员”就无所作为。要实现两者对立统一，“四小员”当增进与“四大员”的思想感情，注重维护“四大员”形象。毕竟“四大员”责任巨大，风险巨大，脑力劳动付出巨大，工作理当值得钦佩和尊重。二是遵从“四大员”。从行政关系结构看，“四大员”居于决策、研究、组织、监督地位，决定行政工作方向、任务和氛围营造等。“四小员”理当养成服从指挥和维护政令畅通的自觉性，以及雷厉风行，说办就办的好作风，进而像军人那样以服从为天职。三是力挺“四大员”。“四大员”居多是一个地方和单位的领军人物与形象代表，以及技术理论和重要工作骨干，一方面在决策、设计和研究上脑力劳动量巨大，所形成的技术、理论和思路也必须通过实践转化为社会成果。另一方面转化过程需要“一个篱笆三个桩，一个好汉三个帮”，无疑转化的重任也就天然落到了“四小员”身上。作为称职和优秀的“四小员”，就应当本着对“四大员”负责的精神，在工作面前勇于担当，攻坚克难，精益求精，规范操作，严于律己，务求实效，且对问题敢于直谏，以不辜负“四大员”期望。四是献谋“四大员”。脑力劳动和体力劳动既是一个绝对概念，更是一个相对概念，“四大员”主要从事脑力劳动，但也难免智慧有限。“四小员”主要从事体力劳动，但也具有丰厚的智慧资源，更何况“四大员”的智慧多来自“四小员”的实践和认识。因此，“四小员”在注重抓好操作和落实的同时，也要结合形势和工作实际，深入分析研究问题，把握事物运行规律，创新理论和技术成果，形成决策思考建议，积极将出谋划策转化为“四大员”的工作行为，以在宏观层面发挥积极作用。五是感恩“四大员”。对于“四大员”，有的观点认为其干事、干成事和干好事属理所当然，谁叫其身份地位特殊。另有持怀疑态度的认为其多干事、干成事和干好事的背后谁知道有什么利益等，尽管这些观点有某种个案印证，但不具普遍性、科学性和结论性。须知“四大员”风险挑战众多，肩上担子沉重，心理压力巨大，要想多干事、干成事和干好事难免要付出许多不为人知的艰苦劳动。故对于

“四大员”多干事、干成事和干好事，“四小员”当心存感激，多用工作业绩加以回报，这想必对“四大员”也是一种莫大的安慰和支持，毕竟“四大员”也是普普通通的人。六是理解“四大员”。俗话说：金无足赤，人无完人。“四大员”既是社会公众人物，也是社会普通一员，履行职务难免认识有瑕疵，决策有缺失，能力有不到，统筹有失衡，攻坚有成败，成效有优劣。对此，“四小员”就不能简单按照理论化、概念化、理想化、脸谱化的标准加以衡量，重要的是要实事求是，看主观动机和发展方向。在此基础上，要多理解“四大员”的心理压力，多体谅“四大员”的难处，多宽容“四大员”的失误，多支持“四大员”的工作。善于理解和支持“四大员”，无疑是“四小员”的基本功。

2015 年 1 月

识才重在精准

人才问题，既是一个老话题，又是一个新话题。说老是因古今中外早有定论，说新是因现实社会人才问题还远没解决好。主要原因除社会复杂多样外，还在于识别人才的意识、标准与方法不同。

一、德才

说到人才，堪称社会精品的是德才。德反映的是思想政治道德，才反映的是工作能力，两者相辅相成，缺一不可。一个人是否堪称德才，必须通过实践和历史检验。大凡在一个地方或组织中思想政治道德领先，经得起各种复杂环境考验，业务能力和工作水平出类拔萃，楷模和标杆作用突出的人，就是值得社会尊重和重用的德才。人要做到德才兼备，往往需要艰难修行，不受各种复杂关系和各种诱惑影响，持之以恒向着社会理想化和优质化方向发展，实现精神境界和实战能力的不断升华。

其识别标准：一是政治立场坚定。具有共产主义远大理想，坚持先进思想理论，维护党和国家团结统一，秉持正义，奉公守法，自觉在思想上同党中央保持高度一致。二是群众观点强烈。坚持全心全意为人民服务宗旨，自觉维护人民利益，着力为人民排忧解难，甘做人民的知心人和好公仆。三是欲望满足有度。善于辩证分析和把握欲望内涵，畅行和满足正向欲望，通过加强自律和修为严控与清除反向欲望，始终将反向欲望牢牢关进毅力和韧性的笼子。四是人际关系纯正。面对各种社会复杂人际关系，头脑清晰，尺度精准，大力发展和维护人与人之间同志式感情、工作联系、朴实习俗，力戒人际关系的庸俗化、商品化和山头化。五是利益诱惑严拒。现实社会各种诱惑众多，尤以权钱为甚。对此，头脑清醒，意志坚定，常在河边走，就是不湿鞋，保持清正廉洁，经得起各种考验。六是文化知识丰富。酷爱学习钻研，具有较高文化水平以及适应实际工作需要的专业能力，在一个地方和组织居于领先水平，继续学习提高的意愿、韧性和能力强。七是改革创新突出。思想解放，眼光独到，抢抓机遇，锐意进取，敢想敢干，富于创造，实际成效始终走在时代发展前列。八是攻坚克难过硬。对历史形成的疑难杂症和前进道路上的拦路虎，以及各种风险挑战，始终秉持狭路相逢勇者胜的精神，勇于担当，开动机器，全身心投入，咬定青山不放松，坚韧不拔抓到底，不断将困难踩在脚下，是社会上一不怕苦、二不怕死的英雄好汉。九是工作业绩卓著。面对各种各样工作任务，认真负责，精益求精，干什么像什么，干什么成什么，干什么领先什么，干什么流芳什么。十是一生一世奉献。在人生各个历史阶段，始终保持昂扬向上的发展走势，做到为人民和社会奋斗一生，奉献一生，得以在历史检验中立起一道道丰碑。德才贵为精英，是社会理想化的人才，需要全社会尊重和各级组织重用，并按此标准坚持不懈地进行人才培养和打造，只有德才兼备的人越来越多，社会才能更加兴旺发达，富有生机活力。

二、干才

在现实社会中，还有这样一类人，脑子非常好使，专业能力非常突出，干事创业非常执着，不断在人意想不到和力所不及的领域与工作上创新创造，能力超群，堪称社会的名品或名人。此类俗称能人，业内称干才，能干就是明显标志。干才是德才的近邻，共同之处在才，有所区别在于德。也就是说干才在德的完整性、丰富性和优质性上要逊色于德才，有的甚至差别明显。正因为有差别，也就使得干才在社会上能干事易惹非议，干成事易遭排斥，能干既是成功关键，也是曲折关键。

其识别标准：一是政治立场自主。干才一般都有崇尚的思想理论，对大是大非有个人主见，具有相对或较强的独立性。有的世界观倾向先进思想理论，政治自觉性和敏锐性与国家民族感较强。有的则另有看法，甚至倾向某些负面因素。二是群众观点不定。比较注重突出个人价值取向和目标追求，且为之不懈努力。有的价值取向和目标追求虽非主观为民，但客观效果于民有利。有的个人观点为重，缺乏群众意识，有个人英雄主义，甚至看不起群众。三是欲望满足强烈。习惯强调自我，彰显个性，力求在物质和精神享受上充分体现自我价值，常在欲望满足过程中干出对社会有益的事，也容易干出对社会无益或有害的事。四是人际关系淡薄。一般容易自傲和以自我为核心，轻视能力水平不能比肩的人，能力水平半斤八两的又多是“两个盲人靠墙走，谁也不扶（服）

谁”，造成人与人关系冷漠或紧张，容易惹出一些矛盾是非。五是利益诱惑难挡。对于诱惑反应灵敏，主动承接，用心用力而为，其结果有正面的，也有负面的。六是文化水平优质。干才一般都有较高文化水平，有的是从学校学来的，更多是在实际工作中学习研究得来的，所具有的功底要高于常人。七是改革创新超强。如果说干才在社会上有影响和有价值，最突出的就是其所具有的改革创新意识和能力，主要表现为思维超前，有胆有识，独辟蹊径，破立兼备，常创新局，是一般人所不及的。八是攻坚克难有力。攻坚克难是干才强项，面对风险挑战，当许多人胆怯退缩、无计可施、一筹莫展之时，干才多勇于担当，敢于面对，善用脑子，研究对策，破解难题，具有较强的韧性和实战能力。九是工作业绩显著。干才的价值往往在于创造，在于所取得的硕果，在于处在一个地方或组织的领先地位，且具有较强的成就感。十是一生一世起伏。干才为了自己的价值追求和既定目标，大多一生都在奋斗，只是有的对社会做出了积极贡献，有的给社会或他人带来了负面影响，甚至两头冒尖，人生显得比较坎坷。可见，干才是社会的有用之才，理当放手使用，使其建功立业。同时，也要注重教育引导，扬长避短，磨炼摔打，通过实践，促其向德才转化。

三、庸才

说到社会中人，总绕不开庸才话题。照百姓所言，就是糊涂虫 + 大草包，涉及正事要思想没思想，要能力没能力，要说说不清，要写写不了，要干干不好，按照优胜劣汰机制选人用人早晚都属被淘汰对象。但是，人们也会发现，在有的地方和组织中，庸才并非日子难过，相反享受旖旎风光，过得有滋有味，甚至要好于或统领德才和干才。这就给人提出了一个难以理解的问题，即庸才素质较低，凭什么能够天上掉馅饼。其实这种不正常现象之所以古今中外普遍存在，除社会纷繁复杂外，一个重要原因还在于庸才“有才”，关键是其“庸”适应社会环境的某些灰色和落后地带，而且地带越宽，庸才就越活跃，说不清和道不明的怪事也就越多，帕金森定律所揭示的就属此类，这也是德才和干才所不及的。

其识别标准：一是政治立场模糊。少有崇高的思想政治理论，缺乏鲜明深刻的政治观点，时常表现出亦明亦暗，忽明忽暗，早晚都在明与暗的思想意识结合部摇摆，政治立场和态度好也好不到哪儿，差也差不到哪儿。二是群众观点异化。庸才比较容易接地气，只不过所接地气普通、简单、零散、低档，缺乏深度，把握不了规律和要害。同时，庸才还善于在工作圈子和生活圈子发展人缘，习惯用拉拉扯扯和吃吃喝喝之类的小恩小惠手段，所秉持的所谓群众观点实际形同建圈子和搞关系，以及行封建江湖义气。三是欲望满足期待。庸才对于自身能力比较清楚，但欲望满足要求较高，只不过实现的途径不靠真才实学，只想不劳而获。四是人际关系庸俗。社会关系复杂多样的一个重要标志就是庸俗关系普遍和根深蒂固，由此足见庸才生存土壤多么丰厚，社会许多崇高和同志式人际关系，就是经庸俗关系渗透和侵蚀被弱化或变味的，甚至搞得龌龊和低级。庸俗关系浓厚，常让庸才大行其道，有用武之地。五是利益诱惑常享。利益诱惑对庸才来讲，有着巨大魔力，若靠能力获得利益满足，无疑天方夜谭。靠社会获得利益满足，社会讲究公平公正公开和优胜劣汰，此路也多不通。那么对庸才而言，唯一得以满足就在于促成一个地方和组织的环境庸俗化，让该严的严不起来，该紧的紧不起来，该硬的硬不起来，进而得以经常享用社会利益蛋糕而不为难。六是文化水平一般。庸才特点是不爱学习，因而文化水平不会很高，有的即便文凭较高，也多是混来的，到底有多少真才实学也只有天知道。至于在工作中更加注重学习，不断更新知识，几乎是不可能的，除非有的经实践磨炼思想醒悟，向德才和干才学习而为。七是改革创新无缘。从事简单劳动，重复劳动，常态劳动，面上劳动，是庸才的看家本领，在平平淡淡和按部就班的氛围中大多也过得去。若去应对复杂形势，立足当前，谋划长远，革故鼎新，开拓进取，其基本既无思想，也无胆识，更无路径，事业经其手操作，不是死气沉沉，就是原地踏步，早晚都在形势发展后面摆尾巴，搞不出什么新名堂。八是攻坚克难短板。事业发展难免遇到各种艰难险阻，克服艰难险阻，不仅需要胆识、决心和毅力，更需要智慧和能力。实践证明，面对艰难险阻，庸才往往手足无措，且不干则矣，干即添乱，比较擅长的还是嫁接和转移矛盾。九是工作业绩泡沫。庸才的能力干不了什么事，但在社会上彰显业绩却时常亮点纷呈，甚至还会搞出什么大作。其实多是炒作出来的假大空，目的是用充满泡沫的业绩忽悠官僚主义和应时作秀罢了。十是一生一世低端。庸才一生一世表现反差明显，为公没有什么了不起的业绩，为己和圈子，以及发展人际关系办私事却多有建树，虽说放在社会台面常让人看不起和难登大雅之堂，但在台面下也常令人称奇或叹息其日子过得滋润，这不能不说是社会的苦涩。庸才是社会中嗜利和落后一族，需要高度重视，持之以恒加以教育改造，促其向德才和干才转换。

四、歪才

在现实社会中，有一类人尽管是少数，但影响不可低估，这就是歪才。歪才因思想歪和歪得有智商，常让人们难以识别，防不胜防。歪才因本事大，江湖老道，干正事障人眼颇有手笔，干坏事谋划深，下手毒，隐蔽性和欺骗性强，常让社会深受其害。防止歪才出现和作恶，历来是社会难题。

其识别标准：一是政治立场反向。敌视党和国家，敌视人民，敌视社会主义制度，或常常打着红旗反红旗，或明目张胆传播腐朽意识形态，在思想政治上与现行社会主流唱反调。二是群众观点绝无。歪才因立场所定，往往视群众为愚民或草芥，与群众打交道既蔑视，又凶狠，更狡诈，有时尽管在台面上侃侃而谈尊群众为衣食父母，其实为做戏之需。三是欲望满足无限。歪才不仅物质欲望很强，统治欲望更强，满足欲望之举具有疯狂性、残酷性、畸形性、迷惑性和破坏性。四是人际关系复杂。在社会上，歪才无疑是玩人和搞关系的高手，无论从上层到下层，从官场到商场，从权贵到民间，从正道到黑道，都能周旋其间，吃得开，玩得转，搞得活，是社会复杂关系网和关系链的始作俑者与利用维护者。五是利益诱惑全收。歪才对于利益诱惑可谓充满渴望和激情，只要有利可图，既会明目张胆掠夺，也会采取各种欺骗手段明修栈道，暗度陈仓，将好处捞到手。六是文化水平上乘。歪才一般文化水平较高，还能不断学习充电和研究问题，甚至在有的方面颇有造诣，只不过皆为谋私做知识储备，或当成工具。七是改革创新利己。歪才思维非常活跃，对形势把握常有独到见解，应对局势和事物精于设计，时常拿出一些改革创新举措，为一般常人难以想到和更难做到。只是出发点不是为了社会发展进步，而是为了自己或利益集团实施的瞒天过海之计，故常对社会造成危害。八是攻坚克难谋私。从反面看，社会对歪才目标的实现有很多制约和监督，这实际就是歪才实现目标的艰难险阻。说歪才攻坚克难能力强，很大程度就在于他们常能通过各种手段来突破或绕过社会制约和监督，进而谋取私利。九是行为后果负面。尤其只要参与到政治领域、市场领域和文化领域，因其世界观决定，所作所为也就基本是对正面事物进行破坏。即便表面做的是正事，其实也是一种掩饰或过渡。十是一生一世祸患。从古今中外一些歪才历史看，因才能突出，往往能在社会吃香喝辣。因德性低劣，往往能把坏事做尽和做绝，因所处环境条件复杂，有的风光一世，有的则遗臭万年。因此，防范和整治歪才可谓任重道远。

2015 年 6 月

浅谈人才逆淘汰治理问题

人才是社会脊梁和事业支撑，更是稀缺的宝贵资源，理当得到尊敬和重用，使其充分发挥聪明才智，创造优良业绩。但是，实际上仍存在人才逆淘汰现象。对此，必须坚持不懈地加强防治，不断提高人才质量水平，促进事业兴旺发达。

一、组织是龙头

人才是组织中的优秀分子，能不能得到尊重和重用，避免被逆淘汰，组织思维行为最为关键。

战略性统筹布局。组织工作千头万绪，纷繁复杂，要实现跨越式发展，当着力实施人才战略，有效防止人才被逆淘汰。因此，人才战略的制定和实施，既要讲思想政治，也要看形势任务；既要有国际化眼光，也要具专业化视野；既要立足当前，也要把握长远；既要明晰人才普遍材质，也要洞悉人才特殊材质；既要注重建设，也要强化选用等，确保人才战略具有前瞻性、针对性、实用性和可操作性。

创新性优化结构。结构问题是事关人才成或困的大问题，需要组织围绕布局调整优化和巩固提高常抓不懈。就像企业家追求用最小投入获取最大利益而精打细算，有效配置资源，或像老中医善用最佳配方医治疑难杂症那样，必须要有强烈的结构优化意识，对事关人才生存发展的结构性要素要深入研究，胸有成竹；要紧密结合形势、自身实际和人才状况，坚持以事言责，以责定岗，以岗选人，以人理事，闭环运行。坚持内外结合，优势互补，制度规范，协调运行。坚持梯次配置，龙头带动，多点支撑，集约运作；要疏堵并举，坚定不移地排除各种干扰，始终保持内在要素结构处于优化状态；要注重与时俱进，及时对内在要素结构进行有效调整，始终紧跟时代发展步伐，满足人才工作需要。

开放性教育培养。现代社会是开放多元社会，人才需求越来越呈高端化、多样化、专业化、实用化趋势，对人才和各级组织均提出了新要求。尤其在人才教育培养上，皆不能“又要马儿跑，又要马儿不吃草”，只使用不培养，只管事不管学，只从“二亩地”角度提要求，不从大视野、宽领域和高层次提要求。其正确抉择要在超前、向上、深入、持久上狠下功夫。超前就是着眼未来，人才教育培养具有前瞻性；向上就是人才教育培养具有领先技术标准；深入就是人才教育培养功底深厚，把事做实做细做好；持久就是在人才教育培养的各个阶段均保持领先优势。同时，还必须善于用制度机制引导鼓励或倒逼人才比学赶超，竞进提质。

多样性平台打造。人才实质在于干事，干事前提在于平台，这就要求组织针对不同人才特点，结合不同工作任务，不断为人才生存发展提供机会和条件，有舞台唱大戏，演主角，把人才用足用好。打造平台就是要在锐意改革上下功夫，用挑战性工作与人才配置，为人才提供创新发展舞台；就是要在解决疑难杂症上下功夫，用各种拦路虎和硬骨头与人才配置，为人才提供攻坚克难舞台；就是要在宽领域和大纵深集群工作推进上下功夫，用各种板块工作和链条工作与人才配置，为人才提供纵横捭阖的舞台等。实践证明，善于有针对性打造平台的组织，往往就是人才工作兴旺发达的组织。

有效性加大投入。人才作用发挥离不开组织资源配置的刚性投入、弹性投入和持续投入，这也是人才生存发展的重要支撑。刚性投入，就是要根据工作和人才发挥作用需要，舍得拿钞票，配置工具高精尖，基础条件方便适用；弹性投入，就是要着眼事业发展需要和人才大显身手需要，多调查研究问题，多学习借鉴外在好经验，多在优化制度机制上下功夫，多在调动人才积极性和创造性上拿对策；持续投入，就是要始终保持清醒头脑，注重资源要素战略储备，不以一时一事投入到位和产生效益而满足懈怠，而是立足于跟进时代发展和工作保持领先水平需要，有计划有步骤地跟进投入，为人才营造良好环境和条件，提供有力保障。

针对性保驾护航。人才打拼难免遇到各种艰难险阻，有的会被人才攻克，也有的可能会对人才造成伤害，甚至致命性伤害而被逆淘汰。对此，作为组织就不能不闻不问，而要高度关注，实时提供大力支持。在及早做好各种设防的同时，对于因利益纷争涉及人才的流言蜚语和明枪暗箭，以及庸人和坏人作局陷害，组织都应挺身而出，及时有力为人才挡风遮雨。对于人才攻坚克难遇到挫折，应予以宽容和帮助解难，保护人才的积极性和创造性。

二、伯乐是关键

伯乐相马是脍炙人口的千古绝唱，说明在人才选拔任用上，组织领导的伯乐地位和作用非常重要，且必须着力改变社会“千里马常有，伯乐不常有”现象，促使组织领导在人才选拔任用上向伯乐转型，创伯乐佳绩。

超前思维 +“望远镜”。伯乐相马之义不在相马之技本身，精华在于眼界开阔，思维超凡，求贤若渴，行为大气，善用“望远镜”前瞻世界大势，了解人才国际视野；前瞻国家大事，了解人才认识把握宏观格局能力；前瞻发展规律，了解人才辩证思维水平；前瞻群众意愿，了解人才人生价值定位；前瞻发展愿景，了解人才抱负所向。以求广寻人才，广纳人才，防止和克服习惯围绕身边的人或亲近的人打转，只见盆景造物，不见森林栋材，学伯乐相马样子，无伯乐相马实效，甚至对自我行为逆淘汰人才而不察。

深入研究 +“显微镜”。人才资源稀缺，材质丰富多彩，要做到选拔任用精准，还必须像显微镜那样更多看细节，注重以小见大，于细微处见精神、态度和能力；看得失，正确看待所得利益和失去利益；看逆境，有无攻坚克难的勇气和韧劲；看过程，是否为个案性、临时性和阶段性向好或向差，还是整体性、持续性和全程性向好或向差等。不然，就可能将人才逆淘汰，或是将非人才当人才选拔任用。

把握本质 +“透视镜”。人才是展示而出，也是比较而出，更是伯乐总结归纳而出。因为人才生理和心理具有多样性与复杂性，要全面观察了解人才材质，就必须学会运用“透视镜”，将潜藏和背后的因素观察了解清楚，以得到规律性和本质性的东西，确保选对人和用对人。要善于聚焦思想政治，重在看政治态度和政治立场；聚焦服务宗旨，重在看群众观点和公仆意识；聚焦道德品行，重在看法纪观念和诚信自律；聚焦实战能力，重在看理论素养和专业技能等。善于运用“透视镜”是伯乐之所以为伯乐，有的组织领导想当伯乐而终非伯乐的差别所在。故善于透过现象看本质，是组织领导选拔任用人才必须具备的真功夫和硬功夫。

综合评价 +“多棱镜”。人才材质如万花筒般五光十色，伯乐相马固然要抓主要矛盾，也要统筹兼顾，善于从多角度、多渠道和多层次关注人才个性特征，包括文化素质，业余爱好，脾气性格；关注工作过程的生理心理反应，以及自我调适方式；关注日常生活习惯等。以更好地把握全盘，量体裁衣，扬长避短，使用得当。

排除干扰+“照妖镜”。人才选拔任用往往会遇到各种干扰，影响伯乐相马。一种来自有的人不择手段打击人才，排挤人才，诬陷人才，导致伯乐相不成和相不到千里马。另一种来自习惯投机取巧和自我包装的人采用各种公关攻心之举，欺骗、迷惑、误导伯乐选错人和用错人。对此，组织领导必须善用“照妖镜”，将外在干扰之人的本来面目和真实意图看清，以免庸人和坏人钻空子，人才被逆淘汰。

力戒失察+“哈哈镜”。实践是检验真理的唯一标准，伯乐相马效果如何，也要实践检验，且贯穿于人才选拔任用的始终。其关键是要善于运用“哈哈镜”经常查找人才选拔任用行为有无差错和走形扭曲，特别要注重经实践检验人才选拔任用与良好愿望形成较大反差时，当进行深刻反思，切实总结经验教训，举一反三，以免人才选拔任用失察和失真给事业造成损失。

正人正己+“穿衣镜”。如果说伯乐是在相马，倒不如说是在相自己驾驭复杂多变形势的能力，且不出错则矣，出错即人才被逆淘汰。因此，作为组织领导不能过于自信和高枕无忧，而要战战兢兢，如履薄冰，时常照“穿衣镜”以正衣冠，查找有无私心或差错，做到问题早发现，错误早纠正，既要形似伯乐，更要心似伯乐，确保相马过程始终保持清醒头脑和良好工作状态。

三、制度是保障

制度对人才逆淘汰治理具有重要作用，其关键要规范组织行为，注重针对性和时效性，以及不断建立健全制度，更好执行制度，用强有力的制度将各种逆淘汰人才行为关进制度笼子，促进人才工作竞进提质。

治权力。人才逆淘汰一定程度来自组织权力运行不规范，以及有的组织领导素质不良所致。要有效解决此类问题，就必须用制度手段，对领导选人用人所涉及的权力内涵、权力运转、权力监督、权力追责等作出明确界定，进而强化集体领导，力戒个人说了算；严格执行民主集中制，坚持按职责、按规矩、按程序办事，力戒违规走板走调；注重公开透明，实行阳光作业，力戒暗箱操作，幕后交易；实行追责问责，着力查究私心私欲和感情好恶作祟逆淘汰人才行为，力戒问题出而不查，查而不究，究而不严。真正将有的组织存在的人才选拔任用非伯乐化，转化为伯乐化。

治关系。当今社会人际关系较为复杂，客观存在各种关系网和关系链，对人才逆淘汰影响颇大。人才被逆淘汰，又会反过来对善搞复杂人际关系的人和事形成错误导向或负面刺激，进而加重人才逆淘汰境况。要着力解决好人才逆淘汰问题，就应针对复杂人际关系影响，构建完备过硬的制度防火墙和过滤网，重在防堵和清除权力干预关系、人身依附关系、利益公关关系、亲情朋友关系甚至买卖交换关系对人才选拔任用的袭扰；重在聚焦和防治有的组织领导职务行为的人际关系化，既规范职能，更严格监督；重在提高凭复杂人际关系逆淘汰人才行为的风险成本等。进而让走关系左右组织领导选拔任用人才行为没有市场，将其屏蔽在制度大门之外。

治资本。在市场经济条件下，资本在资源配置中具有决定作用，难免渗透和影响上层建筑意识形态。也如俗话所说：有钱能使鬼推磨。要防止金钱或资本任性影响人才选拔任用，就必须建立健全严格过硬的制度，对权力和资本进行区隔，注重对各个环节和过程严格控制，绝不容许金钱或资本将人才选拔任用当商品和做交易；必须阻断金钱或资本借助复杂人际关系影响人才选拔任用，注重从源头严防不正当竞争；必须坚持亮红灯和设高压线，对违规者进行严格追责。

治潜规。潜规则是历史形成助力庸人和坏人当道的规则，具有较强的隐蔽性和破坏性。有的人才就是被潜规则所困而步履维艰，难有所为，直至被逆淘汰。对此，必须实施制度大网全覆盖，坚决去潜规则，行正规则，去台面下，兴台面上。其重点在于严格制度设定和执行，管住人才选拔任用中的唯上行为、交换行为、买卖行为、宗派行为。去潜规尽管较难，但必须坚定不移和坚持不懈地抓落实。

治赛程。人才生存发展，需要公平竞赛和优胜劣汰，只是竞赛一般如拳击赛，或如百米赛。前者重在击倒对方，后者重在各行其道。防止人才被逆淘汰，在制度建设上就要像百米赛那样严格规范，参与者各行其道，决出胜负。遏制“拳击赛”流行，不让庸人和坏人靠不正当竞争逆淘汰人才与攫取利益。制度制定一定要公开和严格，并成为组织人才选拔任用的主流。只有“百米赛”规则畅行无阻，人才境况才会不断改善。

治偏差。制度起的是规范和保障作用，若制度本身不完善，则人才逆淘汰会更严重。故在人事制度、分配制度、工作制度等制度建设上，一定要坚持实事求是，上通天线，下接地气，外联实际，内解问题，注重制度设计的先进性、针对性和完整性，防止和纠正主观臆断，形而上学，因循守旧等因素造成的制度瑕疵、滞后和乏力；要坚持突出重点，注重激励导向，将各种资源向人才培养和发挥作用倾斜，防止和纠正制度设计得过软、过空、过时和过杂，导致各种资源被非人才选拔任用的不法和不轨人与事占用；要坚持聚焦短板，防止和纠正制度约束下的难约束，能约束事难约束人，能约束一般问题难约束人际关系。在制度执行上要强调领导带头，力戒私心私欲影响人才选拔任用；要强调保障到位，坚决排除干扰人才选拔任用的各种不良因素，为人才创造良好的生存发展制度环境；要强调制约有力，违者必究，严防制度成为画在墙上的老虎和插在田地的稻草人。

四、环境是基础

人才能否大有作为，从更广阔领域来讲，在于社会人才生存发展环境如何。从大趋势看，社会越发展进步，人才生存发展环境越得以改善，人才辈出和有用武之地越呈蓬勃向上之势。但是，社会人才生存发展环境的不断优化是一个渐进过程，现实中各种问题依然较多，需要全社会深入持久地营造环境，夯实基础。

法治先行。现代社会系法治社会，人的行为必须纳入法治轨道。尤其在尊重人才、使用人才和保护人才上，更应从法治角度先行建设，既要明晰人才享有的权益，更要明晰人才权益的保障举措，重在强化人才的法律意识，增强尊重人才，支持人才，保护人才的法律自觉，同各种侵犯人才权益的不良行为作斗争，为人才生存发展提供强有力的法律保障。

营造氛围。主要是各级组织和各类媒体，要加大尊重人才、支持人才、保护人才政策法律的宣传力度，提高人才的社会地位，彰显人才对社会发展进步的突出贡献，充分发挥典型示范引领作用；要从人才成长和作用发挥的具体场景和平台入手，从所涉及的关系和事物着力，把普遍与特殊、综合与专项、务虚与务实的各种真理、法理、伦理、道理、情理、事理等有针对性、深入性、持续性讲清楚，说明白，力求让人入脑入心；要鞭挞排挤人才，压制人才，打击人才的不良现象，努力将人才逆淘汰问题解决在萌芽状态和初始阶段，让人才不受影响，少受委屈，免遭逆淘汰。一句话，让尊重人才、支持人才、保护人才成为全民共识，消除人才逆淘汰的不良土壤。

文化建设。人才发展环境问题，最终是社会文化建设问题。主要是既要学习传承传统优秀人才文化，使之生根长叶，开花结果。又要在新的历史条件下，学习世界人才文化文明成果，及时汲取有机养分。更重要的是必须高举社会主义优秀人才文化旗帜，着力彰显人才生存发展的土壤来自人民群众和社会实践，按照马列主义和共产主义思想培育造就社会主义建设事业的有用之才。同时，还必须清除和批判传统与外来腐朽文化，让社会主义人才文化更加发扬光大。

国民素质。实践证明，国民素质优良，是培养造就人才的源泉，也是人才生存发展的洼地。因此，必须教育和引导国民以整体素质走在世界前列为导向，一方面主动适应世界人才发展形势，自觉努力学习，注重实践锻炼，提高能力水平，沿着成才道路前进。另一方面要加强个人修养，使心胸更开阔、度量更博大、境界更高远，见人之长是喜，见人之长是力，见人之长是榜样，见人之长是荣幸。再一方面要促进全社会都来关心人才、支持人才、呵护人才，以能为人才生存发展做贡献为骄傲。可见，只有国民人才意识和支持保护人才能力提高了，人才环境才可能根本改善。

2015 年 7 月

要善于理顺“砌匠”和“瞄匠”关系

大凡了解盖房子的人都知道，施工时必有一类人专门负责砌墙，技术好的被称为砌匠。砌匠是盖房子的主力和实际操作者，没有他要把房子盖起来是不可能的。同时，施工时还有少数人并不直接砌墙，而是主要负责找碴儿挑刺，品头论足，关注和检查砌匠的具体操作与工作质量，习惯上被称为瞄匠。砌匠的职责主要在一线干，瞄匠的职责主要在一线看；砌匠的工作要把具体事做到位，瞄匠的工作要把对砌匠的检查督办做到位；砌匠主要与实物打交道，瞄匠主要与标准打交道；砌匠侧重于务实，瞄匠侧重于务虚。砌匠和瞄匠是矛盾对立统一的，瞄匠是矛盾主要方面，砌匠是次要方面，瞄匠决定砌匠，砌匠对瞄匠有反作用，两者关系处理得好，有助于工程快速推进和保证质量。反之，就会出现问题。诸如砌匠容易对瞄匠的监管或返工之类要求心生抵触，甚至怨声载道，斥之为“老鼠掉到面缸里——一张白嘴”。瞄匠也会对砌匠的不良态度心生不满，甚至怒火中烧，斥之为烂泥扶不上墙。砌匠和瞄匠相互矛盾或对立的结果，会影响工期和浪费材料。因此，正确处理好砌匠与瞄匠的关系，其意义也就不言而喻了。

地方行政工作诸多情形和哲理也像盖房子，有类人如砌匠，处在经济建设和服务百姓一线，具体应对各种复杂矛盾，实际执行政策法律，直接完成各项指标任务。同时，也有少数人如瞄匠，一般不直接在一线面对社会和百姓处置具体事宜，工作重点是对砌匠进行管理指导和检查督办。只不过行政工作“砌匠”和“瞄匠”关系则要复杂得多。从一定区域讲，行政是庞大复杂的体系，要确保高效运行，必须实行科学分工，大多数人当“砌匠”，少数人当“瞄匠”，既是现实需要，也是遵循规律。“砌匠”工作除了靠自己努力，主要还需按照“瞄匠”要求，接受指导和监督，把具体工作做到位。“瞄匠”工作除了靠自己努力，主要还需按照“砌匠”所面对的实际、应对的困难和落实的现状等，加强决策部署，注重指导管理，实施督办检查，推动和促进整个工作。可见，“砌匠”工作要靠“瞄匠”来指导管理，“瞄匠”的决策和理念要靠“砌匠”具体操作来实现，两者相辅相成，相得益彰，缺一不可。

在具体实践中，“砌匠”问题比较多见。一是不上进。做行政工作的前提是讲理想，讲政治，讲道德，立志修炼成高尚的人和有作为的人。但是，有的人受自由主义、个人主义、实用主义、利己主义、拜金主义和享乐主义影响，显得精神比较萎靡，心理比较灰暗，行为利益导向比较突出，头脑缺乏先进思想理论。二是不学艺。“砌匠”的职责主要在一线面对百姓处理具体事务，需要具有较强的专业能力和做群众工作能力，就像要懂得盖房基本常识和技术一样。但是，有的对所从事岗位业务仅限于一知半解，面对竞争激烈的职场，不善于或打不起精神学习技术，钻研业务，提高水平，甚至把过多心思用到搞关系和吃喝玩乐，导致普遍学艺不精。三是不严谨。行政工作是严肃认真的，既要熟悉各种政策法律和程序，还必须注重各种服务办事细节，操作起来举轻若重，战战兢兢，如履薄冰。但是，有的人说话办事不够认真细腻，老是丢三落四，大面上虽翻不了船，但给工作造成较大影响。四是不尽心。对于工作问题，特别是尖锐复杂问题，解决起来往往非常费时费力费心，还不一定取得好成效。对此，特别需要“砌匠”全身心地投入，靠责任担当和韧性智慧方能实现突破。但是，有的人习惯从自保和自利入手，面上碍于职责所定，实际做事却出工不出力，出工少出力，反正我到场了，问题能否解决与我无关。五是不作为。“砌匠”底线要求是拿薪办事，高标准要求是当好公仆，为民服务。但是，有的人行为举止常围绕底线要求徘徊，有利的事就上，不利和无利的事就推、拖、绕，纯属混日子，耽误事，坏形象。六是不干净。“砌匠”应清正廉洁，大公无私，要求高于普通社会公民天经地义。但是，有的人却耐不住清贫，耐不住寂寞，耐不住攀比，耐不住诱惑，为保自己不吃亏，多得利，也就时常靠山吃山，靠水吃水，以权谋私，逐步走向纪律和法律的对立面。

“砌匠”固然有问题，作为对“砌匠”负有领导、教育、监督责任的“瞄匠”来说，问题也时有发生。一是不大深入。“瞄匠”一般处在上层或相对务虚位置，要正确掌握“砌匠”情况，仅靠看文件和听人说，以及凭印象是不够的。关键要经常深入“砌匠”工作实际，调查研究，善于从百姓那里了解实情。但是，有的工作浮在上面，接不了地气，容易陷于主观主义、形式主义和官僚主义窠臼，难免影响管理监督质量和水平。二是不够专业。如果说地方行政对于“砌匠”要求具有专业水准，那么对于“瞄匠”专业水准要求也就更高。但是，有的并非如此，对“砌匠”管理、指导和监督经常说话不在点，指挥不靠谱，“砌匠”心里犯嘀咕，“瞄匠”反而自我感觉良好而不察。三是不甚负责。对“砌匠”要管思想、管业务、管帮扶和管纠偏，是“瞄匠”应尽的责任。但是，有的人履行责任则习惯居高临下讲大话、空话、套话和狠话，反正把话说到顶，至于能不能落实那是“砌匠”的事，出问题更是“砌匠”的事，甚至只听“砌匠”报喜，不听“砌匠”报忧，有麻烦“谁的孩子谁抱走”。四是不很关心。“砌匠”工作在一线，因客观实际复杂和能力素质参差不齐，难免遇到一些具体困难，或驾驭不了局势而惹出事端。对此，有的人不是从正面关心爱护帮助“砌匠”解决问题和提高水平，除了指责，就没有其他关心帮助，因而影响“砌匠”的积极性和创造性。五是不太公平。“砌匠”工作在一线，所作所为如何，需要“瞄匠”在激励奖惩上把握精准，一视同仁。但是，有的人因工作不深入或有私心，对“砌匠”激励奖惩不能一碗水端平，常使之口服心不服。六是不重策略。毛泽东同志有一著名论断：政策和策略是党的生命，各级领导同志务必充分注意，万万不可粗心大意。但是，有的人对“砌匠”实施管思想、管业务、管帮扶和管纠偏时，显得简单机械。尤其当“砌匠”做错事时，习惯简单从严处置，把握度的规定性和举一反三不够，难令“砌匠”入脑入心，增强工作积极性。

正确处理“砌匠”和“瞄匠”关系，“瞄匠”理当竞进提质在先。一是多学习。“瞄匠”工作一般不直接触及一线具体问题，层级在上，工作宏观，处事间接，强项在于对宏观形势和政策法律学习把握较好，易出问题是对基层实际把握不够和不大注重向“砌匠”学习，其实基层蕴藏着丰富的知识和智慧，“瞄匠”要管理好“砌匠”，就得先学习“砌匠”，也就是说要当群众先生，先当群众学生。这个弯子转不过来，管理“砌匠”就会先天不足。二是到基层。要对“砌匠”进行管理，不了解“砌匠”所处环境和实际工作是不行的。要了解实情，就不能待在上面看材料，听汇报，而要更多更深入基层走一走，看一看，掌握第一手资料，体验真实氛围，跟“砌匠”交朋友，成为“砌匠”知心人。三是办实事。“砌匠”工作在一线，情况复杂，工作辛苦，许多困难的解决力所不及。故“瞄匠”要经常雪中送炭，创造工作条件，及时排忧解难，助力将工作向前推进。四是多鼓励。对于“砌匠”工作，“瞄匠”要善于看主流和成绩，工作出色，或主观愿望良好，实际效果不尽如人意的，要坚持以鼓励为主。鼓励“砌匠”再接再厉，一鼓作气搞工作；鼓励“砌匠”多学习，多钻研业务，多向群众请教；鼓励“砌匠”敢于担当，大胆创新，不怕失败和他人议论，就是要有一股闯劲。五是会批评。“砌匠”干事因客观条件和个人素质差异，哪能不出点事。对此，“瞄匠”先要搞清原委和实际影响，关键是否为主观故意或恶意。大凡不是主观故意或恶意，批评帮助就要注意工作方法，人前少说，个别当面多说；面上尽可能对事不对人，单独既对事也对人；切记不讲策略地责难惩罚。六是讲辩证。善于运用辩证法处理问题是“瞄匠”的基本功，也是工作难点。如果说“瞄匠”工作出现某些问题，诸多就是掌握运用辩证法不够所致。因此，要讲辩证，就要坚持实事求是，不唯上，不跟风，不主观臆断，不感情用事，一切从实际出发，认识问题，研究问题，解决问题；就是要注重历史，把握现实，对“砌匠”工作问题，要现实地和历史地看，在现实和历史比较反复中找到正确答案，以利管控；就是要在关爱帮助中鞭策，在纠偏约束中激励，前者重在及时，后者重在精准。如此，“瞄匠”在“砌匠”心中就会成为领导、恩师和标杆。

“砌匠”直接战斗在一线，同百姓打交道，往往代表行政形象。因此，“砌匠”的工作更实际，更重要，更要千方百计做到位。一是顾大局。“砌匠”工作尽管具体，毕竟属大棋盘中棋子，故必须学习政治，分析形势，联系实际，开启思路，增强宏观大局意识，做有眼界和有气度的人。二是听指挥。听指挥不仅表现在工作态度上对“瞄匠”遵从，更要将“瞄匠”的思想和决策等通过自己的创造性工作转化为现实，这才是要义所在。切忌简单照葫芦画葫芦，或阳奉阴违，另搞一套。三是强素质。“瞄匠”教育、管理和监督只是外部条件，关键还要看“砌匠”自身努力。要成为出类拔萃的“砌匠”，就必须高度重视自身素质的培养锻炼，平时多学习，多钻研，不为社会各种思潮所影响，练好内功时不我待，毕竟要揽瓷器活儿，还需金刚钻。四是重实干。人的价值在于对社会贡献，贡献大小不是天上掉下来的，而是实干出来的。实干尽管要付出和吃亏，甚至忍辱负重，但按做人规律和人在社会应有价值讲，实干才是长久和有效途径，任何投机取巧可能一时得逞，终归难成大器。五是攻难关。人在发展过程中所遇挑战，往往莫过于工作的疑难杂症和拦路虎，这对“砌匠”思想和能力构成了巨大考验。然则，事物辩证法告诉人们，攻坚克难机遇难得，是施展抱负和才能，以及历练摔打的好机会。同时，人生能有几回搏，建功立业往往就在攻坚克难。此外，人总要有精神和骨气，勇于攻坚克难，即便壮志难酬，也虽败犹荣。因此，看“砌匠”到底如何，最能说明问题的就是攻坚克难。六是严自律。行政工作责任重大，各种诱惑众多，对“砌匠”是严峻的考验。要经得起考验，并在复杂环境大有作为，就必须平时加强自律，将道德、制度和纪律这根弦绷紧，远离各种是非之地，做到常在河边走，就是不湿鞋。

2015 年 8 月

话说大员上阵

在地方行政工作中，人们常会听到大员上阵之豪言壮语，或看到大员上阵之场景，这是大员在某项重要工作中特意作出姿态，向社会传递信息。或工作难度较大，非领导亲力亲为莫属。至于哪些该大员上阵，哪些不该大员上阵，以及上阵效果如何等，却少为人们所关注和研究。其实大员上阵有诸多学问，关键是要把握好度。这不仅是工作问题，更是领导艺术问题。

辩证关系。大员上阵反映的是行政关系集合的一组重要基本工作关系，“大”是形容词，显示的是分量、级别和尺度；“员”是名词，显示的是担负一定职责的岗位人员；“上”是动词，显示的是开展工作有思路、有措施和有工具支撑的实际行动；“阵”是名词，显示的是工作对象和客观实际。故涉及具体工作场景，也就必须讲究辩证思维。一是大员该不该上阵，前提要把“阵”搞明白。地方行政工作需要解决的问题很多，但具体怎样解决，如果不先把问题的性质和影响搞明白是不行的。要搞明白除了有的可以通过看材料和听汇报，以及凭工作经验作出研判以外，更多必须直接深入实际工作一线，认真调查研究，倾听群众意见，以真正把握问题症结所在。二是大员该不该上阵，重点要把“员”的职责搞明白。地方行政体系有众多岗位人员分别履行不同职责，这种职责不仅需要法定，还必须避免缺位、交叉和重复。尤其在“阵”的面前，到底该上什么样的“员”，必须按“员”的职责决定，是大员的职责大员上，是小员的职责小员上。三是大员上阵能否旗开得胜，关键要把“上”的形式和内涵搞明白。既然“阵”之现实和“员”的职责都决定了大员必须上阵，那么问题就聚焦到怎样“上”才能得胜。毕竟大员一般不轻易上阵，一旦上阵不能取胜则影响非同小可。因此，既然现实和职责需要大员上阵，那么大员就不能打无准备之仗，而要先深入分析以什么形式切入，把处理问题的具体思路想好，必要的措施布局到位，所要借助的工具准备充分，不上则已，上必求胜。四是大员上阵能否获得全胜，最终要把驾驭统筹“大”“员”“上”“阵”的艺术搞明白。即注重借势、顺势和造势，牢牢把握工作主动权。“大”不仅体现领导身份，更要体现大战略和大气魄；“员”不仅体现领导直接或具体责任，更要体现综合责任；“上”不仅体现领导亲自抓，更要体现协调统筹，杠杆撬动，游刃有余；“阵”不仅体现领导锦上添花和雪中送炭，更要体现攻坚克难，抓主要矛盾。

问题分析。大员上阵是地方行政工作的重要举措，真正落实到位也非易事。其常见问题：一是该上未上。工作需要大员上阵，但有的大员却没上阵，或对“阵”不明所致，或应对“阵”所蕴含矛盾底气不足所致，让“阵”所蕴含矛盾继续集聚和发酵，早晚会成定时炸弹而被什么不确定因素引爆。二是该上慢上。对于“阵”所蕴含矛盾，“员”所对应的职责，亟待大员上阵的情势，有的大员心知肚明，但实际行动却时常慢了半拍；或怯于解决矛盾，先施以拖字诀；或心存侥幸，主观期待矛盾自生自灭；或身陷繁杂事务，抓不住工作重点，心有余而力不足；或压着下面小马拉大车，先给顶住；或鉴于矛盾与其他方面有关，要么希望解决矛盾先由跨层级大员上，要么由其他部门大员上，自身甘当帮手和配角。须知矛盾发展变化有量变质变过程，以及由简单到复杂、由较小危害到较大危害过程，如果应对举措慢半拍，就意味着可能丧失了解决矛盾的最佳时机，意味着矛盾的堆积和激化，意味着对工作不利影响加深，意味着解决矛盾成本加大。三是该上白上。在复杂矛盾面前，有的大员虽及时上阵，但上阵并没起到药到病除效果。不是久拖不决，久攻不下，就是矛盾更加复杂。出现这种状况除了矛盾本身难解以外，还在于对“阵”的复杂性把握不够，或对“员”的职责发挥不够，或对“上”的办法研究准备不够等，显得认识能力、控制能力和驾驭能力不足。地方行政皆有责任体系和运转流程，常态化解矛盾走的是自下而上通道，到了大员上阵时，也就基本到了最后底线，大多没有退路和回旋余地，若攻坚不克，无疑后续工作难度会更大。四是非上错上。如果对大员上阵情况进行梳理，还会发现一种有意思现象，那就是许多事不该大员上阵有的大员却纷纷上阵，既揽了许多不该揽的好事，也管了许多不该管的麻烦事，自己费时费力费心不说，矛盾解决不好还会招致各种异议。众所周知，地方行政运行讲究职责法定，能级管理，一般不要打破责任界限。否则，就是职能错位或越位。有的大员不该上的错上，或把握地方行政规则和规律有偏差，导致工作越界和越俎代庖；或处理事务多看到有利于自身因素，进而种了别人的田，荒了自己的地；或化解矛盾急于求成，出牌不对路而较为被动；或下面有的动机不纯，上移好事属投其所好，锦上添花。上交矛盾属推卸责任，转嫁风险。

对症下药。大员上阵是地方行政工作的重要招数，基本要求是不出招则已，出则必胜，重在攻坚克难，推进工作。一是大员懂上阵。所谓大员，一般是领导和专业技术领军人物，面对实际工作纷繁复杂的“阵”，是否亲自上阵，上阵能否取胜，前提是“六懂”。即懂政策，熟知国家尤其地方行政基本政策；懂法律，掌握与自身业务密切相关的法律法规，以及其他一般法律常识；懂规律，对行政工作运行章法和特点了如指掌，注重按程序办事，坚持原则性与灵活性相结合；懂基层，了解基层基本情况和特殊情况，熟悉基层行政工作特点和干部；懂群众，熟知群众所想，了解群众所急，洞察群众所困，掌握群众智慧力量所在；懂自己，知道自己思想理论功底，明晰自己业务强项，了解自己个性特点，懂自己和不断提高自己是“六懂”的难点，故特别需要下功夫。可见，只要“六懂”上去了，大员上阵多能攻无不克，战无不胜。二是大员少上阵。上阵是大员的重要工作，但不是越多越好，实际较好状态要少上阵。一方面大员因工作一般在幕后决策调度，与“阵”主要是间接关系。大员居于行政体系链条高端，掌握的权力大、资源多，代表的是行政形象，且在社会面一举一动都必须慎之又慎，讲究精准。行政工作犹如一台大戏，大员的角色是唱压轴戏。大员是稀缺资源，也是敲鼓用的重锤，其上阵必须上在节骨眼上，好钢必须用在刀刃上。另一方面大员要少上阵，就必须少参加务虚的活动，作秀的活动，应酬的活动。针对下面力所能及的工作，力主、力促和力帮下面唱主角；针对力所不及的工作，则要大员上阵解决，但也不能成为习惯，后续要举一反三，侧重解决下面素质能力薄弱造成力所不及问题，逐步变力所不及为力所能及。在基层建设和行政体系机制建设上下功夫，通过基层强身健体和机制保障，让更多“阵”的问题解决在基层和一线，不至于矛盾上传影响大员抓决策和抓大事。三是大员会上阵。大员因地位和身份特殊，要上阵取胜，其章法和艺术就显得格外重要。具体做法有：明“阵”式，对职责范围的事和与职责范围有关联的事有预见性或敏锐性，做到心中有数，尤其应对各种突发事件，还必须迅速厘清脉络，抓住问题症结和要害，在“上”的方式方法上作出判断，再就是要抢时点精准出击。沉下去，上阵要直面矛盾，深入群众，调查研究，分析问题，协调督办，及时做好群众工作，力争在一线和现场画句号。打七寸，针对纷繁复杂情况，避免限于具体繁杂事务和被动应付，善于抓主要矛盾，集中优势攻关键环节，破重点问题，诸多枝节问题要协调有关职能部门负责解决。排疑难，就是围绕基层所需和群众所盼，紧紧扭住严重制约地方经济发展和民生改善的疑难杂症，迅即调动各方力量和资源，采取有针对性措施，强力攻坚克难，坚决果断，紧抓不放，一定要将拦路虎给打掉。大员上阵促使矛盾回落并不能就此完结，还必须择机杀回马枪。毕竟有时大员上阵扭转了复杂局面，但要真正落实，还必须严防推进过程中出现新的问题影响落实，旧的矛盾出现反弹影响落实，下面工作人员素质参差不齐影响落实等。对此，大员应注重回头看，对有效解决矛盾再推一把、再击一掌、再送一程，直至打开新局面。四是大员无上阵。在人们的习惯思维中，大员上阵主要涉及下面层级工作矛盾突出，需要大员亲自破解疑难。对此，若辩证分析，有阵需大员上，说明问题尖锐，工作关系、工作链条甚至工作体系运行出了差错。大凡有智慧和能力的大员，绝不会等问题出现再上阵解决。一定是各项工作决策统筹做在前，基础建设做在前，理顺关系做在前，选人用人和思想工作做在前，资源配置做在前，检查督办做在前，工作都让下面层级做好了，何来这阵那阵要大员上，这才是大员工作的理想境界。

2015 年 8 月

谈用筷子与功能结构优化

筷子是中华民族一大发明，可追溯到商代，也是妇孺皆知的饮食工具。基本用法是将一根筷子上端夹在拇指和食指间，中端夹在食指和中指间；另一根筷子上端夹在拇指和食指间，中端夹在中指和无名指间。如此，不论夹什么食物多能得心应手，运用自如。用筷子所反映的是结构和功能问题，别看平时进餐所用筷子非常简单，但实则不然。用一根筷子除了挑面条之类尚可，一般夹不了食物，这叫缺乏条件和基础薄弱；用三根以上筷子，既浪费又不方便，这叫职能重复交叉。只有用两根筷子夹食物非常有效，这叫结构合理，各尽其能，相得益彰。

既然筷子是普及最为广泛的饮食工具，其意义和作用是否仅限于此呢？答案是否定的。就如同《红楼梦》这样的文学巨著，作者创作时的本意是一方面，作品一旦在社会普及推广所产生的客观社会效果难免大大超出作者本意，甚至是作者创作过程中没有想到过的。筷子是何人发明，现在恐无法考证，人们习惯思维也大多不在于此。但是，如果细想也不难发现，平时进餐所用筷子完全形同手上夹了两支笔，去掉下面一根筷子，就成了拿铅笔、圆珠笔和钢笔姿势。去掉上面一根筷子，就成了拿毛笔姿势。

由用筷子联想到用笔，再深入思考，就触及行政艺术了，而且许多都会用笔来形容。诸如大手笔、神来之笔、妙笔生花。也如人们常说“打天下靠枪，治天下靠笔”，足见用笔之重要。其实，所谓行政艺术，最基本的就如用筷子和用笔，所反映的是实用技术和工作艺术。笔是人们工作生活使用频率很高的文具，其奥妙并不在使用频率之高，而在铅笔、圆珠笔和钢笔所具有的刚性特质突出，用此类笔所写叫硬笔书法。毛笔所具有的柔性特质突出，写出来的字潇洒自如和变幻无穷，真正的书法皆归于此。其所潜藏的哲理就在于应对处理各种事物当注重刚柔相济。

用筷子和用笔，最终所反映的是辩证思维。社会生活多种多样，变化无穷，但只要掌握了用筷子和用笔的真谛，应对起来也就万变不离其宗。尤其所涉及的行政艺术，实际就是面对纷繁复杂的矛盾，必须像用毛笔那样，突出柔性特质，重在观察分析问题，谋划科学决策，形成正确思路，做好人的思想工作；还必须像用铅笔、圆珠笔和钢笔那样，突出刚性特质，重在执行制度，严格标准，规范操作，狠抓落实；更必须像用筷子那样，用好铅笔、圆珠笔、钢笔和毛笔，根据客观实际，优化功能配置，打好组合拳，做到柔性有刚性支撑，刚性有柔性引领，进而追求从必然王国到自由王国。

从用筷子说到行政艺术，对各级干部有启发当属两方面：其一，既然可以由两根筷子联想到两支笔，再联想到一支寓意刚性，一支寓意柔性，更联想到一个重在决策，一个重在执行，那么具体又该怎样操作和实现呢？其实筷子的用法最具代表性，要害在结构科学合理配置。即大拇指重在按住两根筷子顶端，起着固定和统领作用，筷子另外一端具体触及食物；食指在配合拇指固定两根筷子顶端的同时，还要协同中指和无名指具体操作两根筷子；中指要配合食指和无名指具体操作两根筷子；无名指配合中指具体操作一根筷子；小拇指为无名指提供支撑，具体操作一根筷子。由此来看行政体系人力资源功能结构配置难道不豁然开朗吗？大拇指要干的活儿形同一个地方和单位的一把手，食指要干的活儿形同其他副职，中指和无名指要干的活儿形同中层业务技术骨干，小拇指要干的活儿形同普通工作人员。也正因为筷子的用法科学合理，五指分工明确，协调配合，人们才能灵活自如地享用美味佳肴，难道行政工作不是这样吗？其二，从用筷子五指功能结构关系中，还应联想到如何处置党政关系。如果说两根筷子一根形同铅笔，比喻政府工作，以刚性执行为主，另一根筷子形同毛笔，比喻党委工作，以柔性统筹为主，那么大拇指就形同党委，食指形同政府，中指形同政府部门，无名指和小拇指形同党委部门，包括各种社团部门等。其间，党委管总；政府配合党委工作，侧重于经济发展和管理社会事务；政府部门重在具体执行和落实，包括落实和支持党委部门工作；党委部门侧重本系统工作，也对政府部门有关工作予以指导和督促。如此，党委与政府、党委部门与政府部门的工作就不会越位和错位，只会把工作做得更好。

2015 年 9 月

乡镇长水平之解读

在地方行政工作中，常会听到评论某官某事不良时，习惯用“完全是乡镇长水平”形容。乡镇长水平到底怎样？有问题又何以要用乡镇长作比？对此，稍加琢磨似感有些道理，也无道理。乡镇是行政链条末端和行政构架基础，地位举足轻重。乡镇长是基层行政主官，在相当程度上决定乡镇行政优劣，如果乡镇长水平被恒定在负面形象和较低尺度，对于乡镇经济发展和政府行使权利是不利的。因此，对于“完全是乡镇长水平”固化成贬义符号和脸谱，并在社会流传，各级行政就不能听之任之和无动于衷，而应重视研究和有的放矢，力求让“完全是乡镇长水平”的贬义称谓从社会上消失，让褒义称谓在社会上流行。

一、问题何在

乡镇长的主要工作平台在农村，主要工作对象是农民，主要任务是农业，以及其他经济和社会事业。既然乡镇长工作如此重要，环境和条件非常艰苦，那么现实中为什么会以“完全是乡镇长水平”形容某官某事不良呢？其实是说乡镇长的素质养成存在不足。不然，乡镇长水平怎么就成了包含贬义作比的参照物？

一是地域眼光。乡镇是行政区划的微观层级，乡镇长作为微观层级主官，无疑要关注微观层级，思考微观层级，用功微观层级。时间已久，论起微观层级可谓如数家珍，入木三分。各种工作套路和举措也成竹在胸，颇有刀笔功夫，且能做到这些就不简单。只不过在此环境和条件下，有的乡镇长在对微观层级了如指掌之后，也容易产生一切都在掌控之中和高枕无忧的感觉，还怎么去胸怀全国，放眼世界，观察把握宏观大势？难免觉得“跑田埂的命，何须操地球的心”，进而导致眼界不开和精于把微观层面的思维行为习惯性固化。如果说在行政工作中贬称有的某官某事如乡镇长水平，恐怕就是冲着缺乏宏观视野讲的。

二是事务头脑。乡镇行政纷繁复杂，思考和应对众多具体事务，也就成了乡镇长工作的常态。久而久之，用脑方式比较容易聚焦事务性工作，且将事务性工作前瞻性、针对性和精准性思考到位已属不易。同时，鉴于乡镇行政工作不确定因素较多，那么乡镇长许多工作难免头痛医头，脚痛医脚，忙上忙下，顾左顾右，被动应付。故乡镇长一般难有时间和精力去注重研究思考宏观问题与理论问题，导致理论思维和理性思维与事务性思维不平衡。在行政领域常听说某官某事如乡镇长水平，有的就与偏重事务性思维方式有关。

三是硬性作为。乡镇长工作要面对百姓，处置具体复杂工作，管辖普通基层干部，因而刚性操作和落实如家常便饭。要么决策习惯简单明了，直来直去，凭经验决断，有时还听不进不同意见或见不得复杂程序，以及议而不决，耽误时间；要么讲话高喉咙大嗓门，批评人直截了当，不讲场合，不给情面，甚至不乏粗话狠话；要么做事五马长枪，不拘小节，敢作敢为，颇多又硬又巧土办法，免不了对有的人和事强压硬碰，先控制住和扭过来再说；要么不修边幅，生活习惯不良；等等。对此，若是按理想化、理论化和标准化的行为方式衡量，有的就难登大雅之堂。在行政上遇到类似情况时，也就容易被笑称“完全是乡镇长水平”了。

四是乡土习惯。俗话说：一方水土养一方人。乡镇长工作所涉及一方水土都有特定公民、特定地域、特定文化、特定习俗、特定社会关系，加之基层自然条件不同，经济发展水平不同，文化底蕴和文明程度不同，也就使得所在乡土文化和习俗既有文明成分，也有落后东西，对社会风气形成和人的素质养成具有潜移默化的作用。乡镇长是行政主官，也是普通人，其素质高的可以自觉抵御不良乡土习俗影响，素质参差不齐的则容易受不良习俗影响。诸如有的人乡土观念浓厚，正所谓“亲不亲，故乡人”“老乡对老乡，两眼泪汪汪”，无论走到哪儿都习惯老乡抱成一团；宗亲观念浓厚，无论是张家一族和李家一族，只要同宗都是一家人，是一家人就彼此关照，有福同享，有难同当，一人得道，众亲沾光；耀祖观念浓厚，无论从政飞黄腾达，还是家庭喜事临门，都容易聚家族和拉关系捧场庆贺，以告慰先祖之灵等。若被不良乡土习惯熏染多了并带到工作之中，就容易被人贬称乡镇长水平。

二、真功何识

乡镇长素质良莠不齐是客观事实，但有问题的毕竟是少数，而绝大多数乡镇长是具有较好素质、具有真功夫的。因此，要加强乡镇行政建设，既要善于从“完全是乡镇长水平”中去发现问题，更要善于总结发现乡镇长的优势，进而扬长避短，不断提高。

一是条件艰苦有韧性。乡镇不同于城市，自然条件较差，若是工作在中西部地区和山区乡镇，长年累月与穷山恶水打交道，情况就会更差一些。差就差在交通区位不良，物资进出不畅，经济底子太薄，文化要素缺乏，生活水平偏低，工作手段不足。要在这样的条件下做最基础、最基层的行政主官，没有很强的韧性是不行的。应该看到，有众多乡镇长就是这样常年工作和生活在艰苦条件下，且养成了耐得住艰苦和乐观向上的秉性。反观社会现实，一般人工作和生活都希望有好的条件，像凤凰一样择高枝而栖，但又有多少人愿意自上而下、由城市到乡镇去创业发展呢？能在艰苦条件下坚守，是从事乡镇行政工作最起码的要求，能坚守和持之以恒就了不起。

二是服务百姓有悟性。要说直接与百姓打交道，无论数量、频次还是类别，少有比得上乡镇行政工作者的。百姓是行政服务对象，所涉及事项复杂多样，且百姓具体利益各不相同，素质高低不等，要为百姓服务好和做好百姓工作非常不易。即便为百姓办好事，有时具体实践也不一定能够得到百姓理解和拥护，往往涉及工作方法是否对路，或与百姓是否具有共同语言等。只有所作所为接上地气，才能有效发挥作用。故大凡工作出色的乡镇长，做百姓工作的功夫一定很深。即知百姓所想，懂百姓所事，精百姓所言，善百姓所长，察百姓所需，解百姓所困，做工作兵来将挡，水来土掩，要土办法有土办法，要个性化办法有个性化办法，可谓心念百姓，机动灵活，挥洒自如。

三是攻坚克难有血性。如果说乡镇长工作难做还不在事多面广，关键在历史形成的、条件不足造成的、新的形势发展变化促成的各种艰难险阻比比皆是，能不能攻坚克难，是对乡镇长有无作为的严峻挑战和考验，特别在基础设施和硬件条件缺乏的情况下更是如此。须知面对艰难险阻躲是躲不掉的，推是推不脱的，拖是拖不了的，蒙是蒙不过的，完全没有退路和回旋余地。唯一正确的出路就是咬紧牙关，勇于担当，义无反顾地顶上去、冲上去打拼，才会有出路和活路。因此，当乡镇长时间久了，一般都有敢打敢拼的血性，其客观在于没有退路，主观则在于实践实战锻炼摔打所致。可见，应对艰难险阻，战胜艰难险阻，既是乡镇长的难言之苦，更是乡镇长难能可贵之处。

四是会弹钢琴有灵性。乡镇行政所辖区域不大，但麻雀虽小，肝胆俱全。要实现乡镇行政各项工作竞进提质和均衡发展，乡镇长当是弹钢琴的高手，关键灵性要好。在乡镇工作中，乡镇长首先必抓主要矛盾，解决重点问题，就如打枪一样，先将点发打好。在此基础上，还要兼顾上中下和左中右，善于优化结构，理顺关系，把握度的规定性，也如打鱼一样，做到一网打尽。即对上落实条条块块的事，分别部署，分类指导，分兵把守，分径合击，分项合成，圆满完成上级交办的各项任务；对外联系交往的事，常规分工负责，协调指导，重点“该出手时就出手”，确保进得来、走得顺、搞得活、把得住；对下管理服务的事，全面抓统筹，重点抓落实，关键抓协调，及时抓督察；对内建设运转的事，不忘事、不包事、不推事、不误事。

三、超强何为

在现实中，既然有“完全是乡镇长水平”的言论，更有乡镇长诸多优良素质鲜为人知，面对日益发展变化的新形势，着眼立足当前和谋划长远，切实夯实乡镇行政基础，促进乡镇行政可持续发展，就必须在大力提升和优化乡镇长素质上进行全新打造、强力打造和持久打造，让乡镇长素质超强成为常态。

一是眼界向战略家学习。乡镇长工作和生活在狭小区域，甚至是山沟沟里，自然条件多有局限。但是，条件局限，不能影响眼界，更不能固化和养成习惯。诸葛亮躬耕隐居尚夜观天象，乡镇长主政一方更应注重学习和充分运用互联网信息技术，跳出乡镇看乡镇，跳出乡镇看世界，进而培养战略家眼界。即善于看世界、看中国、看周边和看乡镇，研判宏观大势横向到边；善于看过去、看现在和看未来，研判历史链条各段沉浮纵向到底。力求在别人不知中有知，在别人有知中多知，在别人多知中深知，在别人深知中优知，以养成良好习惯，变成自觉行动。乡镇长是观察研究微观的好手，如果善于用战略眼光看宏观，做到看宏观有坚实微观基础，看微观有博大宏观视野引领，实现微观与宏观有机结合，无疑对乡镇政权建设大有裨益。

二是功底向理论家学习。一般而论，上级怎么说就怎么做，处理事务占主导，靠经验积累掌盘子，常与百姓打交道，是乡镇长工作的基本特点，其要害在于执行和落实，以及执行落实中的协调督办。因而在思想理论功底上，一般只要懂大政方针精神，知法律法规常识，明上级总体要求部署，晓普通政治经济理论观点，也就基本过得去。时间已久，容易固化在理论功底的浅层次和通俗版，在应对复杂事物和新事物上就会显现出理论功底不足。因此，乡镇长不仅要成为实际执行和落实的能手，也要像理论家那样，具有相当深厚的政治经济理论、法律法规专业和某些科学知识功底。这就要求乡镇长不能陷于具体事务，安于通俗版理论功底现状，而要挤出时间，从学堂里、书本上、实践中深入钻研思想政治理论、市场经济理论、法律法规专业，以及某些与工作有关的科学知识。尤其要善于结合乡镇工作具体实践和带着问题去学，就一定能在理论功底上升级达标。

三是思维向哲学家学习。乡镇工作本身就是复杂矛盾的综合体，其基本任务就是发展经济，改善民生，保护环境，建设文明。尤其在自然条件薄弱、历史遗留问题众多、基础支撑不足情况下，怎么才能找到适应乡镇客观实际发展的思路，有效解决各种历史形成的疑难杂症，在复杂多变形势下创新发展，实现资源配置和工作效益最大化，更是乡镇长必须解决的大问题。面对各种各样矛盾，错综复杂的利益关系，时不我待的竞争压力，泰山压顶的发展重任等，不能像哲学家那样善于对迷宫一样的事物进行抽象，对蚕茧一样的矛盾进行抽丝，对沸水一样的利益纷争进行抽薪，对水下一样的潜藏因素进行抽排，对商品一样的集合类别进行抽检，就不可能成为明白人。如果不是这样，就可能唯上和唯书，照葫芦画瓢；或主观臆断，异想天开，拍脑瓜和拍胸脯而为；或先“剜到篮子就是菜”，后来的和其他的车到山前必有路；或拿不出主意，找不到办法，议而不决，久拖不决。如此，所产生的现实问题和后遗症是不言而喻的，有的甚至是触目惊心的。成为哲学家对于乡镇长来说比较艰难，既有客观条件所限，更需长期磨炼修养。即使如此，还是要下决心坚持不懈地千锤百炼，做到理论指导，规划引领，深入实践，联系群众，反复比较，去伪存真，去粗取精，由此及彼，由表及里，提升辩证思维行为能力，常使乡镇行政柳暗花明又一村。

四是技能向艺术家学习。有人说乡镇长工作像清凉油和味精，到处都能抹一下和撒一点。此话听起来有一定道理，旨在表明乡镇长对各种工作都要知晓，各方面都应关照到，能平衡就不简单，这也是由乡镇长工作性质决定的。若仅限于此也是不够的，毕竟乡镇行政工作如同一盘棋，乡镇长在抓好统筹兼顾的同时，重点还必须放在抓主要矛盾之上。这就需要乡镇长在技能上必须像艺术家那样，学有专攻，精益求精，造诣高深，成为行家里手。就实际而言，乡镇长不必全能，但有两大项必须如艺术家一样是专业权威和领军人物，即做经济工作和做百姓工作。要实现这一目标，就必须具有丰富的经济工作实践经验，熟知基本经济理论，掌握经济发展规律，精通经济发展中的各种利益关系，善于集聚各种经济资源要素，通过好好地学，认真地钻，踏实地干，不断总结提高，真正成为乡镇经济的百事通和“专业户”。同时，还必须善于察百姓苦，知百姓心，说百姓话，学百姓艺，纳百姓智，办百姓事，解百姓难，带百姓干，做百姓旗，成为做百姓工作的艺术大师。

五是攻坚向军事家学习。乡镇因地位和条件特殊，无疑是各种疑难杂症和艰难险阻集聚的洼地，也是乡镇行政绕不开和必须过的坎，组织打大仗、打硬仗和打胜仗是乡镇长的瓷器活。不然，乡镇长坐不稳不说，关键是影响乡镇经济发展和民生改善。面对攻坚克难的大仗和硬仗要打胜仗，没有相应的金刚钻是不行的。因此，必须向军事家学习，因为军事家都是身经百战打出来的，善于攻坚克难就是军事家的最大特质。对乡镇长来讲，就是要学军事家之胆，在困难面前一不怕苦，二不怕死，狭路相逢勇者胜，坚持就是胜利；就是要学军事家之脑，善于洞悉形势，厘清问题脉络，敏锐捕捉战机，抢抓机遇，独辟蹊径，快速反应，咬定青山不放松；就是要学军事家之狠，特别在解关系结，破利益链，销历史账，除拦路虎方面，不循规蹈矩，不心慈手软，不拖泥带水，不留下退路，坚决用铁的手腕推进工作落实，在攻坚克难上当一个实实在在的“狠头”；就是要学军事家之痴，打大仗和打硬仗往往是对军人能力极限的挑战和考验，要战胜挑战和经得起考验，需要全身心地投入和进入如醉如痴般的无我与忘我境界，听到炮声就精神振奋，面对大仗和硬仗就豪情万丈，遇到挫折就越战越勇，夺取胜利就其乐融融。乡镇长要打好攻坚克难的众多战役，也得像军事家那样抛开一切私利和恩怨，以攻坚克难为重，以攻坚克难为师，以攻坚克难为荣，以攻坚克难为乐，进入“大象无形，大音希声”的境界。

六是情操向革命家学习。乡镇长工作尽管艰苦和难做，但毕竟掌握行政权力，配置公共资源，直接与百姓打交道，面临诸多诱惑和考验。要成为出色的乡镇长，关键是要注重道德情操的培育和修养，认真学习无产阶级革命家在公与私上以公为大，在官与民上以民为大，在权与责上以责为大，在舍与得上以舍为大，在说与干上以干为大，在做与成上以成为大。具备无产阶级革命家那样的高尚道德情操非常不易，甚至在目标定位上容易视为高不可攀。须知道德情操高尚，实际是软实力强大的表现，也是战胜艰难险阻和挑战自我、开创辉煌业绩的动力源泉，理当成为乡镇长孜孜不倦的向往和追求。

2016 年 3 月

当优秀领导干部不容易

在行政体系中，居于权力岗位的是领导干部，无论时代要求、组织重托、群众期待，还是个人志愿，皆希望成为优秀领导干部。只不过要当优秀领导干部非常不易，难就难在社会复杂多样、干部标准严格、人的素质不同。社会鉴别和历史检验优秀与否不看一时一事，而看一生一世是否不懈努力，攻坚克难，业绩突出，堪称楷模。可见，当优秀领导干部，光有好的愿望、好的开局和好的发展阶段还不够，关键是一生奋斗、一世奉献、一辈修身，达到理想境界，在志远、高洁、打拼、创业、孤独、清苦中，彰显与先进思想终身相随，与人民群众心心相印，与艰难险阻朝夕相处，与自然山水灵魂相通。

一、辛苦自己，做品德高尚的人

当优秀领导干部，应像蜡烛一样，照亮别人，燃烧自己；如奶牛，吃的是草，挤的是奶；似盾牌，接的是箭，挡的是矛；若利刃，伐的是荆，斩的是棘。故一生苦海扬帆，赴汤蹈火，拼搏进取，丢弃的是利益，劳顿的是身心，承载的是重担，拼搏的是战场，欣慰的是佳绩。艰苦、劳苦、病苦加身等，是其品德高尚的重要特征。

苦在博学。形势发展瞬息万变，客观实际纷繁复杂，但人的知识和智慧往往有限。为始终走在时代发展前列，优秀领导干部在肩承千钧重担，业已超时限、超负荷和超强度应对情况下，还必须着力向生理和心理极限挑战，注重向实践学，向群众学，向同行学，向专家学，向书本学，且涉猎广泛，态度严谨，学风扎实，如饥似渴，持之以恒，力求思想理论和专业知识不断扩展、充实、深化与提高。如伟人毛泽东，即便在战火纷飞年代，征战闲暇仍书册在手，孜孜不倦，忘我学习。可见，吃学习之苦，既是工作所需，也是真心所愿，更是常人不及。

苦在多思。优秀领导干部主要是脑力劳动者，因理想抱负远大，肩上担子沉重，事业心和责任感超强，推进发展时不我待。故思考和探索过程非常艰苦，甚至废寝忘食，彻夜难眠，费尽心思。主要是想世界，把握风云变幻，具有国际思维和视野；想全局，深刻领会国家大政方针政策，洞悉形势发展变化方向和走势；想现实，全面掌握属地工作氛围和实际情况，深入分析优势和劣势，吃透历史经验教训，抓住社会发展主要矛盾；想民众，精准把握民之所想，民之所需，民之所困，民之所望，民之所忧，民之所缺，进而深思如何发动民众，依靠民众，取智民众，借力民众，服务民众，惠及民众；想专业，力求明晰要素结构，各种关系，技术水准，运行规律，使思维行为能力处于专业领域前沿；想对策，紧密结合实际，综合各方情况，针对风险挑战和疑难杂症等，深入思考具有前瞻性、针对性、及时性和有效性的破解之法。

苦在任重。在外人看来，当优秀领导干部似乎掌握权力，配置资源，风光无限。实则担子沉重，责任重大，任务艰巨，处于矛盾旋涡，有许多外人体会不到的苦衷。即发展经济压力巨大，主要是条件不等，基础各异，实力所限，加之发展目标远大，同类竞争激烈，慢进是退，不进更退，加快发展，优质发展，持续发展，始终是悬在头顶的利剑；改善民生压力巨大，主要是全面实现小康，让百姓过上好日子，是优秀领导干部的重大责任，面对历史欠账较多等实际，若不能尽快实现既定目标，不要说来自体系内的巨大政治压力，就是体系外的巨大民意压力和舆论压力也是不可估量的；管理社会压力巨大，主要是在改革开放和社会转型时期，矛盾众多，情况复杂，挑战空前，建设和维护良好公共秩序，确保社会安定团结，常令优秀领导干部早晚都处在临战状态；抓班子带队伍压力巨大，主要是行政工作核心在班子，基础在队伍，鉴于行政改革尚未到位，众多关系有待完全理顺，以及社会各种情况复杂，诱惑众多，干部队伍素质良莠不齐，要建设好班子，锤炼好队伍，无疑工作要啃的硬骨头众多。

苦在攻坚。俗话说：为官一任，重在干事。要干事，就会遇到各种风险挑战和疑难杂症，且四面八方都在看优秀领导干部做何反应。其一，苦寻攻坚之策。面对工作山重水复疑无路或缺乏条件与大气候之两难、多难选择，优秀领导干部不仅不被困难所吓倒，反而困难越大，所迸发的抗压激情越强，无不殚精竭虑苦苦寻求破解之法，常能柳暗花明又一村。其二，苦聚攻坚之力。攻坚往往要打大仗、硬仗和恶仗，没有金刚钻就揽不了瓷器活儿。对此，优秀领导干部必须下苦功，聚集各种资源要素，与风险挑战和疑难杂症进行较量。其三，苦斩攻坚之棘。攻坚往往会触犯多方利益，遇到各种干扰，以及新的矛盾和新的情况，都需要优秀领导干部挺身而出，组织动员力量，顶住压力，排除障碍，强力推进，狭路相逢勇者胜。其四，苦干攻坚之事。抛开人为复杂因素，攻坚时常要走前人未走之路和跨越很高标准，若把攻坚之事干成，必定苦中前行，以苦为乐。其五，苦求攻坚之效。克难制胜，是优秀领导干部的基本期待，并为之不懈努力。只不过要确保目标设计和实际效果一致，还需要针对复杂多变的攻坚情势，机动灵活，快速反应，或坚持或调整策略，一鼓作气，一抓到底，坚决让风险挑战和疑难杂症俯首称臣，只不过其背后苦衷、委屈和受过只能打落了牙往肚里咽。

苦在自律。人说优秀领导干部自律较容易，实则相当的苦。其因在于他们的修为不仅要达到社会通行思想政治标准，更要成为社会名副其实的楷模。即前提要克制个人原始欲望，特别在优越环境和条件下，靠自律克制欲望膨胀，不断自我革命；重点要抵御权力和配置资源所带来的巨大诱惑，在对私心私欲与权力实施严格区隔的同时，必须百倍警惕和有效应对来自外在的各种公关和围猎行为，确保权力运用和资源配置不走样与不被侵蚀，经得起考验和立于不败之地；关键要竞进提质，社会在不断发展进步，思想政治道德标准也会随时代发展不断提标，要始终在严格自律上保持领先优势，还必须创新探索前行，不断实现跨越。

苦在无情。人是天生有感情的动物，一般涉及血缘关系的亲情，志同道合的友情，难以忘怀的乡情，涌泉相报的恩情，对于弱者的同情，人生坎坷的悲情，且时刻融入工作和生活之中。人要讲感情，却不能随意而为，毕竟感情是个人心理活动，不同感情涉及不同的人和事会产生正面或反面效果。确保讲感情效果正面，就必须按社会思想政治道德行事，有时难免显得无情，优秀领导干部更是如此。皆因身为公众人物，掌握公共权力，配置公共资源，不能感情用事。同时，鉴于掌握权力和配置公共资源，有的人就会围绕亲情、友情、乡情、恩情、同情、悲情近其人，攻其心，用其权，做交易，得私利。故优秀领导干部无情，就必须严管家里人染指权力和资源，从中享受或为他人谋利；严控身边人打领导的牌，办个人的事；严拒家乡人打权力主意要利益；严防各种关系人觊觎权力和公共资源捞好处等。因而显得优秀领导干部不食人间烟火、不入流合群，常不被理解或遭人抱怨，这都是优秀领导干部品德高尚和不为人言的苦衷。

二、造福社会，做建功立业的人

在行政工作中，优秀领导干部任务艰巨，责任重大，考验众多。其创造骄人业绩背后，不知要付出多少的努力，做出怎样的奉献。

坚持实事求是。实事求是是优秀领导干部的座右铭，且扎根脑海，枝繁叶茂。即解放思想，不为传统习惯和经验主义所束缚，不为各种复杂关系所左右，注重学习先进理论，放眼世界，把握大势，遵循规律，勇立思想革命潮头；不唯书、不唯上、只唯实，重在把握书本精髓，尊重服从上级领导组织行为和妥善应对个人行为，紧扣客观实际，创造性贯彻落实；抛弃各种私心杂念，始终坚持真理，服从大局，践行宗旨，辩证思维，着力将实事求是融会贯通于具体实践全过程，在造福社会和百姓上取得实实在在的成效。

注重科学决策。决策是行政工作的龙头，也是领导干部的个人行为，更是领导的集体行为。善于科学决策，是优秀领导干部的特质，其重在把握度的规定性。从个人行为讲，优秀领导干部主持决策或参与决策，皆注重调查研究，掌握实情，抓住症结，深入思考，反复比较，提出具有针对性、科学性、可行性意见建议，做到对组织负责，对群众负责，对事业负责，对历史负责。从集体行为讲，注重决策前听取基层组织意见、群众意见和专家学者意见。遇有不同意见，反复讨论研究，力求在讨论和争论中统一思想，达成共识，或求同存异，找到认识最大公约数。在此基础上，注重按照民主集中制原则，严格履行决策程序，在综合各方意见前提下，作出科学决策。在决策实施过程中，善于带着问题或决策容许保留的不同意见跟踪调查研究，对决策各种要素进行检验。若发现不足，及时按程序补充或纠正，确保决策的正确性、丰富性、协调性和连贯性。

着力夯实基础。俗话说：基础不牢，地动山摇。优秀领导干部非常重视基础工作，故要着力夯实基础，具体做法有：其一，在物质上，善于梳理和评估，做到心中有数。基础好，不骄傲自满，高枕无忧，注重发挥优势和能力；基础弱，不灰心丧气和怨天尤人，想方设法创造条件，做好基础要素配置，提高基础支撑。其二，在人力上，善于洞悉和把握体系内外人力资源动态，若体系内人力资源不足或素质不平衡，重在教育培养，激励竞争，优胜劣汰，调整优化，弥补人力资源短板。若体系内人力资源充足或素质较高，则重在尊重人才、保护人才、使用人才，充分调动其积极性和创造性，防止人力资源浪费和能力相互抵消。对于体系外人力资源，既要善于为体系内所用，更要通过政策引导和推动，促使人力资源人尽其才，各尽所能。其三，在制度上，善于有针对性地建立健全各种规章制度，做到制度的广覆盖和精准性，一旦形势发展变化，即快速跟进完善，不在制度上留下空当或缺失。同时，制度一经确定，就坚定不移地贯彻落实，并不断检验、督办、调整和完善。

辩证理顺关系。人说行政工作复杂，其实很大程度上就是各种关系复杂，优秀领导干部工作之所以能够不断开创新局，关键就是辩证理顺了复杂关系。即辩证梳理关系，重在善于紧扣复杂关系构成要素——人财物和责权利，用辩证的眼光观察分析，厘清脉络，透过现象看本质，做到胸有成竹；辩证发展关系，针对有利于工作开展，乃至造福社会和百姓的良好关系，积极加以维护、巩固、发展和壮大，促其在复杂关系链和关系网中发挥主导作用；辩证调整关系，对于不利于工作开展，乃至影响造福社会和百姓的不良关系，千方百计将其冻结，限制负面影响，或实施釜底抽薪，弱化负面影响，或掺沙子和埋石头，改变负面影响等，力争化消极因素为积极因素。

善于优化结构。结构是行政要素的空间状态，事关要素功能优劣、作用发挥强弱和实际成效多少。故优秀领导干部非常精通优化结构：对上争取领导重视，重点吃透政策法律法规，以及各种决策部署，把握精髓和切入点，千方百计求得上级行政能力和资源要素，以借东风和促发展；对下争取基层组织和群众拥护支持，坚持深入实际，调查研究，把握实情与民情，千方百计集聚基层和群众才智，以推进和加快发展步伐；对外争取社会各方理解帮助，加强联系互动，注重和谐共振，千方百计借助社会力量，以营造良好发展氛围和条件；对内争取每个工作人员能动作为和奋发有为，千方百计激发内生动力和挖掘释放潜能，以最大限度做到人事相宜，各司其职，各显其能，以牢牢掌握引领发展主动权。

实现持续发展。优秀领导干部的最大政绩在发展，最难能可贵的政绩是促进可持续发展。其一，注重培育和壮大创新动力。根据形势发展和实际工作需要，围绕创新要素集聚、活跃和作用发挥，强化人才培育和使用，善于运用科学技术工具，建立健全各种机制，促进结构优化，人尽其才，物尽其用，不断提高工作质量和效率。其二，注重集聚和增强民众合力。围绕实现可持续发展目标，坚持深入民众，组织动员民众，大打人民战争，形成建设发展蓬勃之势。其三，注重涵养和发挥生态功力。洞察生态禀赋，做到知根知底；洞察生态约束，做到发展与之相适应；洞察生态效应，做到既最大限度利用好生态资源，又时刻防止和纠正发展过程对生态的不良影响；洞察生态循环，做到在发展中消耗生态的同时，又不断修复或再造生态，始终保持良好生态的动态平衡。其四，注重打造和提高综合实力。主要是善于把握实情，明晰综合实力要素；善于规划引领，科学设计和打造综合实力路径；善于辨证施治，着力为综合实力提升营造良好环境和集聚优势要素。坚持攻坚克难，不断突破构筑综合实力过程中的各种艰难险阻。

三、博弈疆场，做战无不胜的人

如果说推进建设发展对优秀领导干部是莫大挑战，那么更严峻的挑战还在于应对处置社会各种反面事物，其风险等级程度很高、治理难度很大。这既是对优秀领导干部的艰巨考验，更是优秀领导干部成就大业的战场。

治潜规。官场潜规则是封建政治文化遗毒，也是较难治理的顽症。实践证明，打赢治理潜规则攻坚战，往往非优秀领导干部莫属。主要原因是：其一，他们非常熟知潜规则，注重联系实际，调查研究，把握症结，深入思考，洞悉践行潜规则的种种表现，善于透过现象看本质。其二，他们非常鄙视潜规则，主要源于身正品善，思想政治意识强。既坚决与潜规则决裂，不按潜规则行事，又对践行潜规则的人和事旗帜鲜明，立场坚定，深恶痛绝，具有凛然正气。其三，他们非常警惕潜规则，尽管社会纷繁复杂，各种人物形形色色，践行潜规则的表现千变万化，他们却始终保持猎人一样的警惕性。即便遇到糖衣炮弹和复杂人际关系，也不迷失方向，放松警惕，得以将工作的各种重要环节和要害紧紧看住，关口紧紧把住，不给践行潜规则的人和事以可乘之机。其四，他们非常善除潜规则，思路清晰，经验丰富，对症下药，有的放矢，敢作敢为。在具体操作上，注重教育为先，提高认识，敲响警钟；注重将制度纪律挺在前面，抵挡和制约践行潜规则的人和事；注重阳光作业，将工作涉及权力运行与资源配置等关键环节予以公开，接受社会广泛监督，揭去践行潜规则的遮羞布；注重釜底抽薪，铲除践行潜规则的土壤，拆除践行潜规则的支撑，收紧践行潜规则的空间，揭露践行潜规则的危害，让践行潜规则的人和事难为与消遁；注重重拳出击，对于局部和某一时段践行潜规则问题多发，坚决运用法律、组织、纪律和舆论手段，实施整治，做到除恶务尽，正本清源。

正财路。权力配置行政资源，管理社会和市场，无疑蕴含巨大利益，历来易被谋私者与贪利者觊觎和侵蚀，存在权力腐败和社会资源被不法攫取的风险。同时，说明追求物质金钱是人的本能，其贪财敛财失控行为，难免要通过各种不法财路，方能得逞和对社会构成危害。而优秀领导干部经常要打的硬仗就在于开通正道，阻断邪道。诸如面对复杂矛盾，心明眼亮，知权力所能，利益所在，人之所思，谋财之技，薄弱环节，关系链条，可谓既知其然，更知其所以然。在权力运行和资源配置上，科学设置管控流程，向社会公开管控流程，严格执行管控流程，全力维护管控流程，用科学严格流程，将个人和小团体染指权力与资源配置黑手阻挡在外。注重加强对重点领域和关键事项拉网式反复检查督察，重在发现问题，堵塞漏洞，拒不法者于千里之外，或及时揪住狐狸尾巴，将其绳之以法或绳之以纪。应对风险挑战、疑难杂症和各种复杂关系，一身正气，宁折不弯，坚韧不拔，勇于担当，迎难而上，一不怕苦，二不怕死，常让不法谋财者望风而逃，丢盔卸甲，是社会的真正守护神。工作艺术高超，善于运用政策法纪这一锐利武器，抓主要矛盾，充分发挥人民群众的监督作用，审时度势，造势借势，营造氛围，构筑高压线，充满高压电，始终保持对不法者高压态势和综合绝对优势，令其不能为和不敢为。

矫不为。人皆有原始欲望，在优越条件下，比较容易产生惰性，放松懈怠，工作低标准、低水平、低效率，成为各种不正之风滋生蔓延的源头之一。优秀领导干部防范和治理之举往往在于：以上率下，打铁先得自身硬，充分发挥模范带头作用；公平待下，为人处事一身正气，大公无私，关心关爱，一碗水端平；高标度下，根据形势发展变化和实际需要，不断调高工作标准，以跳起来摘桃为宜；重任促下，情况总在不断发展变化，各种矛盾纷争不断涌现，防止和治理懈怠与不为，最要紧的就是倒逼下属深入实际，联系群众，挑重担，扛责任，应对艰难险阻和疑难杂症，促其自古华山一条路，迎难而上，攻坚克难；机制励下，建立健全各种激励机制，将提拔任用、评先表模、物质奖励等资源向干事创业者倾斜，绝对不让老实人吃亏；纪律束下，先在纪律上划出底线，警示在先，而对于故意踩纪律红线懈怠和不为者，坚决问责追责；群众评下，善于借助群众和社会力量，通过将工作内容、工作流程和工作标准公开，接受群众评议和监督，让各种懈怠和不为难逃群众的锐利目光而无藏身之地。

纠陋习。陋习具有覆盖广、分散性和多样化特征，既容易被忽略，又潜移默化影响社会风气和人的素质提升。诸如行人横穿马路，车辆乱停乱靠，占道经营，出店经营，乱丢杂物，随地吐痰，铺张浪费，大操大办，争利赌狠，信谣传谣，信访不信法，信迷信不信科学等。对此，优秀领导干部在治理上，一是注重教化。将纠正各种不文明陋习纳入组织重要议事日程，进行周密安排部署。尤其围绕教化这个主题，广泛深入挖掘优秀传统文化和文明习惯，大力弘扬社会主义道德风尚，以形成浓厚的文明氛围。二是干部带头。组织动员行政公务员，正人先正己，带头清除机关和个人不良陋习，给世人作出表率。同时，结合实际工作，大力宣传组织动员百姓开展树新风、改陋习活动，搞好自己本职工作。三是典型引路。善于发现和推广百姓中树新风、改陋习的先进人物，通过典型示范，影响和教育一大片。四是舆论监督。充分发挥各种媒体作用，持续对各种行为陋习进行曝光，促使有行为陋习的人改弦更张，知耻后勇，成为社会文明建设的使者。五是执法纠偏。组织动员行政执法监督部门，在行为陋习纠偏上正确履行职责，善于运用行政和法律武器，对屡教不改和故意而为的人与事进行惩戒，提高不良行为人的行为成本，促其自觉告别行为陋习，成为新风尚的践行者。

惩腐恶。在纷繁复杂的社会生活中，难免会有各种各样违法犯罪和权力腐败等丑恶现象，甚至在特定条件下，还会歪风邪气盛行，并在相当程度影响社会公平正义，侵害公共利益和百姓权益。对此，优秀领导干部彰显的是英雄本色和铁腕治理。具体要求是：其一，刻骨恨。对各种腐败现象和黑恶势力立场鲜明，深恶痛绝。尤其对那些披着合法外衣，利用公共权力，谋取私利与欺压百姓的人和事，更是眼里容不得半点沙子，具有强烈的公平正义感。其二，大无畏。应对权力腐败的各种复杂关系和黑恶势力，早将个人安危和利益得失置之度外，表现得无比坚毅和果敢。其三，霹雳手。善于运用法律、组织、纪律和舆论手段，雷厉风行，实施疾风暴雨式迅猛打击和整治，坚决做到除恶务尽，毫不手软。其四，筑大堤。根据腐败现象和黑恶势力特点，重在铲除土壤，釜底抽薪，压缩空间，打压苗头上狠下功夫，善于用法律和纪律将权力关进制度笼子，将公共资源置于法律和纪律管控之下；善于用法律规章严格规范市场经济秩序，对各种腐败现象和黑恶势力生存发展经济渠道实施严格管控，斩断和卡死经济来源；善于营造浓厚的反腐倡廉和扫黑除恶社会氛围，还社会以公平正义，还百姓以生活安宁。

斗顽敌。我国面临着十分复杂的国内外形势，各种敌对势力活动猖獗，这也是阶级斗争的反映。在事关国家民族存亡问题上，优秀领导干部心中时刻装着国家民族安危，致力于巩固党的执政地位，对客观存在的各种敌对势力，敢于斗争、善于斗争、坚持斗争，不失为护国护党护民的功臣。就国内而言，主要集中在打好思想领域攻坚战，重在坚持共产主义远大理想，坚持走社会主义道路，坚持中国特色社会主义理论，坚决抵御和批驳封建主义和西方腐朽意识形态，特别不能让其举着漂亮旗帜，喊着漂亮口号，搅乱思想领域，占领思想阵地，迷惑误导国人或青少年，进而离心离德，走向国家民族对立面；打好经济领域攻坚战，针对各种敌对势力借发展经济和对外开放之机，力图通过资本力量，渗透经济命脉，培植经济附庸，形成经济力量，攻城略地的实际，加强经济领域法治管控，严格规范市场经济秩序，重在管住资本负面作用，不让其兴风作浪，掠夺财富，腐蚀权力，扰乱秩序，扭曲人心；打好文化领域攻坚战，外在输入的和平演变与内部滋生的渐进演变，往往都是从形形色色文化演变开始的，浅层次改变的是良好的生活娱乐习惯，深层次潜移默化改变着人的思想观念。打退各种腐朽文化侵袭，必须从国人生活和娱乐细微处入手，从巩固和发展良好工作与生活习惯破题，从提高人的文明素质着力，通过一系列有组织、丰富多彩和持之以恒的活动，以及不断推出具有思想性、科学性和艺术性的精神产品，让传统优秀文化和社会主义新风尚深入人心，确保文化领域风清气正。

2016 年 12 月

领导干部应过得了“五关”

在地方行政工作中，涉及的人与事往往具体而复杂。对领导干部而言，有时较难应对的就是如何过亲情、恩情、友情、乡情和仇情“五关”，进而高水平和高质量履职尽责。

一、“五关”难过

人都有感情，领导干部也不例外，只不过因岗位职责特殊，在一般人看来人之常情的事，到有的领导干部面前就可能成了较难过的关，导致履职尽责出问题。

亲情难舍。以血缘和姻缘为纽带形成的亲情关系，是一般人最基本和最重要的关系，也是其他人际关系或情感关系不可比拟的。亦如俗话所言：打虎还得亲兄弟，上阵还需父子兵。领导干部无疑是亲情关系链和关系网的重要环节，皆因居于重要岗位，掌握行政权力，配置公共资源，在地方有影响力。同时，领导干部亲属也是有血有肉有思想的人，且工作和生活在复杂条件下，所涉及的人际关系和具体人与事多种多样，难免对领导干部提出某些需求，以借岗位权力解决个人问题或关系人问题。所解决问题有合法、合理、合情的，之所以要借助领导干部之力，无非方便快捷一些。也会有不合法、不合理、不合情的，之所以要借助领导干部之力，无非求得变通和照顾，甚至得到庇护而逃避责任追究等。有的领导干部恰恰就在亲属所提不合法、不合理、不合情要求面前过不了关，或自认发展较好，有责任、有义务、有情感利用自身便利对亲情关照，遂成了其用权不公或以权谋私的常见病和多发病。

恩情难违。俗话说：滴水之恩当涌泉相报。人的一生往往会得他人帮助和受人恩惠，有恩当报是人之常情和常理，领导干部也会遇到有恩之人。诸如工作由老领导、老同事、老关系引进门，进步铺台阶，上马送一程；为自己或家庭办了许多好事，消除或摆平了许多麻烦事，且担了不少风险，或添了不少麻烦。受人恩惠理当报答，但恩人所提要求不合法、不合理、不合情该怎么办？

有的则拉不下情面，常常出于感恩和报答而利用岗位权力去为人谋利，甚至违法违纪。

友情难却。人工作和生活在社会都有三朋四友，甚至建有涉及广泛和多种层次的朋友圈，圈内朋友大多性格、志趣、爱好有相同之处。故常来常往也算人生一种生活方式和乐趣，且低头不见抬头见。领导干部同样也有朋友圈，从一般人情世故讲皆无大碍，但只要与岗位权力相联系，就容易出问题。毕竟领导干部情况特殊，所联系交往的朋友除有某种性格、志趣和爱好上的亲近感与共鸣外，对于不同人的素质差异则一般缺乏切身体会和实践检验，有的之所以争先恐后与领导干部交朋友，也是冲着权力而去的。面对朋友有事相求，若涉及解决不合法、不合理、不合情问题时，就容易碍于颜面，感情当家，所作所为看似举手之劳，实则违反制度纪律。

乡情难拒。人所发展的源头来自一定故土，俗话说：一方水土养一方人，且思维行为都会携带故土基因和打上故土烙印。那么生活在一定故土的人群，也就难免带着浓浓乡情，正如俗话所言“亲不亲，故乡人”“老乡对老乡，两眼泪汪汪”。领导干部不论工作在何方，都会遇上故土之人，大的地域范围涉及一省，中等范围涉及市州，小的范围涉及县乡，进而构成经常发生联系的特殊关系群体。加之领导干部在家乡人中小有所成，比较容易“穷在闹市无人问，富在深山有远亲”，与之结交或求之办事的比较多见。那么现在问题在于有的领导干部心存光宗耀祖和在家乡留下办好事美名念头，对家乡人有事相求不好推辞，免得背后被捣脊梁骨。再则，也希望通过权力给家乡人办事赢得人心，相互抱团，彼此关照。因此，无论涉及合法、合理、合情的事，还是不合法、不合理、不合情的事，都容易凭借岗位权力不加区分而为。

仇情难消。社会矛盾纷繁复杂、千变万化，一个明显特点就是因人的素质和条件不同，容易产生私怨，甚至发展到记仇。其实所成私怨和所记之仇，大多因工作生活引起，属人民内部矛盾，只有少数意识形态问题例外。故在应对上，就要有胸怀，讲政策，重策略，多做矛盾转化工作，促进工作关系和谐发展，这对于领导干部尤为重要，应对不好就易走极端。即初级层面凭一次或表面印象定人优劣；中级层面凭关系远近定人优劣；高级层面凭利益损益定人优劣。一旦与人记仇，就会凭借岗位权力，做出各种限制、打压和整治举动。尽管有的被限制、打压和整治对象存在问题，但作为领导干部习惯凭个人印象、关系和利益而感情用事，难免导致履职尽责走偏。

二、何以难过

在地方行政中，有的领导干部难过“五关”，是有主客观成因的，具体如下。

复杂关系干扰多。领导干部工作的一个突出特点就是要直面众多复杂关系，特别是复杂的人际关系。一方面传统社会是讲人际关系社会，思维行为方式根深蒂固。另一方面市场经济讲究交换，财富时代价值以金钱论，民主社会追求更多自由，享受生活成为人们的时尚，封建官场文化遗毒犹在。当两种情形交织交融，容易导致社会人际关系的趋利性、投机性和冒险性成分加大。加之领导干部权力行为具有较大经济价值和社会影响，难免成为社会复杂人际关系谋取利益公关的围猎对象。若领导干部意志薄弱，就顶不住外在公关围猎而败下阵来，又何谈正确履职尽责。

个人综合素质弱。当行政领导干部非常不易，对综合素质要求很高。有的之所以过不了“五关”，居多在于综合素质存在弱项。一方面表现为政治上模糊。平时不注重思想政治理论学习，缺乏政治敏锐性和鉴别力，导致头脑不清，政治站位降低，理想信念淡化，意志定力缺乏，服务宗旨忘却，过“五关”少了政治引领，思维行为哪能不出错。另一方面表现为能力上不适。事难办、人的工作难做、复杂的人际关系难抵挡，是地方行政工作实际，需要领导干部具有超强行政能力方能驾驭和应对。但是，有的却表现出能力不足。主要是外在形式主义东西多了，内在较少钻研法律政策，不善辩证思维和办事讲究策略，常被复杂的人际关系束缚，并且习惯感情用事。过“五关”少了过硬本领，思维行为就容易乱阵脚。再一方面表现为自律上松绑。领导干部应对“五关”早有严格制度纪律规定，在自律上应作出表率。然则，有的纪律意识和规矩意识淡化，既经不住外来公关围猎，又时常自我要求不严，思维行为就容易行不正和问题多。

制度机制管控松。地方行政既然难度大和有特殊性，领导干部作用举足轻重，那么要确保行政行为正确，作用发挥正常，很大程度就取决于制度机制如何。也就是说地方行政和领导干部所作所为正确，必须有严格制度机制从源头和初始阶段把控。但是，有的地方制度机制建设不力。诸如少涵盖，没有或较少将过“五关”事项纳入制度机制建设范畴，有的即便有所涵盖，也缺乏严格规范；不具体，有的虽然对过“五关”有所界定，但实际不够细致，缺乏针对性和可操作性，难以发挥制约作用；缺力度，好的制度机制在于落实，落实需要整体联动，况且所针对的对象特殊，虽说有的制度机制较为完善，但缺乏执行力的结果就是有的领导干部过不了“五关”，让制度机制成了稻草人。

三、不再难过

《三国演义》刻画关羽，有一段过五关斩六将的精彩描述。说明其过程既是艰难博弈，也是严峻考验，经过坚持不懈努力方可实现。因此，领导干部过“五关”的关键在于怎么过。

严要求。在领导干部履职尽责上，一是必须隔断亲情。无论有无正当理由，都不能直接与领导干部履职尽责发生联系，这不是出于对领导干部不信任，而是制度性回避。同时，领导干部也要教育亲属自觉自律，不干扰领导干部履职尽责，以免影响形象。二是必须管控恩情。受人恩惠，难免欠人情分。若涉及上级个人，就不仅是感情问题，还有上下级关系问题。故领导干部履职尽责还必须善于区分有恩之人所提要求的动机与对错。除领导干部个人要是非分明、立场坚定、坚持原则外，还要从组织角度，进行制度管控和集体管控，既为领导干部减压和避嫌，也得以合力将问题挡在门外。三是必须淡化友情。领导干部履职尽责可讲友情，但最好不讲或少讲，友情讲多了，原则就讲少了，问题就难料了，关键要善于区分工作内和工作外，前者按原则办，后者按纯洁人情关系办。区分履职尽责涉及友情事项对错，对的按普惠制处置，错的必须不讲情面，加以严拒，并做好说服教育工作，不怕人说风凉话。四是必须慎处乡情。为家乡和老乡办事，一般无可非议，之所以易出问题，往往在于未能把握好度的规定性。作为领导干部必先在思维行为上公平公正，一碗水端平，按规矩办事。同时，对所提各种不合法、不合理、不合情要求，则当婉拒和教育，千万不能掉以轻心，存有私心，笼络人心。五是必须化解仇情。领导干部处在矛盾焦点，比较容易与人结怨，能够及时有效化解，既是制度要求，也是职责所在，更是能力素质体现。主要是要有宽广胸怀，即便是反对过自己且被实践证明是错的，也要容许别人自己教育自己和事实教育启发，以及改正错误，自我姿态要高一些。同时，要制定严格制度和规矩，强化执行和落实，防止矛盾发展到结怨和敌对。再则，处置矛盾要强化领导集体行为，注重防止矛盾激化，以及领导干部处置行为情绪化。

作表率。领导干部能否过好“五关”，根本在于自身是否过硬，是否成为履职尽责楷模。具体要求有：其一，必须做到思想领先。认真学习党的路线方针政策，以及法律法规和政策，不断提高思想政治觉悟和思想理论水平，保持政治上的先进性和坚定性。其二，必须做到定力超强。面对纷繁复杂的矛盾和各种各样的人际关系，心中有定海神针，坚持思想政治原则不动摇；心中有标尺，把握得住是非曲直；心中有杆秤，掂量得出事物分量；心中有防波堤，抵御得了各种风浪冲击。无论从内部还是外部公关围猎都无法撼动其坚持讲政治，顾大局，守法纪的根基。其三，必须做到辩证应对。在准确把握各种问题实质基础上，做好抵挡、化解和提高工作。即对过“五关”所涉及问题，除阻挡和教育外，还应举一反三，重在从领导干部履职尽责和外在环境条件优化角度，加强制度机制建设，着力全方位和各方面都提档升级。其四，必须做到严格自律。重点是先管住自己和亲情，凡涉及领导干部履职尽责的事均要实施一刀切和全封闭，先堵住导致以权谋私的薄弱环节。同时，在履职尽责中严格按法律法规和政策办事。即便是讲灵活，也是不违背原则基础上的灵活，不在应对各种复杂关系上存私心和留后路。再则，履职尽责要站位高、眼光远、讲艺术，以免感情用事，亲疏分明，影响对复杂事物的判断，对政策尺度的把握，对工作关系的调控，对变化格局的驾驭。

重监督。过好“五关”要靠领导干部自觉和努力，但自觉和努力也不是万能的。这就需要不断强化各种有效监督，以保证领导干部过“五关”顺利进行。即重在班子监督，坚持按照从严治党和履行主体责任要求，加强领导班子建设，严格党内政治生活，让每个领导干部思维行为居于党组织的有效监督之下，在组织内部不能有特殊党员和特殊干部；重在专业监督，充分发挥政治巡察和职能部门的专业监督作用，注重从全流程、关节点和重要事项上进行有组织与有针对性的监督检查，及时发现与处置问题，确保领导干部履职尽责到位；重在社会监督，对领导干部履职尽责的敏感环节和事项，用制度加以规范，并向社会公开，正确引导和依靠社会力量，有效防止领导干部过不了“五关”而给事业造成损失。

2018年7月

第二部分

建设管理

做好思想政治工作，促进地方经济发展

大力发展地方经济，不仅要善于运用经济手段、法律手段和行政手段，还必须充分发挥思想政治工作优势，搞好导向，凝聚人心，鼓舞斗志，增强动能，排除干扰，营造环境，这对于地方行政尤为重要。

一、科学定位，正确认识思想政治工作的重要作用

自改革开放以来，我国经济建设突飞猛进，综合国力不断提升，变化翻天覆地。其基本经验之一，就是加强思想政治工作，动员和组织人民群众，解放思想，更新观念，把握方向，开拓进取，在经济发展中大展宏图。但是，随着改革开放日益深化，经济发展和社会生活中的一些深层次问题也见端倪。诸如国家发展经济的好政策，有的基层组织却抓落实不平衡；地方发展经济的好思路，有的群众却缺乏理解和支持；有的企业有好的发展愿望，行动起来却效果不理想；现实生活水平大为提高，有的人却端起碗来吃肉，放下筷子骂娘……思想政治工作十分重要，为什么实际抓落实却不同程度存在“对立论”“次要论”“无用论”等？这说明某些思想认识障碍、精神状态疲软、价值观念失衡的情况依然存在，说明思想政治工作还有薄弱环节，这在一定程度上影响了地方经济发展。不断强化思想政治工作观念，大力巩固思想政治工作地位，提高思想政治工作质量，已成为推动地方经济发展的当务之急。

运用思想政治工作推动经济发展，是马列主义、毛泽东思想和邓小平理论的基本观点。马克思主义认为，生产力决定生产关系，经济基础决定上层建筑意识形态，生产关系对生产力具有反作用，上层建筑意识形态对经济基础具有反作用。思想政治工作属于上层建筑和意识形态范畴，必须自觉与经济发展相适应，而强有力的思想政治工作对经济发展具有重要促进作用。毛泽东同志十分重视用思想政治工作推动经济发展，其著名论断有：“政治工作是一切经

济工作的生命线"[1]，"灿烂的思想政治之花，必然结出丰满的经济之果"[2]。事实上，经济发展方向既要受经济利益导向作用影响，又要受思想政治导向作用影响，重视思想政治导向，才能为经济发展提供强有力的保障。邓小平同志指出："社会主义阶段的最根本任务就是发展生产力。"[3]生产力是由劳动对象、劳动工具和使用劳动工具的人所组成，人是生产力核心要素，做好人的工作，特别是思想工作，对于生产力发展具有重要意义。党的"一个中心，两个基本点"的基本路线，就包括有丰富的思想政治工作内容。政治是经济的集中体现，善于用政治眼光观察经济问题，从经济角度观察政治问题，是经济发展必须坚持的重要原则。故强调以经济建设为中心，并不是要排斥和削弱思想政治工作，强调加强思想政治工作也不是要脱离经济建设这个中心，而是两者有机统一。

运用思想政治工作推动经济发展，是党的优良传统和政治优势。我国是在半殖民地半封建废墟上建立起来的，经济上一穷二白，面临着帝国主义的经济封锁、军事包围、政治颠覆和腐朽意识形态渗透。为了巩固社会主义制度，发展社会主义经济，党在不断探索和总结建设社会主义的规律与经验过程中，运用上层建筑意识形态反作用于经济基础的理论，加强思想政治工作，激发人民群众翻身当家作主的激情，激发反封锁、反包围、反颠覆的民族斗争精神，激发建设新中国的冲天干劲，且为确保经济发展方向正确，防止和克服各种错误思潮对经济发展的影响，建立了强固的党纪防线，反腐倡廉，形成强有力的战斗堡垒；建立了强固的道德防线，大力弘扬社会主义道德新风；建立了强固的政纪防线，强化行政约束，确保政令畅通。进而上下一致，干群一心，不怕困难，不怕艰险，不怕牺牲，无私奉献，实现党风正、民心顺、政令通，为经济发展创造良好外部环境，推动经济迅猛发展，开创社会主义现代化建设新局面。可以毫不夸张地讲，我国经济在极度困难条件下，实现了经济腾飞，在相当程度靠的是精神力量，靠的是思想政治工作优势超水平发挥。社会基础雄厚了，条件变好了，建立和发展社会主义市场经济，是不是仅强调按经济规律办事就高枕无忧了？实践证明，经济发展离不开思想政治工作提供的强有力保障，党的优良传统和政治优势理当发扬光大。

---

① 中共中央文献研究室编：《毛泽东著作专题摘编》（上），中央文献出版社 2003 年版，第 843 页。
② 叶子龙口述、温卫东整理：《叶子龙回忆录》，中央文献出版社 2000 年版，第 217 页。
③《邓小平文选》第三卷，人民出版社 1993 年版，第 63 页。

运用思想政治工作推动经济发展，是建立和发展社会主义市场经济的客观要求。首先，市场经济是市场配置资源的经济，但背后起作用的则是人的需求，需求反映到市场上，进而配置资源。确保市场资源配置的合理优化，就涉及对人的需求进行导向和调控问题。故要教育和引导人们在坚持社会主义方向前提下，按照市场经济规律办事，防止和克服市场经济负面影响而产生一些需求观念误区。事实上，许多时候在困难条件下，人们的思想观念和心理状态反而积极向上，进而在行动上逆势而上，艰苦奋斗，不怕牺牲，砥砺前行，靠拼搏进取有效克服困难，合理配置资源，为经济发展创造条件；有的时候在优越条件下，有的人思想观念和心理状态较容易安于现状，行动上则不思进取，贪图享受，超前消费，奢侈消费，影响资源合理配置，造成经济结构失衡，使经济发展出现问题。其次，市场经济是法治经济，强调用法律法规规范社会经济活动和人的思维行为。法治建设不断完善和人的法治素质不断提高有个过程，通过加强思想政治教育，让法治思想深入人心，转化为人的自觉行动，尽快加速和优化这一过程也就显得格外重要。再次，市场经济是竞争性经济，而经济竞争，说到底是人才竞争。人才竞争，说到底又是思想观念、创新精神和技术技能竞争，谁的思想观念符合经济发展规律，始终保持蓬勃向上的精神状态，谁就能在激烈竞争中立于不败之地。但是，人的正确思想观念和好的精神状态非天生就有，需要通过强有力的思想政治工作培育促就。最后，市场经济是管理型经济，市场经济发展，呼唤着科学管理。我国是在社会主义条件下发展市场经济，需要吸收和借鉴西方发达国家发展市场经济的成功管理经验，进而结合国情，注重发挥自身优势，通过做好思想政治工作，以管好人的思维行为，促进经济发展的环境优质和运行优良。

运用思想政治工作推动经济发展，是做大做强地方区域板块的务实之举。在国家经济发展大格局中，地方区域板块无疑是基础和重要支撑，实现地方区域板块跨越式发展，很大程度在于优势要素的集聚和配置。优势要素既来自外在引入，更来自自身打造，其重点在于内在人力资源的提质。说到人力资源优化，一般涉及三大能力提升，即认知能力、转化能力、执行能力。认知能力是统领，涉及思想认识水平。转化能力是关键，涉及实践产生的感性认识怎样转化成理性认识，理性认识怎样转化成指导实践的具体举措。执行能力是根本，涉及怎样将科学认知和举措变成现实成果。思想政治工作就是三大能力有效发挥的润滑剂、推进器、牵引机和清道夫。应该看到，地方经济发展中的现实问题较多，诸如：有的不太重视思想政治工作，认为现在是以经济建设为中心，只要把经济搞上去就行了，强调思想政治工作容易影响经济工作；有的注重考核经济指标，轻视考核思想政治工作指标，注重算经济账，轻视算思想政治账；有的把思想政治工作简单归于读文件、讲大话、搞福利；有的应对经济发展中所涉及人的矛盾，习惯拿钱买人心，但买得了一时一事，买不到长久，并容易误导而相互攀比和轮番涨价，常让建设发展陷于被动；有的在做群众工作时，牛不喝水强按头，简单粗糙，以势压人，结果不是所遇阻力更大，就是眼前过了关却留下众多后遗症；有的遇到问题一味坐等大气候，不是指望上级大员上阵，就是指望上级发指示、造声势、给支持，显得怕困难，怯于做工作等。可见，要实现地方区域板块加快发展和协调发展，一定要善于将思想政治工作手段与法律手段、经济手段、行政手段融为一体，以有效发挥思想政治工作的特殊作用。

二、突出重点，切实调动群众的积极性和创造性

论及地方经济发展，以及调控经济运行，一般重在聚焦资金、物资、技术要素，通过不懈努力，使之合理优化配置，以求最佳经济效益。但是，这还不够，其实最需要调控好的是人心。关键在于运用思想政治工作手段把群众动员和团结起来，为地方经济发展奋斗和打拼。深化改革难免涉及体制变化、人的观念更新和利益调整，以及各种深层次问题碰撞引起的阵痛，而这些大多是围绕人的思维行为发生和变化的。故推动经济发展，就必须做好思想政治工作这篇大文章。其常见问题是：第一，责怪群众。认为群众目光短浅、自私自利、躁动盲目、难教难管，认为群众的一些见利忘义过激行为影响经济发展，要管住群众思想，就得严管重罚。第二，轻视群众。似乎发展经济只要有企业家、科技人员和资本即可，认为企业家出资本，科技人员出智慧，只要调动他们的积极性与创造性就万事大吉。第三，疏远群众，管理和促进经济发展的过程中，比较注重市场变化、资本运行、企业需求及企业家和科技人员状况，不大关注群众想什么、要什么、干什么。第四，应付群众，认为农民有二亩地自给自足，工人有钱养家糊口就行。即便给群众办好事，也多习惯给点钱物了事。至于群众的发展难题、精神需求、生活困苦、思想问题，在应对时流于形式，既缺乏效率，又难以落到实处。第五，庸对群众。做工作论江湖，讲义气，够

朋友等。这些不仅不能取得好的效果，反而会起反作用，或让已做工作前功尽弃。事实上，经济发展靠的是群众创造和奉献，要调动群众的积极性和创造性。不仅要从经济角度研究人的消费心理、竞争心理、参与心理和发展心理，还要从思想政治工作角度研究人的政治心理、道德心理和文化心理，用思想政治工作手段激活和优化人心，通过激发人的积极性和创造性以促进经济发展。

正确导向。思想是行动的先导，群众投身经济建设，不像机器那样机械，而是思想引领下的能动行为。要调动群众积极性和创造性，就必须紧紧扭住思想素质竞进提质这个牛鼻子，让群众在正确思想引领下大展身手。具体做法是：在改革开放、建立和发展社会主义市场经济新形势下，紧密结合经济建设实际和人民群众日益增长的物质精神生活需要，大力宣传马列主义、毛泽东思想和邓小平理论，用科学思想理论统一群众思想，保持坚定正确的政治方向；大力宣传党的路线方针政策，教育引导群众深刻领会和把握走中国特色社会主义道路的丰富内涵，以及实现国富民强的宏图大略，做到心有目标，行有动力；大力宣传法律法规，促使群众自觉将思维行为纳入法治轨道，进而全面提升社会法治意识和法治水平；大力宣传服务宗旨，激发群众当家作主的热情和激情，牢固确立社会建设发展主人翁地位，将群众紧紧团结在党的周围；大力宣传社会主义道德风尚，通过不断提升群众道德素质，营造和保持良好社会风气。对此，有的人可能认为，现在都什么年代了，搞市场经济和参与市场竞争忙都忙不过来，哪还有工夫去讲大道理。殊不知我国的市场经济是社会主义市场经济，坚持讲大道理，不是要搞空对空，而是要教育群众建设社会主义市场经济必须始终把握正确的政治方向，坚定不移走社会主义道路。不敢讲大道理，不去讲大道理，不会讲大道理，不是思想政治工作的弱化，就是思想政治工作的走偏。

搭建平台。做思想政治工作不能脱离实际泛泛而谈，应从群众基本需要入手，结合经济发展具体工作，将思想政治工作要素融入，充分发挥潜移默化作用。具体做法是：首先，搭建工作平台，以安其心。毕竟生存是人的第一需要，吃饭是人生存的第一要务。要发挥思想政治工作优势，就必须围绕怎样让群众都能端上饭碗和端上好的饭碗做文章。既要政策支持和加大投入，提供和催生更多就业再就业岗位，更要加强宣传，鼓励引导群众增强信心，鼓舞斗志，敢闯市场，应对挑战，奋发有为，让地方行政和基层组织的帮助与温暖转化成群众创业发展的精神动力。其次，搭建学习平台，以增其智。着眼于不断满足群众提高素质需求，加强政策引导和支持基层组织有针对性地抓好常态化教育培训工作，注重在全社会营造学理论、学科学、学文化的浓厚氛围，提供丰富精神产品，让群众结合自身实际和工作岗位需要，学习政治，刻苦钻研业务技能，不断增强学习能力。最后，搭建参政平台，以借其能。各级行政和基层组织，要构建制度机制，开通渠道，通过思想政治工作鼓励引导群众参政议政，多关心国家大事和地方发展，行使好知情权、参与权和监督权，在行使好权力过程中，学好法律和政策，开阔眼界，提升境界，进而行动起来显得有尊严、有地位和有水平。

多办实事。开展思想政治工作，重点是要不断增强群众对国家的认同感，对制度的自豪感，对组织的归属感，对工作的责任感，对生活的幸福感，基本前提就是地方行政和基层组织将思想政治工作融入为群众办实事之中，通过及时解决实实在在的问题教育感化群众，这就是最有力和无形的思想政治工作。具体做法是：首先，优化基础设施。从提升群众居住环境和出行环境入手，不断加强现代化基础设施建设。尤其在水、电、路、气各种管网配套和硬件功能集聚上加大投入，注重上规模和上水平。在提高整体功能的同时，还必须根据不同群体和不同个体所处环境，着力解决诸如老旧小区改造等局部问题和特殊个案问题。通过宣传和用事实说话，让群众切身感受到组织温暖，既是这么说的，更是这么做的，提升组织的感召力。其次，搞好公共服务。为更好支持群众创业发展，方便群众工作和生活，对地方行政和基层组织而言，既要从业务工作角度做好公共服务，更要从思想政治工作角度做好公共服务，毕竟公共服务事项主要面对群众和众多不同个体。一方面，要大力简政放权，优化流程，尽可能多采用信息化手段，让群众办事更简单、快捷和方便。另一方面，工作人员不仅要将公共服务事项当成业务工作来做，更要当成思想政治工作来做，注重从个人气质、思想感情、肢体语言、对话交流切入，在做好具体事项热忱服务的同时，也要善于在与群众互动中调查研究，了解信息，宣传政策，交心换心，做好工作，树立形象，凝聚人心。再次，坚持公平正义。鉴于社会的复杂性和多样性，群众中的某些群体和个体往往会遇到非公平正义的人与事，这样既容易伤害到群众切身利益，更容易激起群众的不满或愤慨，甚至让有的个体情绪激化，行为失控，做出不良反应。对此，必须快速反应，果断出击，依靠法律和政策，有效解决非公平正义问题，还群众公道，甚至平息民愤。同时，对于少数人的过激行为，也要做深入细致的思想政治工作，理顺情绪，解除心结，提高认识，及时改过，化矛盾于无形。最后，努力扶贫帮困。因经济发展不平衡，以及发生一些意外，社会上无疑会存在不同程度的困难群体，有的个体也会不时遇到各种困难，这就需要地方行政和基层组织及时伸出援手，排忧解难，雪中送炭。地方行政和基层组织在送上组织温暖的同时，也要发挥思想政治工作优势，针对有的群体和个体落困的不同情况，重在教育引导帮扶，做到扶志、扶知、扶智、扶质，进而提高思想和能力素质。

扩能提质。如果说思想政治工作卓有成效，其标志在于充分调动群众的积极性和创造性，而群众积极性和创造性发挥是否得以进入良好境界，关键在于促进群众内在素质提升，最终就是要打好三大攻坚战：第一，培植工匠精神。群众的主战场在经济发展一线和社会实践，群体和个体的职场分布在不同行业，从事着不同职业，那么要调动群众积极性和创造性，最基础的就是要培养强烈的职业工匠精神，让他们在实际工作中时时处处彰显精益求精的精神和职业化水平。那么开展思想政治工作，就是要围绕强化主人翁意识，经常进行群众是真正英雄的历史观教育，不断增强其自豪感和责任感，使其思想认识有较高站位和政治自觉；就是要围绕强化职业标准意识，经常组织开展培训，认真学习掌握专业标准，养成按标准办事的作风和习惯，具有较高职业操守；就是要围绕强化质量效率意识，加强职业行为管理，做到要干事就做本行业或本岗位质量效率最好的，且以此为荣；就是要围绕强化制度规矩意识，注重自律能力培养，做到搞工作态度严谨认真，遵章守纪，具有良好的抗干扰能力。第二，增强创新能力。群众之中蕴藏着无穷无尽的智慧和力量，这既来自群众自身的努力和修为，更来自地方行政和基层组织的培养与推动。地方行政和基层组织除了要提供优良的物质条件，让群众创新能力不断提升和有效释放有平台、有战场、有实践的磨砺锻造外，还必须发挥思想政治工作优势，坚持进行导向和激励，促使更多人在经济发展各领域和岗位具有创新理念，立志为国家民族和社会创造财富。具有创新思路，紧密结合形势和自身实际，有针对性地谋划发展蓝图；具有创新激情，为实现创新目标而矢志不渝，昂扬向上，孜孜不倦；具有创新胆识，敢于面对和正视创新之路上的各种艰难险阻，保持大无畏进取精神；具有创新技能，不断学习掌握新知识，加强实践锻炼，大力提升攻坚克难能力；具有创新投入，注重时间投入、精力投入、资源投入，善于将各种优质要素向创新实践集聚。可以毫不夸张地讲，群众的创新能力提升和发挥得如何，在相当程度上反映的是思想政治工作针对性、深入性和有效性如何。毕竟人的创新能力强，基本体现在认识高，决心大，毅力强，作风实等，而这些恰恰是思想政治工作的主攻方向和放矢之的。第三，锻造管理优势。从大概念上讲，经济发展要体现群众当家作主。从小概念上讲，人的原始本能一般内含管理欲望，且在人类社会发展长河中，原始欲望作用在具体场景和条件下，往往可以历练出人的执着管理追求和相应能力，小则管理家庭，中则管理组织，大则管理地域。只不过这种追求的实现和能力的发挥除了个人努力，更多要靠地方行政和基层组织的培养引导，以促进经济发展和社会进步。从这个意义上讲，要大力发展地方经济，充分调动群众的积极性和创造性，既要善于从经济角度下功夫，还应从更高层次激发人的管理潜能、培养人的优质管理能力和彰显人的社会价值上下功夫，这恰恰是在改革开放新形势下思想政治工作的着力方向。一方面，各基层组织做思想政治工作要注重先进理论引领，坚持以人为本，紧密结合具体实践，充分培养人的管理意识和能力，激发、引导和助推其参与组织管理全过程，积极为组织发展建言献策，高水平管理组织有关发展事务，成为管理的职业化高手。另一方面，地方行政要将充分发挥群众管理社会的能力当成思想政治工作的重中之重，坚持正确引导，增强大局意识。坚持培养锻炼，增强参政议政能力。坚持从群众中来，汲取群众中的管理智慧和能力；坚持到群众中去，用先进思想引领群众，优质高效地管理好组织和社会事务，最大程度体现群众应有的政治价值。

三、抓住关键，着力肃清各种不良思想文化

思想政治工作促进经济发展，前提和切入点是适应与服务，然后通过反作用于重要媒介或转换器——人的思想行为来实现。如果说适应和服务要遵循经济规律，那么实施反作用则要遵循思想政治工作规律。既然思想政治工作属于上层建筑的意识形态范畴，直接作用对象是人的思想行为，且人的思想行为发展变化要受社会复杂因素影响。总结以往思想政治工作实践经验，紧密结合改革开放条件下思想政治工作所面对的复杂现实，要使思想政治工作在促进经济发展上发挥越来越大的作用，当在有效克服现实社会四种思想文化上打好阵地战和持久战，从人的思想行为上正本清源，疏堵并举，整建同步，使群众保持旺盛的青春活力，这也是思想政治工作适应和服务经济发展所要达到的理想境界。

抵御封建遗毒。我国经历了几千年封建社会，传统文化难免积淀有封建思

想糟粕，只要遇到适宜条件，它就可能滋生蔓延，潜移默化地干扰人的思维行为方式，进而影响地方经济发展。因此，加强思想政治工作，促进地方经济发展，必须破除封建思想的影响。首先，必须破除小生产观念。封建思想的根基是延续几千年的小生产观念，主要特点是习惯固守二亩地，眼界不开，坐井观天，因循守旧，愚昧落后，重农抑商，自给自足，小富即安，斤斤计较，打小算盘，缺大作为等。尽管现已步入现代社会，但发展地方经济过程中仍能见到秉持小生产观念的人和事，不是出不了好的发展思路，就是有了好的发展思路也难以操作到位。所以，做好思想政治工作，应当紧密结合传统历史文化和自身实际，深入研究剖析小生产观念的特点和种种表现，坚持用科学理论进行鞭挞，组织动员人们加强学习，提高认识。同时，要重点聚焦对外开放、深化改革、经济发展的重大布局，强化舆论宣传，营造浓厚氛围，促进人们树立新思想和新理念。其次，必须破除官本位思想。须知封建上层建筑根基是延续几千年的集权制，主要特点是有权为大，有权为尊，有权为能，有权为利，学而优则仕，劳心者治人，劳力者治于人，社会精英千军万马挤官场独木桥，形式主义、官僚主义、以权谋私和贪污腐败盛行等。尽管现已步入现代社会，但发展地方经济仍能见到遵循官本位思想的人和事，权力过多干预或不当干预的结果，不是主观臆断，急于求成，就是竭泽而渔，吃子孙饭和断子孙路；不是缺乏效益和造成浪费，就是管得过宽，控得过死，甚至滋生腐败。故做好思想政治工作，促进地方经济发展，必须抓住封建官本位本质和危害，运用先进理论和批判武器，在行政领域广泛深入持久开展正官念、正官德、正官风、正官行教育，强化经济建设为中心思想，增强改革开放意识，树牢市场经济理念，将思维行为转移到服务经济发展大局上来。同时，要促使行政工作人员灵魂深处自我革命，自觉融入行政改革大潮，进一步简政放权，努力建设高效廉洁行政。再则，还应在全社会消除官本位消极影响，让经济发展氛围更浓厚。最后，必须破除潜规则作祟。须知封建交往联系根基是延续几千年的潜规则，主要特点是人的思维行为少有按大道理行事，多习惯按潜规则行事，背后起作用的往往是利益、关系和人情，导致社会存在诸多灰色地带，波谲云诡，变幻莫测，乱象丛生。尽管现在已步入现代社会，但发展地方经济仍能见到行潜规则的人和事。诸如有的工作人员与市场主体打交道信奉“管理管理，该我管你”，且常借管理向市场主体伸手要好处。有的市场主体也习惯通过与个别行政官员搞关系得到照顾和谋取利益，与客户打交道习惯丛林法则，搞不正当竞争等。

消除潜规则影响，必须强化思想政治工作，教育工作人员提高认识，认清危害，从观念、制度、机制、纪律、用人、做事等方面全方位、多层次和大力度去潜规则化，学会依法行政和按市场经济规律发展经济。必须发挥地方行政和基层组织作用，加强对市场主体和社会公众的教育引导，揭露潜规则之弊，切实将人们的思想行为纳入法治和德治的轨道。

严防西化思潮。众所周知，抵御西化思潮与防止和平演变，曾是思想政治工作的基本要务和主旋律。随着改革开放不断深化和社会主义市场经济建立与发展，在抵御西化思潮与和平演变上也遇到了新情况和新问题，对思想政治工作提出了新挑战。从发展地方经济角度讲，一方面人流、物流和信息流要更多走向世界，得以直接进入西方国家市场和思想文化领地。另一方面因西方国家资本、技术、文化和人员更多进入，西方思想文化随之流入并发挥着其特有的影响力。在经济层面和意识形态层面，东西方思想交织，会出现融合、矛盾、竞争和博弈。在这个过程中，经济发展时常面对外来输入性风险，也面临西化思潮冲击，而有的人思想观念产生西化倾向，给地方经济发展和社会安定团结带来不利影响。其问题的关键还在于有的地方行政和基层组织对此重视不够，思想政治工作缺乏力度，或继续沿用传统做法，一定程度上丧失阵地，陷于被动。因此，促进地方经济发展，必须充分发挥思想政治工作严防西化思潮影响的特殊作用，真正做好人的工作。在经济层面抵御输入性风险和保持方向正确，在思想政治层面保持先进性和长治久安，注重防治具有针对性。第一，严防人生价值金钱化，主要表现是有的丢弃马列主义，不信共产主义，崇尚拜金主义，奉行利己主义，热捧金钱主义，导致思想倒退，道德滑坡，人性扭曲，唯利是图，万事万物价值以金钱论，思维行为皆掉进钱眼儿里。由此发展经济，无疑会搞不正当竞争，恶化经济发展环境，破坏经济秩序。甚至影响社会政治生活，将一些政治关系、组织关系搞成赤裸裸的利益关系和金钱关系。防范人生价值金钱化，关键要根治封建权钱交易和西化拜金主义痼疾，大力开展思想政治工作攻势，既要坚持不懈揭批拜金主义之形、之因和之恶，更要围绕服务宗旨、遵纪守法、道德诚信等社会主义价值观，采用多种形式进行宣传教育，强化法律法规、制度机制和纪律规范等行为约束，做到对利益和金钱追求有度，取之有道。第二，严防行为交换商品化，主要表现是有的思维行为充斥市场经济和商品交换法则，所作所为不论性质、不看对象、不顾法律法规和制度纪律约束，将什么都视为商品，干什么皆习惯通过交换获得回报。否则不重视和不作为，导致行为除了交换已无真理可言，无正义可言，无规矩可言，无道德可言。即便找人办正事也得给好处，易让社会充斥交换气息。照此发展经济，除了交换皆少有责任感、相互协作和回报社会。若延伸到上层建筑领域，吃拿卡要和以权谋私思想就会滋生，这也是思想政治工作经常要面对的挑战。着力防范市场经济和商品交换法则对人的思想的消极影响，地方行政和基层组织当拿起思想政治工作武器，既要划清正常市场商品交换与非正常市场商品交换界限，更要划清市场商品交换与政治生活界限。在此基础上，分类分层分别施教，市场交换行为主要靠宣传法律法规进行纠偏和规范，行政行为主要靠严格制度纪律规范。同时，要大力宣传规范市场行为的好人好事，大力抨击坏人坏事，做到警钟长鸣。第三，严防政治极端民主化，主要表现是有的人迷信西方价值观念，将个人民主自由绝对化，自身不讲政治，不学理论，与党的性质、宗旨、社会主义制度相悖不说，还习惯传播西方腐朽意识形态，妄议大政方针，严重的常有违反制度纪律和法律法规举动，或被西方敌对势力利用。政治极端民主化，是较突出的思想政治问题，大是大非问题，更是思想政治工作必须打好的攻坚战。那么做好新时期思想政治工作，地方行政和基层组织必须保持头脑清醒，除在对外开放和交往中把好思想政治关外，关键要厘清思路和筑牢阵地，教育群众辩证认识西方文化和文明，深刻认识资本的本质和西方政治制度意识形态的腐朽性，明晰政治极端民主化的危害，增强马列主义的理论学习，坚定共产主义信念的政治自觉。抵御西化思潮必须理直气壮，坚定不移，敢于排除各种非议和干扰，将思想政治工作的防波堤筑牢。

扫除落后习俗。因为经济发展、文明程度和人的素质存在不平衡性，社会基层和民间难免存在各种传统落后的风俗习惯，且在日常工作生活养成和传递，具有广泛性、分散性、多样性和地域性，这些落后风俗习惯是各种不良思想文化滋生发展的原始基础，也是思想政治工作中比较容易忽视的模糊地带。诸如有的人迷信，主要是在纷繁复杂的社会现象面前，不能正确认识和透过现象看本质，持唯心主义和形而上学态度；有的人信谣言，主要是对一些事物缺乏主见和是非标准，习惯听风就是雨，常以讹传讹，图精神刺激和一时之快；有的人爱面子，主要是习惯与人攀比，应对有些事能力不济，也不能人前掉价，促使大吃大喝和大操大办之类现象出现，或是人前落后，问题多多，但家丑不可外扬，尽可能涂脂抹粉和捂盖子；有的人随大溜，主要是在风险挑战和违法违规面前，从众心理严重，应对风险挑战，众人都上就随波逐流，搞对了就赚，搞错了亏的不是自己一人，违法违规的人多了就随即跟进，反正法不责众等。因此，做好思想政治工作，要坚持不懈抓好移风易俗和文明建设。首先，要将广泛分散在民间的各种不良风俗习惯梳理清晰，利用各种宣传工具广而告之，以弘扬好的风俗习惯，针砭不良风俗习惯。其次，地方行政和基层组织要经常性开展移风易俗活动，引导群众积极参与，重在自己教育自己，自己提高自己。最后，要加强文明建设，从改变人的不良生活习惯和改善生活环境入手，着力在弘扬传统优秀文化、现代社会潮流、世界文明成果上下功夫，且加快人的提档升级步伐，让文明新风遍及社区乡村和千家万户。其实这也是在创造经济发展环境，毕竟随着国际交往和区域交往的扩大与加深，民间优良风俗习惯无疑是经济发展的重要软环境。

矫正膨胀欲望。人的思想或思维活动是有层级性的，其本源和本能是作为动物所具有的原始欲望，中层是人在一定生活和工作条件下生理和心理发育的定型，高端是形成的世界观与方法论。足见人的思维行为原动力在原始欲望，且原始欲望具有两重性，既能促其正向发展，也能促其反向发展，关键就在于如何对原始欲望进行有效引导、激励和控制。其实人的思维行为出现问题影响经济发展，许多都是欲望恶性膨胀的结果。因此，做好思想政治工作，还必须具有相应的纵深，善于针对人的欲望两重性进行引导、激励和控制，让欲望的生成发挥保持在良好状态。首先，以理论导之。要采取多种形式，运用先进理论观点，剖析欲望两重性，及其在一定条件下所产生的正向或反向影响，从认识上搞明白。其次，以法度统之。重在有针对性地加强法律法规、制度纪律教育，给不良欲望的野马套上缰绳，特别是不能在权钱和各种诱惑面前欲望恶性膨胀。再次，以道德规之。大力倡导传统美德和社会主义道德风尚，力戒为满足个人不良欲望而不讲诚信，不负责任，不重修身等。最后，以民约束之。主要是在社区和乡村，注重居民和村民自治，结合实际制定民约，靠居民和村民相互监督，从身边的事、日常的事和琐碎的事入手，遏制各种不良欲望的苗头。

1995 年 6 月

加强地方行政机关作风建设，应把着力点放到“四个转变”上来

我国正在建立和推进社会主义市场经济，进而对各项工作提出了更新更高的要求。地方行政机关作风建设要适应新的形势，不断提高质量和水平，其关键在于做到“四个转变”。

一、从观念上转变，确立新的工作视点

树立科学辩证观。曾几何时，机关作风建设比较重视适应上层建筑的意识形态要求，强调政治挂帅、思想领先、政令畅通、清正廉洁、全心全意为人民服务等精神内涵，有些忽视根据经济发展需要讲规律、讲效率、讲质量等物质内涵。要改变重精神内涵、轻物质内涵，或重物质内涵、轻精神内涵，或两个内涵都不重视的倾向，就应当把目光转到两个内涵并重上来，一手抓物质内涵建设，一手抓精神内涵建设，做到两手抓、两手硬，两手有机结合，这也是贯彻党的路线方针政策在机关作风建设上的具体体现。

树立新型服务观。服务是机关作风建设的核心，讲服务，首先要讲情感。这个情不是人际关系、个人感情，而是党和政府与群众的鱼水之情。为什么有的同志为群众送温暖、办实事，群众反应冷淡，甚至“端起碗来吃肉，放下筷子骂娘”？这从一个侧面说明少数机关和干部做的是为群众服务的事，却没有在思想上真正同群众交朋友，在感情上同群众打成一片；或者既为群众服务，又干侵犯群众利益、伤害群众感情的事。其次要讲原则。自觉遵循党的路线方针政策、国家法律和社会公德，维护经济建设大局和社会稳定。那种把服务建立在维护小团体利益之上，搞上有政策、下有对策，甚至违法、违纪、违规侵犯国家和群众利益的做法，都是与机关服务宗旨背道而驰的。再次要讲科学。机关处在经济建设一线和各种矛盾焦点，服务不是一种简单劳动，光有满腔热情和良好主观愿望是不够的，关键要有科学的头脑，按客观规律办事。如果瞎

指挥、乱干预，不仅不能为基层群众服务好，反而会帮倒忙。

树立正确管理观。机关作风建设是一项系统工程，也是行政管理链条中的重要一环。过去，常常采用阶段性专项治理办法抓机关作风建设，虽然必要，但也有某种局限。毕竟治理之时，不仅说明被动应付，还说明负面影响已经较大。故机关作风建设理当纳入现代行政管理范畴，牢记管理就是生产力，管理就是效率，管理就是形象，注重管理的针对性、前瞻性、精准性、专业化、标准化、常态化，把严格管理作为机关作风建设的主线，贯穿始终。

二、从机制上转变，强化激励竞争和自我约束

把外力推动与内力主动结合起来，重在内力主动。过去，机关作风建设主要依靠自上而下的行政推动，这与传统经济体制和经济运行方式相适应。要提高机关抓作风建设的主动性和自觉性，必须进一步深化改革，简政放权，打破大锅饭，促使机关把作风建设当成自身生存和发展需要来抓。可以预见，随着政治体制改革的深入，公务员制度的实行与完善，谁在机关作风建设上抓得早、抓得好、抓得主动，谁就能在工作中占领制高点，立于不败之地。

把软约束与硬约束结合起来，重在硬约束。硬约束体现在机关自觉学法、懂法、守法、护法，做到依法行政，力戒越权执法和徇私枉法；严格按政策办事，积极宣传群众，组织群众，创造性开展工作，确保各项政策贯彻落实，从根本上杜绝有令不行、有禁不止、“闯红灯”、“绕道走”现象发生；严格按纪律规章办事，保证工作有章可循，按程序运转，提高质量和效率，及时纠正违章违纪问题。

把自上而下监控与自下而上监督结合起来，重在自下而上监督。机关要多深入基层，调查研究，主动听取群众意见，特别是困难地区和矛盾较多地方的群众意见，虚心接受群众批评，及时改进工作，努力解决问题。同时，要充分发扬民主，广开言路，加强引导，让群众充分行使监督权力，形成有效的网络监督体系，使机关对自身作风问题做到能知道、早知道、全知道，进而促进机关抓好建设，作风廉洁，工作高效。

三、从重点上转变，善于抓主要矛盾

围绕权力抓作风建设。机关作风不正，很多时候都是权力缺乏约束所致。那么加强机关作风建设无疑应在掌好权、管好权、用好权上下功夫。尤其要对领导干部、权力部门、关键岗位加强监督。看一个机关作风正不正，就要看其对权力管理得怎样，行使权力有没有仗权盛气凌人，弄权玩忽职守，耍权愚弄百姓，以权谋取私利之类问题。

围绕利益抓作风建设。利益取向不正，是机关作风不正的根源。机关作风建设的中心问题就是要正确处理国家、集体和个人三者之间的关系。看一个机关作风好不好，就要看其把小团体利益摆在什么位置，追求利益有没有舍大局顾小局，对自己有利的争着干、抢着干，对自己不利的就推诿塞责，以及凭借行业优势靠山吃山、靠水吃水等。

围绕业务工作抓作风建设。机关作风如何，业务工作无疑是最好的检验。加强机关作风建设，不能脱离业务工作实际，而应与做好业务工作紧密结合起来，推动业务工作上新台阶。看一个机关作风行不行，就要运用发展是硬道理的观点和发展就是生产力的标准，看其业务工作是否领先，群众是否满意，效果是否显著，这是机关作风建设的生命力所在。

四、从形式上转变，实现机关作风建设载体的多样化

以文化为载体，引领机关作风建设。要以新时期思想政治文化为载体，认真学习马列主义、毛泽东思想、邓小平理论、“三个代表”重要思想，善于用政治眼光观察问题、分析问题、解决问题，弘扬时代精神，加强思想政治工作，增强机关作风建设的思想性；要以现代管理文化为载体，正确研究分析机关作风建设现状，明确工作目标和工作人员行为规范，强化激励监督，增强机关作风建设的科学性；要以传统优秀文化为载体，坚持以人为本，以情感为纽带，以遵循社会道德为内容，调节各种人际关系，让人在自我教育中提高道德修养，增强机关作风建设的柔性；要以外国现代优秀文化为载体，培养重制度、守契约、求质量、讲效率的风尚，增强竞争意识，完善优胜劣汰机制，增强机关作风建设的刚性；要以艺术文化为载体，不断陶冶人们的思想情操，增强机关作风建设形式的多样性；等等。总之，要通过各种文化载体，让健康向

上的文化理念、文化艺术渗透到机关作风建设中去，使机关作风建设实现质的飞跃。

以文明创建为载体，优化机关作风建设。机关作风建设是机关文明建设的分支，加强文明建设可以带动机关作风建设，加强机关作风建设可以促进文明建设。要围绕服务抓创建，做到规范权力，精简项目，改善流程，服务又快又好；要围绕标准抓创建，做到严格按法律标准、专业标准、群众标准搞工作；要围绕素质抓创建，做到建立学习型团队、创新型团队、攻坚型团队、自律型团队。通过不断加大文明建设力度，让文明建设之花结出丰硕的作风建设之果。

以舆论为载体，促进机关作风建设。舆论对机关作风建设具有激励鞭策作用，抓机关作风不能等问题成了热点，舆论反映强烈了，才被动去抓，一旦热点降温，工作也就放松。加强机关作风建设，要注重营造舆论环境，发挥舆论的激励鞭策作用，重在打好防御战，促进机关作风建设良性发展。要特别注重典型引路，善于发现典型、培养典型、保护典型，以求形成先进典型群体，通过先进典型传播先进思想，展示高尚精神，进而达到教育人、感染人、激励人及在机关形成廉政勤政好风气之目的。

1996 年 7 月

行政机关要全心全意为纳税人服务

一、全心全意为纳税人服务，要在思想观念上更新

纳税人是社会经济发展的主力军，也是行政机关正常运行和职能正常发挥的重要支撑。全心全意为纳税人服务，是行政机关的天职。然则，有的工作人员常把行政机关与纳税人的关系简单理解为“我是管理者，你是被管理者”，进而对纳税人尊重、理解、爱护、支持不够；还有的人员受市场经济负面影响，有利可图就服务到位，反之，就服务滞后；再有的人员思维方式传统，还是用老方法为纳税人服务，经常好心难成好事。解决这些问题，首先要用党的十五大精神和邓小平理论武装思想，站在发展社会主义市场经济高度，深刻认识纳税人的地位和作用，视纳税人为上帝，视纳税人为功臣，视纳税人为财富，视纳税人为衣食父母，实现由“我管你”到“服务您”的转变。

二、全心全意为纳税人服务，要在依法行政上着力

一是自觉维护纳税人合法权益。行政机关多为执法主体，其一言一行应以政策为依据，以法律为准绳，想纳税人之所想，急纳税人之所急，积极为纳税人送温暖、办实事，而不能随意向纳税人伸手。二是引导纳税人守法经营。确保市场公平竞争，是行政机关为纳税人服务的重要内容。因此，不能简单把为纳税人服务当成放开、放松、放行，重要的还要教育纳税人学法、懂法、守法、用法，自觉规范生产经营行为，公平参与市场竞争；运用法律手段加强宏观调控，规范市场管理，指导纳税人生产经营；对少数违法违规者，要及时依法警示、纠正、惩戒，保证经济环境和经济秩序宽松和谐、规范有序。三是不断提高为纳税人服务水平。要坚持从大局出发，严格按法律规章和法律程序办事，防止和克服单纯强调地方、部门和纳税人的情况特殊，而有法不依、执法不严、违法不究；要看长远，突出重点，统筹兼顾，放活不放纵，管住不管

死，原则性与灵活性相统一；要坚持公正执法，规范执法，防止和克服执人情法、关系法，把执法者说的当成法等问题。

三、全心全意为纳税人服务，要在行政要素上优化

第一，加大行政机关改革力度。政企不分、政资不分、以政代法情况还不同程度存在，这容易束缚纳税人的手脚。同时，有的机构臃肿，结构失衡，人浮于事，不仅工作效率低下，浪费人力财力物力，还加大了为纳税人服务的成本。而养活超编机构和人员，又使机关财力物力不堪重负，向纳税人伸手也就有了可能。所以，加大行政机关改革力度，尽快按市场经济要求转换职能，已刻不容缓。第二，要进一步完善优胜劣汰机制，创造竞争向上、学业务、比素质、争奉献的氛围，让低素质者无以立足，及时改进；要培养扎实的工作作风，深入基层，联系群众，雷厉风行，真抓实干，公而忘私，艰苦奋斗，谦虚谨慎，戒骄戒躁。通过内强素质，外树形象，高效质优地服务纳税人，让纳税人放心、满意。第三，逐步改善行政机关工作条件，以适应现代社会发展需要，适应行政机关走“精兵之路和强军之路”的需要，适应纳税人对服务需求的多元化、专业化、知识化、智能化、优质化。

1998 年 5 月

着力构建优质高效地方行政机关中枢

——做好政府办公室工作的思考

政府办公室是地方行政首脑机关和重要参谋办事机构，上要为领导服务，外要为职能部门服务，下要为基层和群众服务，因而工作艰巨，责任重大，在相当程度上代表政府形象，体现政府执行力。面对深刻发展变化的新形势和新任务，办公室要始终走在时代和政府工作前列，当始终不渝抓好三项工作。

一、坚持以“三新”为切入点，善于驾驭办公室工作大局

办公室工作千头万绪，纷繁复杂，要下好和走活工作之大棋，首先要从战略高度洞悉全盘，统筹全局。

（一）把握新形势，增强紧迫感

形势是政府工作的大环境，蕴含着巨大机遇与挑战，且机遇稍纵即逝，挑战迟应即危，一切都时不我待。因此，只有认清形势，办公室工作视野才能开阔，观念才能更新，办法措施才能对路。

在市场经济条件下，政府要遵循市场经济规律，广泛运用市场经济手段调控经济和管理社会，这对办公室工作牢固树立市场经济意识，提高按市场经济规律办事能力提出了新要求。因为市场经济的建立和发展，已从深层次改变了政府以往大包大揽，既当运动员又当裁判员的行政方式，为政府工作注入了新的生机与活力。随着政府行政方式的深刻变化，客观要求办公室工作必须解放思想，更新观念，在参与政务过程中，更加注重从市场经济角度观察、思考和解决问题。不能沿袭跑田头催种催收、下工厂抓产供销那样的传统，从而跟上政府工作的节奏和步伐，使办公室职能和作用有效发挥。

党中央提出依法治国，建设社会主义法治国家，政府全面推进依法行政，这对办公室工作牢固树立法律法规意识，提高依法办事能力提出了新要求。依法治国是时代发展潮流，依法行政是依法治国的重要体现，各级政府工作全面

纳入法治轨道。如果说前些年政府行政主要靠“红头文件”，那么现在更多要靠法律法规，并在依法行政的同时，还要依法接受社会广泛监督。如果说前些年政府当被告还是不可想象的事，那么现在不注重依法行政，随时都可能上被告席。因此，办公室工作必须强化依法行政观念，自觉按法律法规办事。

社会经济联系扩大，政府对外交往频繁，这对办公室工作牢固树立对外开放意识，提高开放交往能力提出了新要求。随着经济全球化的加深和国内经济的飞速发展，国际国内的人流、物流、信息流互动明显加快，社会各方联系交往早已超越了国界与意识形态。同时，各级政府政务活动范围已不仅限于政府系统和所管辖区域，更多还要广交四海宾朋，接待上级领导，组织举办或参与大型行政性会议、大型招商活动、大型学术交流活动和大型节会活动等，而办公室多为这些活动的具体策划者、组织者、协调者和督办者。在这种社会经济联系扩大和政府交往活动日益频繁的新形势下，办公室必须以更加开放的姿态和眼界看世界，以更加开放的举措和手段做好对外交往的各项工作。

推进和深化改革过程中伴随着各种阵痛，多元利益主体竞争时伴随着各种矛盾冲突，政府工作面临的风险和挑战巨大，这对办公室工作牢固树立忧患意识，提高快速反应和攻坚克难能力提出了新要求。应该看到，现阶段改革调整的任务依然艰巨，推进过程常常触及方方面面利益，加之社会潜在矛盾众多，社会稳定压力增大。一些热点和突发事件一旦出现，对政府工作造成较大冲击的同时，也给政府工作提出了如何快速反应和及时攻坚克难的问题。再则，在规范市场经济秩序过程中，一些利益主体的纷争层出不穷，这也在一定程度造成了落实政府政令过程中督办协调任务繁重、周期延长、难度提高、成本加大等问题。因此，对风险和挑战有着清醒认识，注重快速反应能力和攻坚克难能力建设，及时有效地缓解改革阵痛，化解利益纷争，是办公室落实决策、服务领导、为民解忧必须不断强化的硬功夫。

科技进步日新月异，政府办公手段更加现代化，这对办公室工作牢固树立科技意识，提高驾驭和使用现代办公技术能力提出了新要求。当今世界科技进步，特别是电子网络信息技术的广泛运用，不仅推动经济快速发展，进一步优化经济结构，使经济体实力不断增强，也对办公自动化水平和效率的提高起到了巨大推动作用。如果说早些时候不少办公室还保留着传统办公方式，使用信息网络还只是专业人员的事，如今工作人员大都已在电脑上处理公务；政府召开的许多会议都采用了先进的信息技术，不仅从声、光、电以及视频效果上提高了会议质量，还在一定程度上降低了会议成本；各级政府之间和部门内部的信息网络建设也已大为普及；等等。可以预见，随着科技的不断进步，还会有更多、更新的办公自动化技术进入办公室和岗位人员的工作平台。这就要求办公室工作人员必须认清科技发展的新形势，增强科技观念，不断提升学习和掌握现代办公技术的能力。

人民群众生活水平不断提高，当家作主和参政议政的热情日益高涨，期待各级政府反映民意、改善民生、保障民利的呼声更加强烈，这对办公室工作牢固树立服务意识，提高服务能力提出了新要求。为人民服务是各级政府的宗旨，大力发展经济，办好各项社会事业，不断满足人民群众日益增长的物质文化生活需求，是各级政府的基本任务。办公室是上情下达和下情上达的重要窗口与纽带，以及政府的重要参谋办事机构，在新的形势下，必须不断强化服务观念，紧扣为民服务主题，注重关注民情、体察民意、反映民声、造福民众的能力建设与提高，真正成为人民群众的贴心人。

以精兵简政为代表的行政体制改革正在有序推进，各级政府领导层大多已由知识型、专家型的领导组成，这对办公室工作牢固树立质量效率意识，提高学习创新能力提出了新要求。走精干高效之路是行政改革的大势所趋，作为政府中枢的办公室，同样面临适应、精简、优化、提高的艰巨任务，无论是内在岗位职能设置，还是人员优化配置，都必须走在行政序列的前列。同时，办公室要为政府知识型和专家型的领导工作服务，也必须努力建设学习型组织，不断提升专业化水平，增强创新能力，优化服务质量，提升办事效率，进而真正成为落实政府决策的尖兵和政府领导大脑手脚延伸的有力载体与工具。

（二）树立新观念，增强使命感

办公室是政府常设服务办事机构，许多运行理念和规则在相当程度上始终一贯，且不少为办公室工作的智慧结晶和经验总结，需要继续发扬和传承。但随着形势不断发展变化，要更好地发挥办公室的职能和作用，就必须在进一步保持其前瞻性、先进性和科学性上与时俱进，以展现新思维，不负所承担的崇高使命。

树立新的发展观。发展经济是各级政府及其办公室的首要任务，但有的工作在局部或某些方面还不同程度停留在传统层面。诸如注重追求速度，追求规模，追求数量，追求轰动效应等。在具体参谋、服务和办事上也就难免出现重数量轻质量，重眼前轻长远，重形式轻内涵，重硬件轻软件之类问题。要使办公室工作常抓常新，始终在政府工作中发挥重要作用，就必须在发展观上有大的提升，既要高度重视发展总量，更要高度重视发展质量；既要高度重视发展硬实力，更要高度重视发展软实力；既要高度重视发展形式的适应性和有效性，更要高度重视发展内涵的先进性和科学性；既要高度重视发展速度，更要高度重视发展后劲；既要高度重视发展生产，更要高度重视发展民生事业；等等。只有牢固树立新的发展观，办公室在服务经济发展上才能大有作为。

树立新的服务观。与政府各职能部门相比，服务工作对于办公室来讲更具有特殊性。特殊就特殊在不仅要服务部门、服务基层、服务群众，更重要的还要服务政府领导，且这种服务往往更直接、更具体、更多样、更细致。因而有的人在观念上也就容易将服务定位于服务领导、服务日常工作、服务事务工作。客观地说，有这种观念定位虽然必要，但不够全面，也与新的形势不相适应，很有必要在传统观念基础上不断提升和深化服务的内涵。注重把服务领导和服务群众结合起来，重在服务群众；把服务部门与服务基层结合起来，重在服务基层；把服务日常工作与服务超常工作结合起来，重在服务超常工作；把服务事务工作与服务要务工作结合起来，重在服务要务工作；把服务一般社会群体与服务市场主体结合起来，重在服务市场主体；等等。只有这样，办公室服务功能的发挥才能更充分，与经济发展和工作实际的联系才能更紧密，所具有的影响力才能更坚实。

树立新的职业观。办公室工作较为特殊，其主要在领导身边工作，遵从领导意志，按领导要求办事，细致入微为领导服务，行动具有明显的被动性；办公室没有行政执法和对社会事务直接管理的法定职责，行动具有明显的内向性和部门关联性；上传下达、办文办事和授权行事是办公室的主业，收收发发，迎来送往，会来会去，督办协调的具体事情很多，行动具有明显的琐碎性和不确定性。久而久之，在办公室职业定位上也就容易形成单纯的执行机器、相对不变的工作套路和简单重复的机械运作。要从根本上改变该状况，首先，必须坚持在常态被动型中体现自主。也就是说在对宏观形势准确把握、对领导意图和思路准确把握、对本地本单位实情准确把握、对办公室运行规律准确把握基础上，开展工作当积极构建以我为主的工作形态，在主动适应中寻求创造。其次，必须坚持在常态通用型内做到专业化。有人说办公室工作是“万精油”和“味精”，意思是到处都需要，样样都沾边，重也重不到哪儿，轻也轻不到哪儿；深也深不到哪儿，浅也浅不到哪儿；专业化标准并不高。通用型系办公室工作的典型形态，但仅限于此是远远不够的，还必须注重在专业化上不断提档升级，做到办文办事样样内行，所出成果件件精品。最后，必须坚持在常态上传下达转移型基础上向助上促下推动型转变。其间尤其要防止对下情进行简单处置而将过多矛盾转移到政府领导处置，或未做专业化、精细化的加工处置而提交领导决策。同时，还要防止把领导的决策简单下传，或未提出专业化、具体化的操作办法与措施就机械检查督办，实际增加下面落实的难度。

树立新的从政观。一般而论，办公室相对其他行政部门层次要高一些，面要宽一些，业务要综合一些，接触领导要多一些，发展进步条件要好一些。但是，事物都具有二重性，办公室工作有利于个人进步发展，也容易受权力诱惑，产生某种不良认识，进而精于搞关系，为官而为，为名而为，为利而为。因此，在办公室工作，一定要彻底摒弃做官理念，变传统做官做事做人思维定式为做人做事做职业能工巧匠思维定式。做人就是要做有理想的人、讲政治的人、道德情操高尚的人；做事就是要有能力和水平抓大事、攻难事、办实事，以及有想做事和做成事的激情与成就感；做职业能工巧匠，就是要深刻认识机关工作只有分工不同，没有贵贱之分，不论在何岗位，从事何种工作，其职业能力和水平一定俱佳，或居于同类领先。只有这样，做办公室工作才有好的基础。

（三）确立新思路，增强责任感

做好办公室工作，其重要前提是必须坚持实事求是，一切从实际出发，紧紧围绕政府中心工作，注重从战略高度明晰工作思路，并有强烈的政治责任感作保证。否则，再好的思路也难以贯彻落实。

要着力寻求宏观层面的战略主动。办公室处在地方宏观工作层级，所面对的主要是领导和行政决策。领导是行政主管，科学决策是行政主管的首要任务，这是否意味着办公室与领导只是战略从属关系呢？答案是否定的。在领导与办公室这一矛盾统一体中，领导是矛盾主要方面，办公室工作必须从属于领导工作。但办公室毕竟是领导的重要工作平台和依托，对领导工作具有巨大支撑作用，客观上具有较大战略主动空间。这就决定了办公室工作不能仅限于简单从属化，必须在一般和总体战略从属基础上，依据政府大的思路和自身特点，积极寻求局部和重点上的战略主动，注重从战略层面主动站位和补位，而非主动进位和越位，创造性地做好工作。其关键是要提高对领导的作用力和支撑力，提高政府决策对办公室参谋建议的依存度。

要着力实施基层层面的战术推动。从纵向角度看，办公室处在上传下达中枢环节，特别是实施政府决策，大多要通过办公室向下推进落实，且越往下走越具体，越贴近实际。这就给决策实施和落实提出了一个现实问题，在宏观层面，决策者大多管的是大原则和大方向，以及重点事项；在微观层面，决策落实要细化到具体部门、具体人员和具体事项。就如同修路一样，决策者的任务是规划和绘制蓝图，至于具体路段哪里需要用机械，哪里需要用人工，哪天需要挖路基，哪天需要运石料等，则是具体操作人员的事。加之基层条件和情况千差万别，决策到实施取得效果往往有一个复杂转换过程。因此，必须依靠办公室这个重要转换环节，围绕决策全面研究和细化战术与战法，也就是抓落实的具体措施和方法，及时协调决策落实过程中的问题，督办落实进度。如此，才有利于决策更有效落实到位。对基层层面的战术推动，是办公室的重要任务，但也容易成为薄弱环节，主要原因是办公室旧的传统习惯将精力聚焦于服务领导和宏观事务之上，对下按部就班，做传声筒式工作。纵观办公室工作实践，注重加强行政决策在基层落实过程的措施具体化、协调及时性、督办全流程，对于强化办公室工作的针对性和提升战斗力具有重要意义。

要着力优化横向层面的战力互动。所谓政府系统，实际是由多个层级构成，在同一横向层级上又有多个平行的政府组成部门。这些部门职能不同，自成板块，一般相互区隔，井水不犯河水。但现实工作和决策落实仅靠一个部门往往难以为继，必须依靠部门间的相互支持和配合方能推进。而有的地方行政效率低下，主要问题就出在这里。办公室在同一层级部门序列靠前，如同家庭一样，在兄弟姐妹中排行为首。这就决定了办公室工作除要向政府领导负责外，在贯彻落实决策时，还当与其他部门具体协调联动。也就是说，无论是在落实领导决策过程中，还是部门围绕贯彻落实决策相互沟通协商时，办公室都应前置性地观察和跟踪，在重要节点上还要果断及时地出击协调督办，并注重构建部门协调配合联动机制，推动部门间协调配合的常态化，以达到 1+1 ＞ 2 的效果，而不是行政能力相互抵消。

二、坚持以“三高”为着力点，全面提高办公室工作水平

办公室地位重要，决定了其工作质量和水平必须居于较高层级，走在行政

部门前列，做到围绕中心谋大事，突出重心抓要事，贴近民心排难事。

（一）坚持高标准，始终勇立行政工作潮头，不断实施新的跨越

古人云：法乎其上，则得其中；法乎其中，则得其下。工作要有好效果，前提是有高标准，办公室工作更是如此。

适应政府领导思维行为方式，完善政府领导思维行为方式。办公室要直接为领导服务，而领导大多是知识型、专家型的，他们视野开阔，思维活跃，行为敏捷，作风干练，富有朝气，具有开拓创新精神，在服务上能适应其思路和跟上其步伐已非常不易。但仅限于此也是不够的，且在实践上也很难取得好的服务效果。适应只是更好服务的前提，完善才是更好服务的关键。领导虽然大多是知识型、专家型的，但也不是万能的，加之客观实际复杂多变，要发挥领导优势，无疑需要办公室提供强有力支撑，而不断丰富完善自身的思维行为方式就是重中之重。因此，必须按照领导思维行为方式去更多地学习，更多地观察研究问题，更多地提出具有创新创意的建议。一句话，就是要在知识和信息储备上做得更多与更超前，在提供综合服务数量和质量上更主动与更有效。

完整准确把握政策法律，创造性贯彻落实政策法律。政府行政的主要武器是政策法律，而办公室工作所涉及政策法律为数最多，理当具有标准定位。一方面必须坚持遵循政策，依法办事，自觉把好政策法律关，做到具体落实不走样，时时刻刻做表率，切忌随意“闯红灯”“绕道走”。另一方面就是在纷繁复杂的实际工作面前，必须坚持实事求是，一切从实际出发，具体问题具体分析，重在创造性地贯彻落实政策法律精神和实实在在解决问题。切忌简单照抄照转，搬条条框框，简单摘句释义，机械僵化地应对复杂事物。如此，看似维护和执行政策法律，实际上是执行政策法律水平低下的表现。

自觉遵循行政工作规律，善于驾驭行政工作规律。具体来讲，就是要建立和完善工作责任制，做到机构职能配置科学，岗位人员责任清晰，工作激励奖惩明确，按责任制度履职尽责；就是要注重规范性操作，因为办公室如同结构复杂的机器，其各个部件运转必须十分科学规范，切实按照职业标准、岗位标准和技术标准办事，力求行政行为更准确和更到位；就是要确保工作的程序化运转，程序化设置是系统化的重要体现，也是行政有序、不打乱仗的重要保证。因而在办公室工作中该讲的程序必须讲，该履行的程序必须严格履行。当然，办公室工作注重责任制、规范性和程序化是行政工作规律的重要体现，但

绝不是静态体现和概念体现，而是动态体现和行为体现，特别是在一些复杂场景和事物面前更是如此。

积极体察群众意愿，积极维护群众利益。其一，要下功夫了解民情、体察民意，做到全面、深入、具体和真实，并经过科学归纳和整理，着力在参谋决策层面反映群众心声，让决策拥有深厚群众基础，更好代表群众利益。其二，在落实政府决策过程中要加大力度，真抓实干，真正让群众意愿落实到具体事情上，落实到群众利益维护和发展上。其三，现实情况毕竟复杂多样，当工作意图与群众意愿有差距时，要紧紧围绕矛盾点，分析症结点，寻求共同点，找准切入点，抓住关节点，主要矛盾在群众，就苦口婆心，因势利导，做深入细致工作；主要矛盾在上级，就积极反映实际情况和群众呼声，当好参谋，提好建议；主要矛盾在中间环节，就加大协调督办力度，做到在矛盾面前挺身而出，在化解矛盾中维护政府权威和人民群众根本利益。

（二）追求高质量，殚精竭虑打造参与政务、管理事务、搞好服务之精品

质量是一切工作的生命，办公室也必须把打造工作质量之精品作为生存之基、发展之本。

集聚优质要素。一要注重办公室内在思想观念更加紧密地与先进文化接轨，与先进经验接轨，与先进思维和先进新生事物接轨，保持思想活力、观念优势和创新后劲。二要注重集聚行政所需各类专业人才，构筑人才比较优势，其出发点必须立足于实际需要和实战需要。三要注重不断采用和提升现代行政科学技术手段，提高办公自动化和信息化水平，具备强有力的技术支撑。四要注重创造良好的物质资金条件，能够充分满足实际工作需要和后续发展需要。五要注重充分享用政府系统丰厚的信息资源，搭建好流畅的信息交往渠道。

重视优化结构。内在机构设置，必须根据法定职责和实际工作需要，按少而精布局，尽可能做到职能清晰、取舍得当、衔接有序，避免职能交叉重复和过多立庙安神。人员配置，要坚持以事选人、以事用人，选能干事和愿干事的人，用会干事、多干事和干成事的人，最大程度发挥人对事的承载能力和破解能力，力戒因人设事，导致庙小和尚多，人浮于事，事多无人干，人多无事干。制度体系建设，不仅要着力完善责任制度、考核制度、奖惩制度，更要着力完善执行落实制度、创新发展制度和自我防范纠偏制度等，不断增强制度的刚性约束力，力求将各项工作纳入制度运行的轨道。实际工作布局，既要注重

参谋决策，服务领导，还应搞好各种事务服务，特别是为基层服务；既要搞好接待应酬，筹办各种会务，还应抓好公文制作和处理，且多深入实际调查研究。做到突出重点，兼顾一般，聚焦要务，抓好常务，立足平面布局，把握空间布局等，使内在结构始终保持优良状态。

强化综合功能。第一，强化办文功能。公文是政府行政的重要工具，办公室是政府公文制作和运行的中枢，不断完善办文功能，就是要在思路上立足于少而精，制文上立足于准而实，人员上立足于专而强，运转上立足于简而快，技术上立足于高而优。第二，强化协调督办功能。从政府决策到具体实施，是动态落实过程，由于旧的观念障碍、各种利益壁垒和情况复杂多变，常使落实过程充满变数，需要有润滑剂去润滑，清道夫去清道，搅拌机去搅拌，督战队去督战，进而将各种不利因素化解掉，以使决策落实到位，这就是办公室工作所说的协调督办。那么，在功能打造上，必须根据过程变化的规律和特点，构建润滑、清道、搅拌和督战方面的有机链条，导引和助推目标项目的实施，保证运行渠道畅通，将各种反制因素降到最低程度。第三，强化攻坚功能。庞大而系统的政府工作，绝大多数要靠各职能部门完成，但也有一些重要工作为职能部门力所不及，常由政府领导直接授权办公室攻坚克难。诸如重大政府工程建设、重大改革推进、重大疑难杂症解决等。可见，办公室攻坚能力建设不仅要有高水平的领导和精良的队伍，还要有牵头调度政府职能部门资源的畅通网络；不仅要有良好的政府授权机制，还要有运用授权的良好机制，进而促使一些重大问题得以及时有效解决。

提高从业品质。一要有无私奉献的精神。在政府首脑机关工作，难免要面对权力和利益的种种诱惑，以及经济发展和社会事业进步方面的各种矛盾，因而办公室在从业品质优化上必须具有杜绝权力诱惑和利益诱惑，忠诚于办公室工作岗位，热爱所从事的职业，为工作殚精竭虑和尽其所能的精神境界，这是塑造从业品质的龙头。二要有昂扬向上的激情。激情是追求和实现崇高目标的动力。尽管办公室工作在许多时候要循规蹈矩，按部就班，程序化运作，保持平稳低调的面孔，但并不意味着工作无须激情昂扬。恰恰相反，办公室工作需要有激情，但并不以外在形式表现，而是表现为具有干好实际工作的浓厚情怀，服务人民群众的深切向往，战胜复杂矛盾和风险困难的强烈愿望，且要来得更猛烈、更持久和更有冲击力。三要有精益求精的态度。办公室是处理大事、小事、急事、常事、要事、琐事的集中之地，许多事的处理都可能牵一发动全身，因而严肃认真、尽心负责，一直是办公室从业品质的重要体现。不论干什么工作，都要像做自己的事那样，力求细致、周全、到位和完美，真正做到对组织负责，对群众负责，对事业负责，对历史负责。四要有迎难而上的韧性。应对复杂矛盾和风险挑战是办公室工作的常态，只不过按常规处置方式，上可向行政领导汇报，下可向基层督办，中可向部门协调，在转移矛盾和风险上有相当的回旋余地。但要铸就高尚的从业品质，对上，不把矛盾和风险的来龙去脉搞清楚、不把住必要的程序关和政策法律关、不提出有针对性的对策建议不上交，甚至还要顶着困难和压力主动直接冲在一线，为领导挡风遮雨，为工作预留空间和回旋余地；对下，不把矛盾和风险的来龙去脉搞清楚、不把基层力所不及的因素区别开来、不提供必要的对策建议和支持不下移，甚至还要直接处置基层力所不及的矛盾和风险，减轻基层工作压力，支持基层工作；对外，不把矛盾和风险的来龙去脉搞清楚、不把部门履责情况搞清楚、不提供必要的对策建议不外协，甚至当部门力所不及时还应主动上前排忧解难。要做到这些，难免遇到挫折，但只要有应对困难和挑战时坚韧不拔的精神，就能够在力所能及范围内战胜艰难险阻，赢得方方面面的尊重和拥护。五要有求索创新的活力。办公室许多工作都是老套路，但要常抓常新，有大的作为和持续发展后劲，在从业品质打造上，还必须具有求索创新的勇气、毅力和干劲，敢于争先，敢于超越，敢于扬弃，敢于面对失败，承压愈坚，以苦为乐，紧抓不放，始终保持人无我有、人有我新、人新我优、人优我强、人强我超的工作新格局。

（三）实现高效益，大力推进办公室工作又好又快发展

效益是办公室工作的终极评判指标，所反映的是工作正向结果的最大化和最优化，对办公室工作至关重要。

切题最准。办公室工作会面临许多问题，而有效解决这些问题往往得力于善于把握客观现实，把题目看准搞懂，有十分清晰的思路切题；得力于善于把握切题的节点，因为节点在许多时候就是一种机遇和机会，对此拿捏得好，解决问题便可占到先机，且要注重抢点抢在先、抢得恰如其分，与问题对接妥帖；得力于善于把握切题的工作节奏，分得清轻重缓急，抓得住要害和重点，善于统筹兼顾和弹好钢琴，做到对症下药和有的放矢。可见，如何切题是妥善解决问题首先要打出的一套集目光、思路、反应、跟进为一体的组合拳，旨在

一个“准”字。

投入最少。市场经济要讲成本，办公室工作同样要讲成本。讲成本是企业时时刻刻要念的经，企业不讲成本，就会亏损，甚至破产倒闭。行政不讲成本，就会效率低下，浪费严重，而且不讲成本是有的行政部门比较容易出的问题。因此，学会降低行政成本，不断提高行政效益，始终是摆在办公室工作面前理当重视的问题。做好办公室工作，首先，要正确处理算政治账和算经济账的关系。虽然办公室是讲政治的地方，注重算政治账非常必要，但也不能疏于算经济账，只有将两者有机统一，才能体现出水平和效益。切忌把算政治账绝对化，做工作一味在表面和形式上做文章，也就容易助长形式主义、官僚主义和铺张浪费滋生蔓延。其次，要厉行节约，艰苦奋斗，大兴勤俭办一切事情之风。最后，要精兵简政，努力构建小机构、大服务的框架，以及快捷便利的流程和程序。

损耗最低。办公室形同机器，各个部件在运转过程出现损耗是难免的，但对于提高效益而言，就是要将这种损耗降到最低程度。这就涉及两种情况：一种是在正常工作状态下，处理内在要素与外在要素关系时，关键要搞好与实际工作对接的资源能力要素配置和调度，并在磨合和相互作用中把损耗降到最低程度，取得好的效果；另一种是工作状态异常时，内在要素在不良结构和不良流程状态下能力相互抵消，产生非正常损耗，导致工作陷于被动，增加行政成本，造成不良社会影响。可见，办公室所要追求的应该是在正常状态下把损耗降到最低程度，防止和杜绝非正常状态与非正常损耗发生，或能及时有效把内耗消灭在萌芽状态。

攻坚最硬。论及办公室工作，最有说服力的还是面对尖锐矛盾和复杂问题时是否能快刀斩乱麻，这也是衡量办公室工作效益的重要指标。在谋略上，能够厘清复杂矛盾的脉络，使对策具有前瞻性和针对性。在意志上，能够正视复杂矛盾内含的巨大风险和挑战，具体应对时始终有强大意志力做支撑，真正做到一不怕苦、二不怕死。在作风上，能够不论矛盾多么复杂，处置起来坚持不唯书、不唯上，只唯实，说实话，办实事，求实效；在手段上，能够坚持以政策法律为武器，以人为工作对象，以利益调整为核心，以经济杠杆为支撑，以思想工作为纽带，善于做群众工作，做到见招拆招，兵来将挡，水来土掩，干什么都有应对之法和应对之策。在力度上，能够深知解决复杂矛盾有一个艰难过程，始终紧握拳头，有力出击，牢牢将事端压住，将问题逼退，将矛盾消化，不给其任何发展、激化、反弹的机会。

周期最短。干任何工作都有一定周期，其效益的优劣之分就时常表现在周期的长短之上。把握办公室各项工作的周期，首先，要求时间最短。只争朝夕，不浪费一点有效工作时间，力争在短时间内做更多的事情，做更好的事情。其次，要求流程最短。办公室工作需要必要的流程，但流程不是为了设定而设定，其设定的目的是更好更快地解决问题。因而设定各项工作流程应以最短为前提，只有最短才更有利于要素的流动和运转。当然，流程既是一种科学衔接，也是一种程序把关，只不过流程要服从实际需要罢了。最后，要求要素间的适应磨合期最短。办公室工作绝非单打一式地进行，往往需要聚集诸多要素良性互动，集合完成。然而要素间形成良性互动，难免要有一定的适应磨合期，但这种适应磨合期应该是压缩的和简化的，也是要素内在质量决定的。

反应最好。办公室工作效益如何，其自身固然可以鉴别和评价，但主要还应看工作服务对象是否满意。首先是领导满意。要有超前思维，超前介入和超前服务，想领导之所想，悟领导之所需，行在领导先，做在部署前，谋在点子上，帮在细微处，重在抓落实。只要是对领导有利、对工作有利、对事业有利、对发展有利的，都应积极主动地去想去干。其次是群众满意。要牢记服务宗旨，全心全意办事，在直接服务上热情周到，耐心细致，快捷有效。在间接服务上通过及时有效地上传下达和协调督办，促成有关方面把群众的事情办好做实。再次是部门满意。要大局为重，敢负责任，发扬风格，相互理解，彼此尊重，加强沟通，密切协作，为部门着想，为部门解忧，促部门履责，促部门落实。最后是市场主体满意。要牢固树立市场主体无小事观念，工作目光上要有更多的关注，精力上要有更多的投入，操作上要有更多的办法和手段，运转上要有更多的大事特办、小事细办、急事速办、难事力办，真正表现为情真意切、殚精竭虑、雷厉风行、服务高效。

三、坚持以“三优”为支撑点，不断加强办公室建设

如果说办公室要挑起千钧重担，那么是否有一副强有力的身子骨是关键所在。强有力的身子骨不是天生就有，而是后天不断建设的，所以必须把基础夯得实上加实。

（一）培养优良素质，锤炼过硬队伍

办公室工作，上要为领导当好“减震器”“过滤器”“计算器”，下要为基层当好宣传员、服务员和邮递员，时常处在各种矛盾的风头和焦点。因而打造一支思想素质过硬、业务能力超强、作风深入扎实、业绩水平一流的干部队伍，始终是办公室建设的头等大事。

抓好理论学习，不断提高思想素质。理论是行动的先导，没有科学理论指导，就不可能有正确行动。尽管办公室业务工作繁忙，处理的事务繁多，但强化思想政治理论学习一刻也不能放松。从紧迫性看，改革开放以来，建立和完善社会主义市场经济形势发展很快，新的知识理论不断涌现，因而在学习上稍有松懈就有掉队的危险，注重不断学习和知识更新时不我待。从重要性看，办公室是行政中枢，普通干部是领导身边的办事员，不断丰富思想政治理论，强化政治意识，增强政治觉悟，提高政治水平，是其职业的基本要求。从现实性看，各级政府早已不是传统意义上的经验型和政策型政府，而是法治型、专业型和创新型政府，不论是内在要求还是领导期望，都会更新更高，如果不注重学习和优化知识结构，在岗位上和领导身边就不会有立足之地。从基础性看，干部和人才的成长是有规律性的，要靠不断学习锻炼提高，保持好的学习状态，才能取得好的工作效果。从危害性看，有的干部之所以出现这样和那样的问题，甚至成为历史罪人，一个重要方面就是忽视和放松了学习。注重理论学习，提高政治素质，是办公室必须始终紧抓不放的工作，甚至要比其他行政部门要求更高。

加强业务培训，不断提高专业技能。一要加强市场经济理论学习。不仅要注重一般性掌握，而且要根据自身岗位和职业要求，系统深入掌握某类专业化理论和知识，力求成为专家学者。二要加强法律法规学习。政府推行依法行政的前提就是要对国家各项法律法规了然于心，而法律法规体系建设是一个动态过程，不仅体系庞大，而且推陈出新发展很快。这就要求在普遍熟知基本法律法规之外，还必须结合岗位职责，在专业法律法规上有所专攻，成为专业方面的法律专家。三要加强公文专业知识学习。公文是政府行政的主要工具，公文的写作、制作、传递等，不仅具有既定规范和约定俗成的规则，而且包含非常专业的知识。客观地说，现在有的办公室“大笔杆”非常稀缺，其原因尽管多样，但一些干部不注重公文知识和理论学习是重要原因。对此，领导要高度

重视，将公文写作能力作为机关干部第一业务能力打造，使工作人员要爱、要学、要练、要有靠笔杆子吃饭的过硬本领；工作人员要加强现代办公技能和专业知识学习，成为现代知识和技能的行家里手。

注重实践锻炼，不断提高实战能力。要引导和教育干部多深入基层，多深入到群众中去，多深入到实际工作一线去，多深入到艰难困苦的战场上去，在具体实践中滚打摸爬，积累丰富经验，增长实战能力。其间最为重要的就是学会与群众打交道，群众既是政府工作的依靠对象，又是政府工作的服务对象；既是政府工作的作用对象，又是政府工作的组织对象。一要善于了解群众的疾苦，倾听群众的呼声，同群众打成一片。要做好政府工作，就要做好群众工作。不然，即便决策再对，思路再新，主观愿望再好，得不到群众理解、支持和拥护，都可能只是纸上谈兵，落不到实处。二要学会与市场主体打交道。市场主体是发展经济的主力军，为市场主体服务是政府部门的重要职责，与其打交道要善于体察体谅创业发展的艰辛，要想其所想、急其所急、务其所需，亲商、安商、和商、助商，千方百计帮助解决市场主体发展中的各种问题，为其创造良好的发展环境。三要学会与急难险重、风险挑战、疑难杂症打交道。办公室工作中，需要有过硬的本领，也就是能够及时有效处置急难险重、风险挑战与疑难杂症，这恰恰是不少工作人员所缺少的。在这一问题上，一定要想方设法让干部远离社交场和娱乐场，引导和鼓励其多到艰苦工作一线去摔打磨炼，培养强大的攻坚能力，这样锻炼出来的干部才是真正的骨干和人才。

（二）创新优良机制，加强科学管理

在传统行政管理机制基础上，更多引进一些市场经济机制、法制规范机制和利益导向机制，对办公室管理机制进行改造和创新。

建立健全创先争优机制。注重办公室工作高点定位，是确保机制建设具有先进性、前瞻性、针对性和有效性的重中之重。其无论形式、内涵还是效果，都应是龙头，在内促使各项工作勇立时代发展潮头，在外具有带动作用。办公室工作应该是标杆，确保所作所为具有示范效应；办公室工作是利器，促成工作要素优化组合，综合发力，在攻坚克难和排忧解难上游刃有余。在机制的具体制定和落实上，要抓住工作标的设置这个前提，让干部多从事急难险重工作；要抓住技术质量等级这个关键，设置工作标准要体现高精尖，让人跳起来摘桃子；要抓住创造条件、提供均等机会这个重点，做到竞争有序，人事相

宜。良好机制的特殊功效还在于，干部要在办公室得以生存发展和大有作为，唯一的出路就是丢弃一切搞关系、走捷径、不努力等非分之想，专心致志、扎扎实实地多学习，多干事，多奉献，上水平，创佳绩，进而变“要人干事”为“人要干事”，变“被动应付干事”为“主动创造干事”，变“看人干事”为“争着干事”。

建立健全优胜劣汰机制。教育干部勤奋工作、无私奉献，并千方百计调动干部积极性和创造性，让德才兼备、政绩突出、群众满意的干部有位、有利、有名相结合，让不努力和不称职的干部待不住、丢饭碗，或浪子回头、奋起直追，这是办公室工作必须认真考虑解决的大问题。这也是党的干部工作原则、市场经济责权相统一原则、按劳分配原则和社会主义道德价值取向原则决定的。首先，要敢于重用人才，坚持正确用人导向。办公室工作要靠人去做，出精品要靠德才兼备的人去做。人才的脱颖而出，不仅需要伯乐相马式的以人选人，而且需要赛场选马式的以事择人，进而逐步打破部门界限、科室界限、分工界限，促进内部人才流动，以及人才智力输出和能力输出。故大凡德才兼备、能文能武的人才就要大胆提拔，放在重要岗位挑重担。其次，要敢于“给好处”，积极为人才发挥作用创造条件。特别是工作待遇和生活待遇要打破平均主义大锅饭，杜绝干好干坏一个样、干多干少一个样、干大干小一个样的状况。再次，要敢于树标杆，创造一个学先进、比先进和赶先进的氛围。让当先进的光荣，受人尊重，积极保护干事人的锐气，杜绝各种嫉贤妒能的不良风气，不能让“出头的椽子先烂”。最后，敢于得罪人，大凡经教育培训仍不适应办公室工作的，当另给出路，不能降格以求，导致办公室干部整体水平下降。

建立健全考核监督机制。办公室干部在首脑机关和领导身边工作，无论是工作环境，还是履行职能，都有特殊性，干部德能勤绩廉如何，不仅要看上级评价怎样，更要看群众评价怎样；不仅要看顺境中工作怎样，更要看逆境中工作怎样；不仅要看办事怎样，更要看办文怎样。要做到这些，没有必要的考核监督机制作保证是不行的。在考核监督方面，除要遵循已有规章制度外，还应用科学理论这把尺子衡量干部的理论功底，用处理急难险重工作的绩效这把尺子衡量干部的政策水平和驾驭复杂问题的能力，用公文写作质量这把尺子衡量干部胜任办公室工作的程度，用领导这面镜子看干部服务决策成功率和有效率，用群众这面镜子看干部服务基层的满意度，用纪律这面镜子看干部廉洁自律的纯洁性。总之，就是要通过严格的考核监督，以更好地管理干部和使用干部。

（三）塑造优良形象，弘扬文明风尚

办公室是对外联系窗口和具体办事机构，“官不大责任不小，权力不大作用不小，回旋余地不大工作范围不小”。这种工作的特殊性，要求办公室在形象的塑造和风尚的培育上，力度必须更大，行动必须更为持久，标准必须更加严格。

办公室是社会的道德典范。办公室是政府形象代表，道德标准要更高和更严，这是其自身本质和特殊性决定的。做社会道德典范，就是要政治坚定，理想远大，立党为公，行政秉公，夙夜在公，成就大公；就是要忠诚于事业，热爱岗位，干工作意气风发，尽职尽责，无私奉献，鞠躬尽瘁；就是要遵纪守法，廉洁自律，淡泊名利，淡定自若，艰苦奋斗，勤俭节约，不为各种诱惑所动，不被各种欲望所困，不把在办公室工作当成升迁的阶梯、当成谋私的手段、当成高人一等的资本；就是要坚持原则，顾全大局，光明磊落，谦虚谨慎，团结协作，宽厚待人等。要在道德层面上始终经得起复杂环境的考验，经得起风险挑战的考验，经得起组织和公众的考验，经得起历史的考验。

办公室是部门的职业楷模。政府行政序列由众多部门构成，相互间虽说职能和分工不同，但职业化要求却是一致的。办公室所涉及业务可谓行政工作集大成者，也是职业化要求较高和较严的行政工作平台，理应成为行政部门职业化楷模。从内在素质讲，一定要体现出专业精深，业务内行，技术过硬，经验丰富，文武兼备，人人都是学有专长、干有专工的高手，都是应对四面八方事务的多面手。从实际作用看，首先，办公室应是名副其实的行政智库，具有超强调研能力和研发能力。尤其在全局性、前瞻性、复杂性的事务上更应表现出思维敏锐、眼光独到、谋略对路、措施过硬、服务及时的优势。其次，办公室应是名副其实的行政利器，具有很强的操作能力和攻坚能力，办文办到精致，质量应堪称范文，运行应堪称高速公路和绿色通道；办事办到落实，效率应堪称最高，效益应堪称最佳。最后，办公室应是名副其实的行政桥梁，具有很强的公关能力和协调能力，真正做到上传下达顺畅，联系四方左右快捷，构建信息渠道成网。

办公室是公众的文化标杆。社会公众对行政部门优劣的鉴别是有层次性的，初级部门看具体办事如何，中级部门看办事的思路和落实的力度如何，高级部门看办事的文化内涵如何。或者说公众不仅需要解决具体问题，还需要在解决具体问题过程中领略先进文化魅力，受到先进文化启迪，感受先进文化带来的愉悦，那么当好文化人也就成了办公室在公众中树立良好形象的重要环节。从干部角度讲，当好文化人的基础是要受过良好的高等教育，这是反映文化知识和素养的重要指标，且办公室这方面要求一定要更高一些，综合配套更全一些，结构更优化一些；当好文化人的关键是要有良好的科技知识和专业理论水平，说话办事尊重科学，科技视野开阔，在所从事业务上具有较深理论造诣；当好文化人的重点是要有现代国际先进的文化理念和文化思维，以及传统优秀文化的深厚底蕴；当好文化人的最高境界是要有扎实的哲学思想功底，特别在处理错综复杂问题上更应善于用哲学眼光观察问题，用哲学头脑思考问题，用哲学方法处理问题。

办公室是干部的健康样板。办公室位居行政部门“兵头将尾”，其行为方式无疑应成为榜样，干部的一言一行无疑要做到为人师表和率先垂范。首先，干部要身体健康。办公室工作非常辛苦，熬夜多休息少、坐得多动得少、被动应对多自主行事少是显著特点，且工作不规律，容易让人患上职业病，患病不仅影响干部身体状况，也在一定程度上影响工作和形象。常言道“身体是革命的本钱”，对于办公室而言，干部注重提高和强化自身的身体素质，保持旺盛的精力和活力，具有特别重要的意义。其次，干部要心理健康。办公室处在权力运行中心，以及各种利益和矛盾的旋涡，具备良好的心理状态，是干部胜任岗位的重要前提。尤其在各种诱惑和挑战面前，干部一定要做到胸襟开阔，意境高尚，坦荡平和，慎言慎行，不为名利所扰，不为矛盾所困，扎扎实实干事，堪称心理上的强者。再次，干部要习俗健康。人都有不同爱好和风俗习惯，在表面看都是一些小节和枝节问题，但对于办公室干部来说，则是小节里面有大节，枝节里面有名节，是其必须始终注重的事情。也就是说办公室干部不论在任何场所，都要远离各种不良嗜好和习惯，自觉养成文明健康的工作和生活习惯，且充分体现在各种小节上、枝节上和细节上，真正将健康的内在素质体现于细微之处，润物细无声，慢慢影响和感染他人。

2001 年 10 月

试述大力优化地方经济发展环境

从计划经济向社会主义市场经济转型过渡，优化地方经济发展环境是必须认真解决好的大事。对此，地方政府做了很多工作，有的致力于行政机关积极服务企业，排忧解难，杜绝不作为和乱作为；有的注重严厉打击刑事犯罪，扫除黑恶；有的集中财力物力加强基础设施建设等。然则，实际效果为什么不够理想呢？关键就在于对优化地方经济发展环境的内涵把握不准与工作力度不够，需要对症下药和有的放矢。

一、优化地方经济发展环境的核心在于治理权力

地方经济发展环境如何，首先在于行政机关和工作人员素质与履行职责如何。随着行政体制改革的深入，干部管理机制的完善，综合监督力度的加大，机关服务意识的增强，许多地方经济发展环境不断优化，但仍有一些深层次问题需要认真研究和有效应对。

（一）发挥行政领导的统领作用

优化地方经济发展环境，是行政领导的天职，也是统筹驾驭全局的要务。有的领导对经济工作十分重视，追求规模、速度、扩张等发展愿望强烈，在一系列宏伟目标激励下，抓经济发展环境有决心、有措施、有力度，且经常深入大企业和外资企业，紧盯大项目，推进硬件建设，动员组织行政资源解决问题，提供特保与特供等。这种领导上阵、督办落实的结果是行之有效的，但也是不够的，相比之下，众多中小企业和一般项目因为得不到这种特殊照顾，其发展环境要差一点。市场经济讲究公平、公正和公开，企业不论大小、不论国资外资，都是平等市场主体，大项目和小项目都是建设项目，都需要良好的发展环境。加之企业和公众对地方经济发展环境的评判不在于领导言行如何，更多要看行政机关和工作人员履职尽责怎样。那么作为领导就不能仅在“大”字和“外”字的硬件建设上做文章，而是既要考虑问题的特殊性，也要考虑问题

的普遍性；既要善于抓重点，也要照顾面上平衡；既要抓硬件建设，也要抓软件建设；既要领导层强力推动，更要培养和依靠基层积极主动。关键要把全局与局部、重点和一般有机结合起来，在谋划软硬件建设上强化人本意识、规划意识、环保意识、安全意识，牢固树立环境建设理念，坚定环境建设决心，统筹环境建设格局，驾驭环境建设复杂情况，明确环境建设任务，重视环境建设主力即工作人员的素质和工作效率提升。

（二）注重提高行政执法水平

行政执法机关肩负着行政许可和市场监管重任，善于辩证处理好各种关系，往往对优化地方经济发展环境具有特殊意义。一是严格执法和“放水养鱼”。行政执法机关的工作依据是法律法规，刚性执法特点突出。这就要求必须准确掌握法律规章，规范执法行为，制裁和纠正违法违规问题。须知客观实际毕竟纷繁复杂，发展经济的许多问题都不是简单机械执法就能解决的，而是要把握实际，拿捏精准，规范科学执法。但有的行政执法机关实际操作时则习惯简单照本宣科，把执法所依据的法律法规教条化。这种执法看似规范，实际时常只顾及了局部，忽略了全局。人们常说经济发展活力和后劲儿来自企业，只不过有的企业特别是民营企业根基还浅、实力还弱，亟须行政执法机关培植和保护，不能主观愿望良好，具体操作简单教条，最终导致竭泽而渔、杀鸡取卵。对企业不规范行为要注重教育、引导和约束，不宜偏重惩治和处罚，或因小过将其扼杀。把握好这个度，就能为企业增强活力和壮大实力创造良好条件。二是严格执法与工作业绩。判断行政执法机关是否有为，有的人似有一种误区，好像专项整治越多越好，查办案件越多越好，收费罚款越多越好。依据相关法律法规，要能够解决有碍经济发展和社会进步的问题，以及处罚逾越红线的情况等，但实际上涉及执法的具体情况却千差万别，不可能都按照条条框框来执法。这就需要跟踪企业生产经营活动全过程，具体问题具体分析，在源头和初始阶段把问题解决好。但有的行政执法机关追求政绩，常把执法目光盯在企业运行结果是否违法违规，平时按兵不动，等出问题造成不良影响后，或风向来了即严查深究。这种看似严格执法之举的数据上去了，业绩出来了，实际不仅加大了执法成本和难度，也常令企业陷于困局，宏观上也导致经济发展环境的层次不高。可见，行政执法机关的业绩，主要不在查案、罚款指标上升，而是下降。下降不等于放任自流和包庇纵容，关键要把执法重点放在源头和过程前端，善于从优质服务切入，帮助企业解决实际问题。同时，及早跟进宣传法律法规和政策，提高企业依法经营的素质和自觉性。此外，一旦发现企业违法违规经营和不正当竞争苗头与问题，要抓早、抓小、抓好，在源头和初始阶段纠正，举一反三，建立完善的长效防范机制。不能等问题多了，影响大了，再去被动惩处。若专项整治多和罚款多，只能说明事前防范和事中纠偏不及时、不到位，工作有待改进和提升。三是严格执法与机关利益。严格执法与机关利益本来风马牛不相及，但实际工作中却紧密相关。执法是行政机关代表国家管理社会事务的一种崇高、严肃、公正和无私的行为，工作人员只是这种国家行为的具体体现者和法律工具的实际操作者，其利益与执法联系在一起，法律法规就容易成为谋取利益的工具，对地方经济发展环境可谓后患无穷。比如，有的行政执法机关为了养人、确保福利待遇发放和设备设施运转，常利用职权向企业伸手。尤其对有违法违规行为的，则习惯从上限重罚，从中得利。故行政执法机关必须强化宗旨意识，真正从内心深处视企业和纳税人为衣食父母，在执法上要依法行政和规范服务，不能用权索取满足自身利益。必须严格制度机制，在执法与机关利益之间严格划定禁区和隔离带，严防严控执法行为同机关利益相连与挂钩，且在实际运行中加强检查考核。必须加强风气建设，切实防范和纠正各种行业不正之风。此外，还必须以有利于工作为出发点，在体制内夯实物质基础，做好预算管理，为在外正确有效执法创造条件。

（三）切实管好关键岗位人员

无论行政机关还是窗口行业，都有众多工作人员居于关键岗位，直接面向社会，为企业和群众办具体事，企业和群众对地方行政形象、经济发展环境的评判，也大多以此类工作人员的言行为依据。实践证明，绝大多数工作人员是好的，但也有少数害群之马，其行为令人深恶痛绝。诸如有的为显权势和个人地位，以种种理由拖着不办，让办事人跑断腿，磨破嘴，精疲力竭；有的办事打官腔，板着脸，摆架子，高姿态，方法简单，缺乏耐心细致；有的以被人恭维和乞求为乐，甚至刁难欺蒙，设置重重障碍，捉弄办事人四处碰壁；有的开口就是政策，闭口就是法律，未得好处就不办事，得了好处就慷国家之慨，用法律政策送人情，或是做内线通风报信，或是为违法违规者出谋划策，钻政策法律空子，逃避监督和制裁。可见，优化地方经济发展环境，必须对关键岗位工作人员实施重点监控：一是加强教育，增强其发展意识、公仆意识和服务意识，使其自觉履行岗位职责。二是健全制度，规范程序，增加工作透明度，实施阳光操作，注重体系内严格监督考核与依靠社会广泛监督相结合，着力防范工作人员不作为和乱作为。三是对习惯搞行业不正之风、败坏行政机关形象、破坏地方经济发展环境的人和事严惩不贷，决不姑息迁就，养虎为患。

二、优化地方经济发展环境的基础在于培育民风

有些地方行政抓经济发展环境提出，人人都是单位形象，人人都是投资环境，人人都是文明使者，人人都是社会风气，这种说法是有道理的。说明经济发展和优良环境营造，要靠每个公民从我做起、从小做起，自觉遵守法律法规，发扬优良传统，树立文明新风。尤其要积极主动关心、支持和助力企业发展，尊重企业家的劳动和奉献。也就是说只要公民素质提高，民风蒸蒸日上，地方经济发展环境就有了坚实基础。

（一）塑造良好民风任重道远

发展地方经济，离不开企业推动和项目拉动，要办企业和上项目，就难免涉及普通百姓。有的投资者认为，办企业和上项目政策优惠，政府支持，领导重视，但就是某些百姓有扯不完的皮，找不完的事，或延误工期，寸步难行，因此抱怨投资环境不好。对此，必须引起重视和深思。从客观上讲，随着改革开放的深入，经济体制的转型，各项建设的加快，各种关系的调整，办企业和上项目的过程中会直接涉及某些群体的利益。他们对投资办企业和上项目是否影响切身利益十分敏感与心存戒备，对侵犯自身合法权益的人和事强烈抵制，对从项目建设获益充满期待。加之一些基层基础工作薄弱，缺乏经常性教育和引导。所以，大凡办企业和上项目，这类群体人员不管有无正当理由，都容易采取过激行为，以争得最大利益。此类事多了，就会对社会产生一种误导，似乎干什么事不管理由如何都要先闹腾一下争利。从主观上讲，有的行政机关和领导对支持办企业和上项目涉及投资、规模、技术、效益等问题研究得多，所推办法措施有针对性，抓落实力度较大。但对人的问题，有时重视不够，抓落实不力；有的工作人员因不作为、乱作为，侵犯百姓利益而激起民怨；有的投资者到一个地方投资不大注意了解民情和民意，考虑问题和办事简单化，找结合点切入不够，刚性操作较多，导致一些先进理念和良好意愿不被百姓理解。

当然，也不排除个别项目人唯利是图，确实损害了百姓合法权益，而遭到抵制；有的百姓素质低下，目光短浅，个人主义严重，认为办企业和上项目是送上门的肥羊，不宰白不宰，迫使一些投资者拿钱买安静。可见，在优化地方经济发展环境方面，民风建设的任务还相当艰巨，这也是一些地方办企业和上项目为什么要大员上阵，组织专班协调督办，政法机关和纪检监察机关跟踪保障的原因之一。

（二）切实维护百姓合法权益

普通百姓一般属于弱势群体，无论是改革，还是办企业和上项目，所产生的阵痛和眼前利益损失大多要他们来承担。同时，百姓表达诉求和实现自身利益，往往要面对众多政策法律条文、林林总总的行政机关和纷繁复杂的办事程序。由于弄不明白烦琐的条条框框，摸不着大大小小机关的门户，以及遭到工作人员的冷落和呵斥，老百姓往往按常规程序跑断腿与磨破嘴还办不成事，于是容易用过激方式表达诉求。因此，要塑造好的民风，就要围绕上述特点，从改进行政机关和工作人员的服务质量入手，切实为百姓办实事，用真诚的态度和过硬的事实感化百姓，获得百姓对办企业和上项目的理解与支持。即一事当前，不仅要为投资者着想，更要多为百姓着想，深入实际，调查研究，弄清民情、民意。对于百姓的正当要求要高度重视，尽可能予以满足；对于百姓的合法权益要维护保障，严格按政策法律办事；对于百姓的不合理要求要分清缘由，耐心予以解释，不要简单指责训斥，强行操作；对于损害百姓权益的事要坚决纠正，以实际行动取信于民。进而获得百姓对办企业和上项目真心实意的拥护与支持，且坚持不懈地加强与保持彼此联系互动，促成良好民风。

（三）充分发挥思想工作优势

优化地方经济发展环境，是广大百姓的要求和愿望，如何把这种要求和愿望转化成具体行动，并取得实实在在的效果，需要认真动员、组织百姓，向百姓宣传相关政策和项目，唤起百姓的热情，赢得百姓的理解支持，凝聚百姓的力量。行政机关和工作人员是为百姓服务的主体，对不同群体应该有针对性地进行宣传教育，让百姓心里亮堂，进而自觉服从大局。尤其对于一些一时思想难以转弯，或有过激行为的百姓，既不能急躁厌烦，也不能回避怯场，需要耐心细致、设身处地和以心换心做工作，多摆事实讲道理，注重真情感化和融通思想。同时，也要为投资者考虑，既要考虑办企业和上项目所需资金、技术等因素，也要考虑人的因素，坚持以人为本，学会做人的工作，特别是善于做职工、村民和市民的工作。尊重人、理解人，交流思想，沟通感情，消除疑虑，拉近距离，用亲和力打动人，用道理说服人，用办实事行动感化人，进而赢得人心，把事办好。另外，对个别思想落后和行为违法违规人员，也要根据现实情况，及时依法处置，且依法处置也是一种思想教育。

三、优化地方经济发展环境的重点在于扫黑除恶

黑恶势力是社会的阴暗面，具有明显的寄生性、腐朽性、扩张性和破坏性，是阶级社会的必然产物。在社会转型过程中，由于各种关系的调整、行政管理方式的变更、多种矛盾的凸现，都会在客观上留下阶段性、局部性的社会管理缝隙，使之有了一定的生存空间，成为一个地方优化经济发展环境的绊脚石。

（一）要对黑恶势力有清醒认识

说到黑恶势力，一般人就会想到流氓地痞打架斗殴、敲诈勒索、偷盗抢劫等，该判断具有一定道理，但不够准确全面。一般而论，黑恶势力是有层级性的，初级层次是那些“大法不犯，小法常犯，公安难管，法院不判，社会不安，人人反感”的少数市民和村民，以及依附和游离于黑恶势力团伙外围的社会闲杂人员等，其活动有不确定性，且危害程度较低，是人们感受黑恶势力存在比较直接和比较宽泛的层次。中等层次是一个区域的违法犯罪团伙或宗族恶势力，常干偷盗抢劫、敲诈勒索、强买强卖、欺行霸市、暴力威胁等勾当，显性的社会危害较大。高等层次是靠黑恶起家和非法牟利积聚了相当财富，一方面改头换面，做起正当生意；另一方面通过收买官员充当内应和保护伞，在幕后控制浮在社会面上的黑恶势力团伙，从事非法勾当，影响和干扰行政行为，是深藏在社会机体内部、危害最大、不易正面察觉的毒瘤。认识不到黑恶势力的这些特性，扫黑除恶、优化地方经济发展环境就会停留在表层，难以达到理想效果。

（二）要坚持多管齐下，合力攻坚

回望过去，有的地方经济发展之所以遇到曲折，就在于黑恶势力猖獗，整治工作时常捉了老鼠，放了老虎，教训相当深刻。对于黑恶势力，必须准确把握其活动特性，做到重拳出击，除恶务尽。一是正确运用法律武器严厉打击。尤其要牢牢锁定那些隐藏深、危害大的中高层次黑恶组织，始终保持高压态势，露头就打，深挖严惩，决不能使之成漏网之鱼而祸患无穷。二是大力改造黑恶势力生存发展的经济基础。应该看到，黑恶势力的初级成员大多封建愚昧、好吃懒做、游手好闲、贪图私利，无正当职业和维系正常生活的固定收入。加之市场经济竞争十分激烈，各用人单位实施人才战略，多对那些无技能、缺品行、有劣迹的人拒之门外等。不能充分就业，没有生活来源，这些人就会游荡于社会，受社会不良风气影响和黑道人物发家史诱惑，很容易从解决生活问题出发，逐步走入黑道，危害社会。所以，这些人应该是我们与黑恶势力争夺的重点，需要社会关注其正当要求和利益，通过政策引导、扶持和社会救助，使之走上自食其力的正道，进而削弱黑恶势力的基础和人员后备力量。对于那些过去靠黑恶起家积聚了相当财富的中高层次人员，但凡其从事非法活动，不仅要依法打击，还应严格市场准入，加大经济处罚力度，断绝其非法经济来源，进行釜底抽薪。对于其正当合法经营要予以支持，并加强市场监管，以开通其合法经营之路，堵死其非法经营之途，进而促进或迫使其丢弃危害社会的思想行为并向好的方面发展。三是善于做教育转化工作。对于黑恶势力的初级层次人员，要组织动员社会力量，广泛宣传法律法规和社会公共道德，用正反两个方面典型进行教育，尊重他们的人格，多给予关怀和温暖，有针对性地帮助其解决个人思想方面的问题，促其告别落后与愚昧，增强浪子回头的信心和决心。对于黑恶势力的中高层次人员，也要做到打击和教育并重，引导和促其弃恶从善。

（三）要重点防范黑恶势力对行政机关的渗透和对公权的侵蚀

处在较高层次的黑恶势力发展，大都会收买腐蚀官员，为其提供保护。同时，他们靠非法所得不断巩固和壮大经济基础，提高其对社会的影响力，或增强其对被拉下水官员和黑恶团伙的控制力。切断黑恶势力伸向行政机关和公权的魔爪，不仅是一般扫黑除恶、优化地方经济发展环境问题，还是防止政权蜕化变质的政治问题。针对黑恶势力逐步智能化、集团化、区域化和官商化的特点，一方面要加强行政机关法治建设，加快行政体制改革，完善行政工作运行机制，增加行政工作透明度，依靠各方力量，对公权实施行之有效的监督，从制度机制上坚决堵死黑恶势力向行政机关渗透的渠道；要加强对官员的教育监督，使其在思想上筑起坚固防线，始终保持高度警惕，并用严格的制度和纪律整肃队伍。对那些黑白勾结、狼狈为奸的少数害群之马，要坚决按照党纪、政纪和法律从严处置。另一方面对那些收买官员、破坏行政秩序、扰乱地方经济发展环境、捞取非法利益的黑恶势力，坚决依法打击，彻底割断其与某些官员千丝万缕的联系及建立起来的经济纽带，铲除其滋生发展的土壤。

四、优化地方经济发展环境的关键在于规范企业

企业是经济的基本细胞和社会财富的源泉，对一个城市或地方品位档次提升、经济发展和实力增强至关重要。为企业营造良好的发展环境，地方行政责无旁贷，应该规范企业行为，进而优化地方经济发展环境。

（一）优化政企关系

企业是市场经济主体，市场经济的负面影响往往通过有的企业行为体现，企业发展对地方经济发展环境的影响乃至行政机关的影响相当深刻。说到政企关系，实质反映的是行政机关、行政权力、行政工作人员整体与企业、企业家整体的关系，构建良好政企关系的前提就是依照法律法规政策和遵循市场经济规律，行政更好地服务、支持和规范企业，企业更好地服从、依靠和监督行政。事实上，对此的认识和处理是存在某种误区的，似乎政企关系就是对企业有影响力的官员个人与企业家个人的关系；表现在行为上就是有的工作人员为了私利，常常假公济私，捞取好处，而有的企业则成了利益输送者，因为其发展离不开行政许可、行政监管。当企业正当要求遭遇有的工作人员非正常干扰和刁难，以及不合理要求通过正常途径不便或难以满足时，为了自身利益，就容易用钱物去融通关系、打通关节，这就为个别工作人员利用公权谋利提供了土壤和温床。这种土壤和温床的存在，又会反过来强化有的工作人员行为的扭曲和蜕变，进一步诱导或迫使企业用钱物去交换公权所配置的资源。企业通过权钱交易与工作人员建立起互利互惠关系，就容易在政策法律面前闯红灯、踩红线，以把权钱交易成本从市场、消费者、国家那里收回，甚至捞取更大利

益。如此往深处讲，就容易形成灰色权钱交易市场，不仅败坏社会风气，更是会破坏经济发展环境，最终受损的还是国家和百姓。因此，在优化政企关系和改善经济发展环境上固然重头戏在行政机关，但企业规范自身发展同样重要。企业除了平时要善于通过正常合法渠道与行政机关打交道满足发展需要，关键还要增强政治意识、法律意识和道德意识，加强自身能力建设，坚持走正道和凭实力发展壮大自我，积极主动与行政机关构建良性和谐关系，力戒为满足企业不良利益，利用不正当竞争手段，通过权钱交易恶化政企关系，影响地方经济发展环境。即便有的工作人员凭借权力优势乱作为，也要善于拿起法律、政策和纪律的武器与之斗争，以维护自身合法权益，而不能随波逐流，自以为行为被动而心安理得，或借机牟利、同流合污。

（二）引导和矫正民营企业市场行为

随着我国经济体制改革不断深入，民营经济如雨后春笋，正处在快速发展的大好时期，民营企业壮大和成为经济社会的支撑是大势所趋。诚然，民营经济发展还处在初级阶段，民营企业素质也参差不齐。从其发展轨迹看，多数民营企业靠的是艰苦创业，勤劳致富；但也有少数企业的发展沾染了血腥或充满灰色，其具有明显的两面性：一方面市场经济意识强，敢闯敢干，机制灵活，产权明晰，自主经营，自负盈亏，自我发展，是经济发展的重要增长极；另一方面缺乏自律和规范意识，带有原始发家投机、盘剥、铤而走险的污痕，以及封建落后陋习。诸如其在经营活动唯利是图、违法违规，造假冒伪劣，令环境受到污染，使安全生产事故发生，搞偷税漏税；信奉有钱能使鬼推磨，收买官员，寻求靠山；勾结、豢养黑恶势力为其提供保护和威慑；吃喝嫖赌，奢侈消费等。对此，地方行政要进一步加大引导支持民营企业发展的力度，充分肯定民营企业的作用和贡献，多给予政策倾斜，促使其尽快走上正轨或做大做强。同时，对于民营企业存在的问题，不能简单戴上有色眼镜，一味唱衰，打入另册，而要加强法律法规和政策宣传教育，激发民营企业内强素质、外树形象，在竞争发展中脱胎换骨，提档升级。此外，还必须善于运用法律手段、经济手段、舆论手段针砭制裁违法违规和违反社会公德的人与事，且形成长效管控机制，消除社会治理体系上的短板和漏洞。民营企业也应在素质提升上增强压力感和紧迫感，注重把讲政治、讲法律、讲道德、讲诚信、讲奉献当成事关企业生死存亡的大事来抓，及早告别原始发家的陋习和法律道德思维行为上的积弊，进而拓展新视野，树立新形象，打开新局面。

（三）做好企业职工工作

众多社会矛盾会时刻影响企业，企业内在问题也可在一定程度影响社会。企业是人因工作而聚集的社会单元，企业是反映经济发展环境如何的重要参照物，而企业职工在其中扮演着重要的角色。在现阶段，有些企业存在的两个复杂问题值得关注和研究。一是国有企业沉积了各种矛盾，以及职工存在逆反心理和躁动情绪。国有企业正处在改制转型的关键时期，以及人员包袱、债务负担、管理机制、生产经营等各种矛盾解决的关口。解决这些问题，既需要一个较长周期，又需要职工具备较强的心理承受能力和关注支持的热情，更需要地方行政承担有时也无力承担的巨大工作成本和无限责任。由于改革的深入，市场竞争的激烈，工作和生活节奏的加快，职工不仅担心就业饭碗问题，还必须承担赡养老人、抚养子女、看病就医、改善住房等巨大生活负担。面对赖以生存和倾注了大量心血感情的企业陷于困境，以及社会上存在的分配不公和腐败现象等，有的职工心理不稳，情绪躁动，压力感、危机感和不公平感空前增强，心里就像一个吹起来的气球，里面什么样的气都有。一旦企业改制等诱因像针一样扎破了这个气球，就可能酿成突发性事件，影响社会安定团结。安定团结不保，又何言优化地方经济发展环境？二是民营企业存在劳资矛盾。地方民营企业的构成，一般来自改制后的原国有企业、按民营机制起家和发展的企业。由于有些民营企业刚刚走过原始积累阶段，或刚刚经历民营化的国企改革，因而那些长期生存在国有企业的职工，既有个人适应期问题，但更多是对某类民营企业主那种暴发户的发家史，以及人格品行心存疑虑，抱有戒心。加之从国有企业主人一下子成为民营企业打工仔，无论感情还是心理都落差巨大，一旦产生变故，就会对企业造成较大冲击，甚至波及社会。同时，还应看到，的确有的民营企业主缺乏以人为本理念，政治素质较低，道德品行较差，时常表现出财大气粗的傲慢和对职工疾苦的冷漠。为求企业利润，不断加大劳动强度，延长劳动时间，克扣劳动报酬，无视不断恶化的工作条件，不尊重职工合法权益和人格，甚至勾结豢养黑恶势力，造成劳资矛盾激化，直至爆发冲突。在冲突面前，企业主抱怨职工寻衅滋事，无理取闹，政府处置软弱无力，经济发展环境不优，不能保证投资者合法权益。职工痛斥企业主侵犯职工合法权益，呼吁政府主持公道，为民做主。冲突结果多为企业经营停滞，效益下滑，职工利益受损，劳资双方产生隔阂与怨恨，成为长期难以挥去的阴影，以及一个地方经济发展环境的苦涩和痛处。因此，重视和解决好职工问题，不仅地方行政责无旁贷，企业同样责无旁贷。作为地方行政，除更多关心企业，千方百计创造条件，提供优质周到服务外，还必须加强对企业主的教育引导，注重关爱和尊重职工，善于调动职工积极性和创造性，增强企业的凝聚力和向心力。再则，加强对企业行为的监管和纠偏，要防止和纠正企业为了自身利益搞不正当竞争，侵犯职工合法权益，导致劳资矛盾紧张，扰乱市场正常经济秩序，使企业市场行为更规范，赚钱更干净，劳资关系更和谐。作为企业，要强化社会责任意识、自律意识和规范意识，经济发展环境要靠地方行政营造，更要靠自己创造，特别要通过做好职工工作营造良好的内在小气候。在生产经营活动中自觉遵守国家法律法规和社会公德，不断提高自身素质，消除市场经济负面影响，行为举止为职工作出表率。要培植良好的企业文化，不断改善工作条件，尽可能满足职工的精神需求和发展需求，激发职工创新活力，真正让职工在企业工作有尊严，有作为，有前途，有保障。

2006 年 6 月

浅析地方行政机关应对“刺猬”现象

在地方行政机关工作，难免遇到和应对大量复杂矛盾，这些矛盾常被人戏称“刺猬”，因为解决起来非常扎手。诚然，“刺猬”属客观存在，对其如何认识和处置，不仅反映行政机关的能力与风气，更反映工作人员的素质和水平，甚至能反映得入木三分。

一、养“刺猬”

行政机关是管“刺猬”的平台，而非“刺猬”滋生地，工作人员是管“刺猬”的操作者，而非“刺猬”的制造者。只不过有的工作人员为了自身和小团体利益，时常当起养“刺猬”专业户，即想方设法布局，把领导套进来，把百姓哄进来，把客商钓进来，把友邻拉进来，麻烦让别人扛着，好处收入自己囊中，使得“刺猬”错综复杂，不良影响陡增，解决起来成本更高、难度更大。一是以法掩事。有的工作人员为谋私利，善搞暗箱操作或幕后交易，人为炮制一些“丧权辱国”“睁眼尿床”等愚弄百姓的东西，然后利用公开合法的形式去包装不合法的内容，将生米做成熟饭，把非法变成合法，借以混淆视听，压制非议，让反对和翻盘者无从下手。二是以上挡事。常见手法是将情况向上级多头汇报，对己有利的就慷慨陈词，对己不利的就闪烁其词，使上级判断和行动失误；或利用上级不同表态、不同行为和失误封人之口，制造困局，从中渔利；或为突破管理约束谋取私利，想方设法向上找关系人和关键人进行干预，让下面投鼠忌器，被迫就范。三是以人滋事。有的工作人员明知不合理要求行不通，就利用少数不明真相或贪图小利的百姓，制造群体事件，向有关方面施压，以满足其私利；还有的工作人员自己惹事激起民怨，却鼓动和诱导百姓找上级和其他部门解决问题，自己拆的墙让别人去补。

二、送“刺猬”

行政机关和工作人员肩负解决各种“刺猬”的重任。应对“刺猬”，有的工作人员不是首先正确履行职责，做深入细致工作，据实判断哪些为力所能及，哪些力所不及，若力所不及再寻求上级和其他部门支持，而是不管青红皂白，只要是“刺猬”，就千方百计抛出去，其反应之快和手法之高可谓“出神入化”。一是明察秋毫。有的工作人员为防管辖区域和职责范围出现“刺猬”扎手，常常花费大量精力探究“刺猬”的来源和成长过程，目的在于及早发现“刺猬”，及时转移“刺猬”，免得引火烧身，陷于被动。二是火速汇报。向上级汇报“刺猬”，是行政机关的正常工作。但是，有的工作人员汇报动机不是为推进工作，而是上交“刺猬”，推卸责任。尤其当“刺猬”凸显时，往往千方百计找到上级，表面尊敬备至，谦恭臣服，声言汇报事项十万火急，若不及时处理则天塌地陷，后果不堪设想，实际专程给上级送“刺猬”，吓唬上级顺顺当当接受。至于“刺猬”因何发生、如何解决是上级的事，甚至还要对接受“刺猬”的上级大加吹捧一番。可见，汇报是某些人不负责任、推卸“刺猬”的做法，似乎再大的麻烦只要跟上级及时汇报了，就不能追究自己的责任。三是巧妙嫁接。嫁接本来是专业术语，但有时却用于应对“刺猬”。主要是工作人员及早研判和发现“刺猬”，精心算计由谁来解决“刺猬”和怎样迫其接过“刺猬”。随之把“刺猬”巧妙嫁接到被算计的对象身上，自己则跟在后面催办督办，评头论足，或躲在旁边看热闹。四是出工不出力。有的工作人员也自知所面对的“刺猬”纯属职责范围内的事情，如果不有所动作在大面上过不去。为把“刺猬”尽快转移出去，表面文章做得很足，架势拉得很大，动作摆得很开，但就是没有真心实意下功夫解决，只要对上对外有个交代，剩下的就是等待和转嫁责任链条的关联人物披挂上阵、代劳解忧了。

三、躲“刺猬”

敢于负责，不怕“刺猬”，是行政机关的基本素质。只不过有的工作人员面对“刺猬”时的“迷踪拳”却耍得相当好，真可谓躲得过初一，也躲得过十五，让“刺猬”自生自灭或自我转移。一是研究无期。调查研究本来是行政机关解决“刺猬”的重要方法，旨在弄清情况，集思广益，明确思路，制定措施，抓好落实。但是，有的把研究当成装“刺猬”的筐和搪塞四方的挡箭牌，尽管“刺猬”千变万化，都以研究研究再研究应对，反正研究不是错，至于何时研究出结果只有天知道。二是推磨转圈。解决“刺猬”需要一定程序，并以不繁杂交叉和影响办事效率为前提。然则，有的表面看解决“刺猬”态度比较认真，一旦进入具体程序则四处卡壳，动弹不得，甚至费好大的劲儿转了一大圈又回到原点。其目的就是把“刺猬”多的转少，少的转走，转不走的就转至冷冻状态。三是云游四方。游击战有条规则，打得赢就打，打不赢就走，避敌锋芒，保存自己。但是，有的工作人员搞工作也用此道，甚至深谙此道，对“刺猬”很会把握火候和风向，每当“刺猬”临近和涉及自身时，即抢先因公出差，远走高飞，事由他人担，火由别人熄，自己落得优哉游哉。

四、抓“刺猬”

养“刺猬”、送“刺猬”、躲“刺猬”，是发生在少数行政机关和工作人员身上的常见病、多发病，甚至疑难杂症。其内因主要是个人或小团体私利作怪，外因是缺乏强有力的监督约束机制等。对此，必须持之以恒加以防治。一是正其心。要不断强化为人民服务宗旨观教育，着力解决内心深处不同程度存在利用“刺猬”和怕“刺猬”等利己主义思想，真正培养起找“刺猬”、抢“刺猬”、灭“刺猬”的激情和勇气，牢固树立爱岗敬业、无私奉献、拼搏进取的精神。二是明其责。必须按照法律、政策和群众要求，建立和完善科学有效的行政职责体系，做到事有人应、事有人管、事有人办、事有人查、事有人结。特别是对“刺猬”，要严格实行“五制”，即实行首问制，重在第一时间把“刺猬”承接下来，进行梳理，分清办理职责，提出办理意见；实行主办制，就是明确主办单位和主办人，以及主办标准、要求和纪律，抓紧组织实施；实行协办制，根据实际工作需要，及时合理调配行政资源，重在与主办单位和主办人协同作战；实行督办制，对解决“刺猬”全程和重要环节进行跟踪督办，及时防止和纠正不作为或乱作为；实行回告制，对涉及解决“刺猬”各个环节，及时进行信息和办理结果反馈，以形成运转有效的封闭回路。三是管其利。首先，要加强行政成本核算管理，为解决“刺猬”提供必要条件。其次，要建立健全激励奖励机制，鼓励工作人员主动抓“刺猬”，对成绩突出的予以奖励。最后，要采取强有力措施，堵住各种谋私渠道，将工作人员行政行为置于社会监督之下，注重从政治、经济、纪律上提高养“刺猬”、送“刺猬”、躲“刺猬”风险，让其得不偿失。四是究其失。根据养“刺猬”、送“刺猬”、躲“刺猬”的情节轻重和影响程度，把批评的、组织的、经济的、纪律的手段一起用上，严加追究，严肃查处，并始终保持高压态势，促使行为不良者自警自律，不敢越雷池一步。

2007 年 5 月

必须大力促进中小企业发展

中小企业是工业经济的基础，也是发展后劲所在。目前，中小企业发展前景十分广阔，充满着生机活力，但发展不平衡，各种瓶颈因素仍然不少，促进中小企业发展可谓任重道远。

一、要进一步增强促进中小企业发展意识

在改革开放、建立和发展社会主义市场经济新形势下，中小企业的地位举足轻重，支持和促进中小企业发展可谓时不我待。但有些行政机关对大力促进中小企业发展重要性的认识不足，各种观念障碍依然存在。

一是罪过论。有的人习惯将目光聚集在中小企业发展过程的问题之上，进而较难从思想上接受、从感情上原谅、从态度上认可。或认定一些中小企业原始积累来路不正；或觉得一些中小企业唯利是图，不择手段，影响经济秩序和社会风气；或看不起中小企业的实力与水平。至于中小企业对经济发展的推动、对税收的贡献、对就业再就业的促进、对科技进步的推动，以及大多逐步走向正轨、不断提高的现实，则不放在眼里。所关注或思考的是如何审查、监管、查处，彰显出以旧看新、以偏概全的思维行为。

二是无关论。有的人觉得促进中小企业发展重要，但与己无关或无能为力，一切都是别人的事，是企业家自己的事，平时对中小企业既不关心也不支持，发展好坏都无所谓；有的人虽然感到与己有关，但在服务与监管的选择上，偏重监管，甚至把法定监督成倍放大，用烦琐的程序卡，用严厉的措施查，用上限的标准罚，牢牢将中小企业盯住、按住和困住，至于服务似乎是别人的事。

三是另册论。企业不论大小，都是市场主体，理当得到公平待遇，但有的人却视中小企业为另类，不能做到一视同仁。有的部门吃拿卡要，闲杂人员滋事强买强卖强要，流氓地痞敲诈勒索等，着实让中小企业苦不堪言，步履维艰。要彻底消除这些不良现象，首先，要增强促进中小企业发展的法律意识。为促进中小企业发展，国家出台了《中华人民共和国中小企业促进法》，从促

进中小企业发展的方针、有关方面的职责、主要措施等方面作了明确规定。现代社会是法治社会，法律明文规定的事情，就必须不折不扣执行。可以说，有的地方中小企业境况不好，与有的地方行政对促进中小企业发展的法律意识淡薄是分不开的。增强促进中小企业发展的法律意识，就必须大力宣传，动员全社会支持中小企业发展。其次，要增强市场经济意识。市场经济讲究公平和非歧视性原则，特别在中国加入WTO以后，更应如此。企业不论大小，都应得到平等对待。重视外资企业和大企业很有必要，但对中小企业发展也应关心支持，多看它们的长处，正确处理中小企业发展中的问题，这也是建立和完善市场经济的要求。再次，要增强扶弱扶小意识。从企业成长规律看，许多大企业都是由中小企业逐步成长发展起来的，在中小企业成长发育之初，其基本特征是弱和小，但眼前的弱小是短暂的，就像一个人在孩提时代比较弱，但他终有长大成人的一天。现在的中小企业不是多了，而是少了；不是强了，而是弱了；不是可有可无，而是必不可少。因此，中小企业就更有必要得到社会各界的广泛关注和支持，全社会应对它们高看一眼、厚爱一分。

二、要为中小企业发展创造有利条件

自改革开放以来，中小企业发展如雨后春笋，发展潜力旺盛，但总体依然是弱、小、散。促进中小企业发展，不仅是全社会的责任，各级行政部门更是责无旁贷，必须满腔热忱地创造条件予以扶持和支持。

一是要积极制定和落实各种优惠政策。现在对于中小企业发展的扶持政策不少，但还明显不够，虽然出台了一些扶持政策，但政策落实难。对此，一定要有充分的思想准备，对中小企业发展状况要心中有数，敢于在政策上予以倾斜，真正体现关心和支持，有针对性地解决各种具体问题。

二是要全力以赴攻克疑难杂症。中小企业发展面临许多困难，有些困难中小企业自身可以克服，有些困难在外界帮助和支持下也多能解决。然而，真正制约中小企业发展的则是那些疑难杂症。诸如中小企业融资难，一方面原因是自身资产状况较差、信用等级较低，风险程度较之大企业高了许多；另一方面原因是有的金融机构看不起和不放心中小企业，嫌贫爱富，少了胆识和远见。破解这一难题，除了加强中小企业信用建设以外，还需正确运用政策手段、法律手段、经济手段，加强中小企业融资担保体系建设，条件具备的还应帮助其进入资本市场等，真正让中小企业的融资环境得到改善。又如中小企业法治环境差，有的行政执法部门不作为、乱作为、吃拿卡要等，当务之急是要大力整治，严格规范其行政执法行为，坚决纠正少数害群之马恶化经济发展环境的行径。同时，要教育引导某些目光短浅、自私自利、觉悟低下的百姓，防止其为蝇头小利而借故干扰中小企业正常生产经营。再则要坚决打击黑恶势力对中小企业的不法侵害，这类问题处理不好，中小企业就会苦不堪言，无法生存，有的干脆关门走人，另寻他就。再如中小企业发展劳务保障差，导致招工难、用工难。由于中小企业基础条件较差、待遇较低、管理落后等，高技术人才引不进，引进了留不住；素质好的职工招不到，招到了待不长；职工低素质情况比较普遍，既不好管理，也不容易提高产品质量，靠自身解决力量有限。故必须制定政策，鼓励和支持一些高精尖人才到中小企业谋发展，搞好劳动力市场建设，对中小企业用工进行广泛推介，注重对就业再就业人员进行岗前培训，鼓励和支持高校、职业技术学校与中小企业合作，培养企业有用之才等。一句话，攻克阻碍中小企业发展的疑难杂症，一定要敢于攻坚，敢打硬仗，紧抓不放，真正落实。

三是将监管融于服务之中。行政机关作为市场监管部门，难免要对中小企业生产经营行为实施监管，但监管方式不能延续旧的做法，按照管理者与被管理者、老子与儿子的关系开展工作，而要在服务至上的大前提下，将有效监管融入具体服务之中，在优质服务中体现有效监管。首先要对中小企业发展过程中的问题有正确认识，不能简单地一味指责，一概而论。尤其是对不良市场行为，要先教育引导，做到事前提醒、事中纠偏、事后帮助总结，只要不是大问题和主观恶意，就应教育为主、引导为主、事前规范为主。而非简单的你做我查，你犯我抓，你错我罚。对行政执法部门而言，不仅要解决好思想感情问题，更要在具体办法和措施上支持帮助。

四是营造支持中小企业发展的舆论氛围。要坚持正确舆论导向，解决好一些人普遍存在的仇富心理和怀疑一切的态度，注重树立中小企业良好形象，展示中小企业良好业绩。对发展中的不足，也要善意地看待，进行批评帮助，加以正确引导，防止和纠正刻意炒作及人为恶化中小企业形象。

三、要着力提高中小企业的企业家素质

发展中小企业，要靠政府和社会各界的关心与支持，但最根本的还在于企

业家自身素质不断提升，促进企业做大做强。

一是要当“金色”企业家。要牢固树立全新的市场经济观念，坚持按经济规律办事，善于把握市场经济变化轨迹和脉络，发扬拼搏进取精神。要坚持走科技创新之路，促进企业由传统产业向现代产业升级换代，不断提高企业核心竞争力。要搞好企业科学管理，深入学习和借鉴一切现代管理理念，导入生产经营全过程，并紧密联系自身实际，及时总结实践经验，形成完备的企业管理体系。要加强企业团队建设，重在思想观念、技术水平和文化底蕴上下功夫，做到有气魄和长远打算。要取得良好经济效益，办企业最直接的目的就是取得经济效益，没有经济效益就失去了办企业的意义，企业也不可能持久发展。

二是要当“红色”企业家。要增强法律意识，企业生产经营活动必须纳入依法经营轨道，当利与法相矛盾时，千万不能违法，更不能简单认为自己的合法权益受到不法侵害，就“以毒攻毒”转嫁于社会，或为谋不法利益而涉黑，铤而走险，危害社会。要增强公共道德意识和社会责任意识，自觉将企业活动融入社会，遵循社会公共道德，树立良好社会风尚，关心社会事业进步，关爱社会弱势群体。要增强思想政治意识，作为企业家，要关心国家大事，关注社会发展变化形势，认真学习和领会国家方针政策，并在实际工作中贯彻落实，而不能做有违政策的事情。要增强以人为本意识，办企业不仅要珍视物质财富，更要重视人的合法权益保障与激发人的创造精神，真心实意关爱职工，不断改善职工的工作条件和生活条件，自觉维护职工合法权益，把严格企业管理与人文关怀有机结合起来，切不可为谋私利而损害职工合法权益，甚至用不法手段管理和对待职工。

三是要当“蓝色”企业家。要牢固树立开放意识，不仅要熟悉国内市场经济规则，也要熟悉国际市场经济规则，积极参与国际市场竞争，把眼光放得更远一些。要变过去靠胆量和关系赚钱为靠技术、诚信和产品质量赚钱，跟踪国际前沿技术，学习掌握先进行业管理标准，着力打造先进企业文化，靠硬功夫去闯市场和赚大钱。要树立敢为天下先思想，不为强大对手吓倒，不为眼前落后气馁，不为已有业绩陶醉，坚持勇于开拓，奋力争先，保持特色，靠独树一帜和货真价实的实力在激烈的市场竞争中占据一席之地。要加强国与国间和区域间合作，不合作与单打独斗是一些中小企业的顽症，这也是中小企业不能做强做大的原因之一。在市场经济竞争日益激烈的情况下，按规则合作，按诚信合作，道路才能越走越宽广。

四是要当“绿色”企业家。要讲环保，就是说企业生产经营不会对生态环境造成不良影响。有些中小企业只为赚钱而不顾对生态环境的破坏，实际是吃子孙饭、断子孙路的事。注重环境保护不仅是社会发展的必然要求，也是企业家应尽的责任。要讲安全，中小企业发展一定要把安全放在十分重要的位置，既重视设备设施安全，更重视生产安全。要讲结构，自然生存法则告诉人们，适者生存，优胜劣汰，一种事物的存在和发展不在于大而在于强，不在于一时之强而在于持续发展，而其中关键在于有关要素的优化组合。中小企业生存发展也是这样，必须考虑人与事、人与物、人与人、上与下、内与外等方面的优化组合，以达到动态平衡和各项功能有效发挥。

五是要当“无色”企业家。老子说：大音希声，大象无形。这句话旨在推崇自然的、非人为的美。事物发展到一定境界，往往达到一种自由的状态。带领企业做到最高境界，企业家也应该有高境界，既是有色的，更是无色的，各种有色内化于无色之中。要注重修养，认真学习和掌握市场经济理论与专业知识，不断总结和完善实践经验，继承和发扬人类社会先进文化成果，善于从大自然汲取智慧和营养，经过艰苦卓绝环境磨炼，形成具有丰富内涵和崇高境界的企业家气质与品格，并贯彻于企业生产经营活动。要前瞻风云，把握大势，运筹帷幄，谋略全局，顺应规律，借势而动，造势而行。或者说不仅要站在市场和行业的前沿洞察商场变幻，更要站在社会发展变化的前沿，前瞻而明，形随意动，战略战术了然于胸。要辩证而为，在生产经营活动中善于抓主要矛盾，注重扬长避短，综合平衡，统筹兼顾，科学发展，进而在市场经济大潮中始终立于不败之地。

2007 年 12 月

建设现代工业园区
要注重硬实力与软实力协调发展

建设现代工业园区，是各地发展集群产业、打造规模经济、增强综合实力的必由之路，也是无数实践证明走新型工业化道路的成功经验。但是，建设现代工业园区所要走的道路并不平坦，关键是注重硬实力与软实力协调发展。发展企业硬实力应注重提升企业的聚集度、产业规模、装备水平等，发展企业软实力应不断协调提升研发、检验检测、自主知识产权等。

一、硬实力冲锋与软实力跟进

为发展经济，许多地方都把优先发展工业当成重中之重。即便是有些欠发达的地区，他们通过发展工业园区增强地方实力的愿望也非常强烈。其常见做法是：集中财力营造环境，千方百计招商引资，优化项目落地流程，跟进服务企业达产。这些做法的优势在于，能迅速打造工业园区平台，吸引和招来客商，促成一些项目落地，初步建立和形成相关产业，使一个地方以厂房、设备、产品、产值、可用财力等要素为代表的硬实力得以催生或增长。也就是说在园区建设初始阶段，硬实力打冲锋特点明显。但这些做法也存在一定的问题，强力发展工业园区过程中，打造工业园区，促成工业项目，主要是以实物形态为标志，至于工业园区的结构和质量，以及科技人才、研发能力、检验检测水平、自主知识产权、专利技术、中国名牌、驰名商标、投融资平台、其他社会化服务体系等软实力的跟进与发展，则常常未能纳入园区建设范畴，或没有摆到应有位置来统筹规划和部署，为园区未来振兴与壮大留下了一些隐忧。

发展地方经济过程中，各地招商引资竞争十分激烈，为加快工业园区建设，让硬实力打冲锋是完全必要的，因为硬实力是综合实力的基础。机遇稍纵即逝，如果不能迅速把一批项目招进来，把一批企业建起来，让企业各种设备设施转起来，就意味着丧失发展机遇或落后，这也是各地必须全力以赴抓招商引资和项目落地的缘故。但是，在规划和实施发展硬实力的同时，当把目光放远一点，手笔拿大一点，也要增强发展软实力意识，对软实力发展要搞好前瞻性规划布局，进而做好必要的基础工作，条件具备的要抓紧跟进，与硬实力发展同步进行；条件暂不具备的要未雨绸缪，及早做出计划安排，在园区建设上预留发展空间，以备时机成熟时具体实施，抓紧推进，水到渠成，打出一套漂亮组合拳。

二、硬实力扩张与软实力配套

当工业园区的企业落地生产，走上良性发展道路，以及新的项目不断入驻时，不可避免要伴随着硬实力的进一步扩张。诸如园区建设初具规模，各种基础设施逐步完备，产业积聚端倪显现，各种产品源源不断进入市场，新项目纷至沓来，到处是一片繁忙建设景象。这对于许多园区建设者和投资者来说，可谓期盼已久，企业可以凭借其设备设施和产品等初步形成的硬实力，积极参与竞争，开拓市场，获得较好经济效益。园区可以凭借企业所聚集的硬实力进一步增强吸纳能力，形成规模效应。而每到这个时候，企业和园区就面临一个较为棘手的问题，就是软实力的不配套制约了企业和园区进一步扩张与发展。有的企业为加速设备提档升级，在更新改造、扩大产能、增加产量、拓展市场的过程中，时常会感到科技人才缺乏，研发创新能力不足，产品质量检验检测受制于外，有自主知识产权的产品寥寥无几等，深感在激烈的市场竞争中处于劣势，或在夹缝中艰难生存，企业扩张与发展明显受到制约。有的园区看似眼前红红火火，不断引入新的企业落地生根和发展，但时常也会因产业结构、规划布局、投融资平台，以及教育、卫生、娱乐等服务体系不配套难以把园区做大做精，造成鸟巢功能弱化与不适应，影响产业集群发展和综合实力巩固提高。这是企业发展到一定阶段及园区发展到一定规模所必须应对和解决的大问题。

正确做法应该是在企业快速扩张和园区快速发展的同时，必须在软实力配套上搞好规划，着力实施，磨刀不误砍柴工。就企业而言，要根据自身发展需要，逐步建立自己的科技队伍，从强化基础入手，或通过产学研合作，借脑借智借力，启动和不断完善研发、检验检测能力建设，掌握有自主知识产权的核心技术，积极创建名牌产品和驰名商标。尤其在初始阶段，一定要不求所全，但求所有；不求所优，但求所用；不求所大，但求所进。一句话，就是要有计划有步骤加以推进，逐步配套完善。就园区而言，要体现行政行为的前瞻性和协调性。即在政策引导和扶持上积极助推企业扩张硬实力的同时，在加速研发、检验检测、自主知识产权、专利技术、名牌产品和驰名商标等方面解放思想，早做打算，早做安排，早点行动，力争同扩张与发展实际相适应。还要在环境营造上围绕软实力配套进行科学规划，政策支持，加大投入，把服务产业发展所需的投融资平台、教育、医疗、文化等软实力逐步配置到位。无数实践证明，没有软实力配套，企业和园区要想迅速扩张与发展，以及取得竞争优势是不可能的。

三、硬实力增强与软实力提升

企业扩张和园区建设到达一定阶段，必将实现由量的增长到质的转变。一方面，企业通过一定时期的建设和发展，设备设施装备水平更加先进，产品市场占有率不断提高，企业吸纳能力和配套能力进一步增强，产业集群效应更加突出。与之相适应和相配套的研发能力、检验检测能力、自主知识产权、专利技术、品牌商标等软实力明显改观，在地方经济中的地位举足轻重。园区聚集了一大批做大做强的企业，产业优势更加明显，集群效益日益突出，辐射带动作用进一步增强，对地方经济发展贡献率不断提高，社会化和市场化配套服务功能更趋完善。也就是说企业和园区的硬实力达到了空前水平，软实力也提升到一定程度。另一方面，随着企业硬实力增强，出现越来越多跨区域和跨国界的发展，为了巩固已有成果，进一步提升市场竞争实力，企业必将在软实力发展上实现跨越，实现综合实力全面提升。园区建设发展也将步入新的转型时期，园区内有的企业将越来越趋向于发展总部经济、总装经济、研发经济、检验检测经济、名牌经济、驰名商标经济等，各种社会化和市场化的服务功能更加完善，软实力将成为园区综合实力的重要标志。这些都是企业做大做强、园区建设发展的必然趋势。

如果说工业园区硬实力的增强十分不易，那么软实力的提升则难上加难，市场竞争最终的决定权和话语权还在于软实力，这是经济发展的较高层级。有的企业和园区建设可能不太看重软实力，还是习惯全力以赴抓硬实力。还有的企业囿于自身发展的初级或中级阶段，对硬实力和软实力剪刀差情况反应迟钝，仍然将主要精力放在硬实力提升上，缺乏未雨绸缪的发展规划。企业抓硬实力非常重要，但如果不提升协调配套的软实力，先不说企业结构是否合理，某些方面是否还停留在粗放经营和低水平重复阶段，就是已有的优势也可能在激烈的市场竞争中丧失。实践证明，无论是企业还是园区，在硬实力建设不断增强的同时，应切实在软实力提升上下大功夫。要在激烈的市场竞争中占据一席之地，既要有一定的战略眼光，也要有明确的规划，更要抢抓机遇，全力以赴地抓落实，同步提升硬实力和软实力。

四、硬实力“强体”与软实力“健神”

增强和提升软硬实力，是企业和园区建设的永久话题，若要具体实施，往往困难多多，情况千变万化，道路相当坎坷。实现硬实力和软实力的协调发展，不仅要有战略思维、坚韧不拔的毅力和一抓到底的精神，关键还要有哲学头脑和辩证方法。硬实力和软实力是工业园区建设的矛盾统一体，硬实力是基础，软实力是核心。硬实力的增强，有助于提升软实力；软实力的提升，会反过来进一步巩固和提高硬实力。如同人一样，硬实力解决的是强体问题，软实力解决的是健神问题，强体是人生存发展的基础，健神是人行为科学对路的统领，只有两者有机结合，才能称其为有能力的人和有作为的人，企业发展和园区建设也是这样。

要在企业发展和园区建设上少走弯路与不走弯路，实现持续跨越和提升，必须勇于拿大手笔，做大文章。一要牢固树立硬实力与软实力协调发展意识。在新的形势下，按照走新型工业化道路的要求，大力发展工业园区，在结构优化、集约经营、质量取胜等方面不断解放思想，更新观念，把握大势，紧密结合各自实际，科学制定硬实力和软实力发展战略，重在协调发展上狠下功夫。尤其在大力提升硬实力的同时，要认真研究和解决软实力协调发展问题，进而达到两者的有机统一。

二要建立和健全硬实力与软实力协调发展机制。实现硬实力和软实力协调发展，离不开一大背景和两大平台。一大背景就是市场经济大背景，两大平台就是企业平台和政府平台，而且企业平台是主体，政府平台是主导，两者统一于市场经济大背景下。为此，就必须在企业和政府之间建立良好的运行机制，相互促进，相得益彰。就企业而言，首先，要建立健全适应和应对市场竞争的快速反应机制。善于捕捉市场信息，结合企业发展实际，确定硬实力和软实力发展战略。其次，要建立健全投资协调机制。在确保正常生产需要和硬实力发展的同时，还要有针对性地加大软实力建设投资力度，为软实力发展提供必要的资金支持。再次，要建立健全人才激励机制。做到人才引得进、留得住、用得好，夯实发展硬实力和软实力的人才技术基础。最后，要建立健全呼应行政导向机制。积极适应、承接行政规划与政策引导和支持，借力发展硬实力和软实力。就政府而言，首先，要建立健全规划统筹机制。对整个产业发展和园区建设定位要高，规划要优，结构要合理，做到大军未动，规划先行，大军互动，统筹促行。其次，要建立健全政策激励机制。提升硬实力和软实力的主体是企业，政府重在创造环境和予以政策支持，因而要根据园区产业发展规划和企业实际，进一步加大支持力度。既要立足现实重点支持，又要考虑长远加强引导，用政策杠杆撬动企业和园区硬实力与软实力协调同步提升。最后，要建立健全部门联动机制。提升硬实力和软实力涉及政府多个部门，所依据的法律法规各有侧重，分散开来各自为政，既容易造成行政资源浪费，也不利于行政作用发挥。因而提升硬实力和软实力，必须进一步整合行政资源，统一目标，统一步调，协调联动，大力推进，使行政促进功效发挥到最佳状态。

三要加大硬实力与软实力协调发展力度。相对于国际和国内先进工业园区，有的地方园区建设差距较大。要尽快达到先进水平，当进一步加大提升硬实力和软实力力度，具体体现在全力以赴抓好招商引资，使外在强优企业的硬实力和软实力尽快入驻园区，形成竞争力；体现在按市场化要求加快区域要素整合与深化协作，力争变个体强势为集群强势；体现在着力打造特色优势，靠特色硬实力和软实力支撑园区又好又快发展。

2009 年 2 月

论地方国企改革难点与对策

地方国企改革是计划经济向社会主义市场经济转型的必然产物，也是走新型工业化道路的务实之举。同时，其面临的压力挑战较大，要攻克的难点众多。正确认识和着力攻克难点，对于顺利推进改革和促进发展，都具有重要意义。

一、解放思想

推进国企改革，特别是民营化改革，首先涉及思想观念革命。毕竟国企改革复杂敏感，任务艰巨，仁者见仁，智者见智，属较难打的攻坚战。影响国企改革进程的论断主要有三种：一是怀旧论。有的人认为国有企业是在一穷二白基础上和计划经济条件下起步发展的，经过广大职工艰辛努力，基本建成了较为完备和发达的工业体系，取得了令人瞩目的成就。思想观念定格的就是国有企业为公有制代表，广大职工是企业主人。因此，当时代发展步入经济全球化、建立和发展社会主义市场经济、对一些国有企业进行民营化改革时，这些人在观念上较难认同或转弯。二是包袱论。有的人对国有企业的认识习惯把目光聚焦于体制僵化、粗放经营、技术落后、设备陈旧、包袱沉重、人满为患、吃大锅饭等问题，进而将这些问题视为经济发展的累赘。于是，他们主张国有产权退出，职工身份转换，刚性推进民营化改革。客观地讲，这种观点对国有企业某些问题认识较为深刻，从经济角度所采取的对策也大多切中要害，却较少从国有企业的特殊性，以及从政治角度和职工角度考虑问题。故具体推进起来，一些看似好的对策不仅较难落实，甚至还可能引起一些职工质疑或引发其他社会问题。三是风险论。有的人深知国有企业存在一些问题，推进改革势在必行。但是，具体实施时却顾虑重重，举棋不定，主要原因是被压力风险吓倒。在政治上，怕承担将公有变私有、将企业主人变雇工的责任。在经济上，怕资产难处理，债务难化解，职工难安置，社区难移交，财力底子薄，成本日渐涨，周期无限长，阵痛伤筋骨。在稳定上，怕矛盾多，突发事件多，控制局面难，维护稳定难。因此，不是期待大气候，就是修修补补维持现状；不是期待后人处理，就是不敢触及问题本质；愿当评论员和裁判员，不愿当运动员和战斗员。

解放思想，更新观念，是国企改革动力所在，前提是全力以赴、自始至终营造良好的改革氛围，进而将人们的思想认识统一到关注改革、支持改革和参与改革上来。具体做法有三：一是充分肯定国有企业历史地位和广大职工巨大贡献。国企改革不是对既定事物的简单否定，而是一种扬弃。正因为这样，在宣传组织广大职工投身改革过程中，当理直气壮和言之有理，充分肯定国有企业历史地位与广大职工的巨大贡献。这不仅是政治问题，也是感情问题。只有对此持历史唯物主义态度，才能与职工沟通思想，增进了解，求得共识，而不能简单以体制机制僵化和思想观念保守一言代之。二是摆事实讲道理，算好经济账和政治账。国企改革所面对的一个基本现实就是一些企业运行陷入困境，但具体实施则必先将企业实际情况摸透，结合宏观形势、市场经济要求、区域经济发展需要，用发展观点和辩证观点看问题，摊开来算一算经济账和政治账，在反复比较中用事实说话，以理服人。引导和帮助人们校准看问题的角度，正确认识国企改革的重要性、必要性和紧迫性，并心悦诚服地投身改革和支持改革。三是坚定改革信心和决心。国企改革是对历史集聚矛盾的总了断，蕴含的风险挑战较大。对此，能看到问题的症结所在很有必要，而更重要的是要丢弃各种私心杂念，树立攻坚克难的信心和勇气。只要看准了，就当义无反顾把握主攻方向，抓住矛盾要害，搞好统筹兼顾，勇于开拓进取。对于各种不同认识，要教育引导。对于某些影响和干扰改革的责难，要予以抵制和回击，以确保改革顺利进行。

二、职工安置

国有企业广大职工既是经济发展的巨大贡献者，又是国企改革的阵痛者和攻坚者。正是因为他们的这种特殊身份和地位，加之有的地方财力较弱，所以职工安置始终是国企改革中最重要、最敏感、最复杂、最紧迫的大问题。大凡推进改革，若从职工贡献角度讲，无论怎样满足职工利益诉求都不为过；从企业困难群体角度讲，无论怎样给予照顾扶持都不为过。但改革涉及群体庞大，而支撑改革的财力不足，地方政府无论怎样安排都难以达到和接近职工安置期望，心有余而力不足的两难选择较为普遍。

职工安置过程中遇到的主要难题有以下几种：一是政策难统一。在计划经济条件下，国有企业的政策，特别是工资政策大致统一，不同行业和不同企业职工利益分配差别不大、相对均衡。随着改革开放不断推进，不同行业和不同企业职工利益分配差距开始拉大，到了国企改革和对职工进行安置时，真正承担主体责任的地方政府就会遇到比较突出的问题。一方面不同行业和不同企业职工都在为国家做贡献，但相同条件的职工在改革安置标准上则存在一定差别，这必定会使有的职工对安置政策心存抵触。另一方面国有企业虽是大概念，但具体又有央企、省企、市县企业之分，改革的责任主体分属国家、省和市县，且越往下企业越多，企业规模质量效益不平衡。在国企改革普遍实行“谁的孩子谁抱走”模式下，各种责任主体制定的改革政策，也只能围绕所属企业和自身承受能力而为之。如此，地方国企改革的政策就会多种多样，对职工利益的保障也就难以体现相对一致性。政策难统一，必然增加安置职工的难度。二是问题难预料。国有企业毕竟存在的历史长、数量大、职工多，各种情况复杂。就解决职工安置问题而言，有的就十分敏感和紧迫，有的纷繁交织，有的潜在和集聚在那里发酵，有的仍是未知数等。这些问题，有些可以预见和及早采取措施应对，还有相当多的部分何时出现以及影响怎样，则往往无法预料。尤其当问题突发和群发时，难免导致某些工作陷于被动，以致匆忙应对，延迟改革进程。三是缺口难补齐。安置好数量庞大的国企职工，最终要靠经济实力。不然，不要说推进国企改革，加快新型工业化步伐，实现地方经济跨越式发展，就是职工安置中的缺口问题就足以让地方政府压力倍增。因为职工安置主要来源是国有企业资产处置所得，而一些国有企业早已资不抵债，对职工欠账较多，要填补职工安置巨大缺口，仅靠地方财政往往无能为力和无济于事。缺口补不上，不仅影响职工利益，也会延迟改革，进一步加大职工安置成本，使地方政府负担沉重。四是就业难保障。人员包袱沉重，是国有企业的通病，不仅直接导致企业效益下降，也浪费了人力资源。对国有企业进行改革，按照市场经济规律办事，难免要减员增效，下岗分流，进行人力资源重组，促使改革后的企业优化结构、焕发生机、提高效益。如此，就难免导致一些职工下岗失业。其中有的职工通过自主创业和自谋职业重新就业，但有的职工因年龄偏大、文化较低、岗位技能单一和较为低端而长期失业或反复失业。安置下岗失业职工，一般会面临两大难题：第一个难题是在改革前和改革中，一些职工在失去国有企业靠山、未来失业、困难加剧等心理作用下，失落感和压力感空前增强，过激反应的临界点走低，利益满足要求高涨，行为的突发性和冲击力难以预料。第二个难题是在改革后，有的职工虽到民营企业就业，但因不适应和不满工作任务繁重、工作条件较差、工作待遇偏低、工作管理严格，以及觉得寄人篱下不被尊重或屡遭侵害，缺少应有的人格和尊严，导致劳资关系比较紧张，就业状态脆弱，失业潜在压力加大。还有的失业职工改革后即就业无门路，上岗少技能，导致长期失业、生活窘迫、心理失衡，他们可能会借此与原国有企业纠纷不断。这些都会在一定程度上影响社会稳定。

职工安置，历来是国企改革重中之重，政策性和策略性很强，操作过程当慎之又慎。具体做法是：一要带着深厚感情做工作。广大国有企业职工既是经济发展贡献者，有些也是社会的弱者，弱就弱在企业生产经营停滞、效益下滑，导致职工下岗失业，生活困难，再就业压力大，许多改革阵痛要靠职工消化。因此，地方政府和工作人员应注重倾听职工呼声，关心职工疾苦，尽可能予以更多体贴、更多理解、更多帮助、更多关爱，在感情上不是亲人胜似亲人，把党和政府的关怀与温暖送到职工心中。切忌对职工历史贡献熟视无睹，对职工现状视为包袱，对职工困难无动于衷，对职工承担的各种压力不加体察，做工作缺乏真情实感。二要制定切实可行的政策。对国有企业实施改革，妥善安置职工，必须制定和出台好的政策。这不仅是地方政府推进国企改革的主要工具，也是动员组织职工的主要抓手。论及政策制定，既要充分体现上级指示精神，又要充分考虑地方客观实际，更要充分照顾职工合法权益和具体困难，且在大面上保持平衡，把握好尺度。对出现的新情况和新问题要有应对机制，迅速有力出台相应办法和措施。坚持用政策统筹全局，靠政策推动改革，按政策动员和组织职工，最大限度维护职工合法权益和合理诉求。三要想方设法集聚财力。推进国企改革，妥善安置职工，较为彻底解决历史遗留问题，最终和最紧要的还需实力支撑。对于地方政府来说，这是较为困难的事，却是让改革画上圆满句号必须办理的事。事实上，单纯靠企业资产处置变现解决职工安置等问题往往缺口较大，如不迅速有效补上缺口，届时要付出的成本会更高。因此，地方政府对困难一定要有深刻认识，对需解决的问题要好好算算账，在力所能及范围内咬紧牙关，挤出相应财力，分轻重缓急集中使用，以尽快将职工安置好。这样做可能会使其他事业受到一定影响，但从大局讲，尽快推进改革和安置好职工，其成效往往事半功倍。四要尽可能实现下岗失业人员充分就业。有的国有企业落困，一个重要原因是人员包袱较重，通过改革对人力资源进行优化配置，就不可避免会使有的职工下岗失业，成为为数不少的弱势群体。对此，切不可因国企改革告一段落，职工买断身份走人就万事大吉，而应将推进改革和促进就业再就业有机结合起来，重点关注从国企改革分流下岗的失业人员，不断加大工作力度，促进经济发展，充分吸纳就业，鼓励引导全民创业，搞好就业扶贫帮困，建立和完善相应的社会保障，尽可能缩短国企改革的阵痛期。

三、债务化解

债务负担沉重，是国有企业的通病，且有不少企业是资不抵债，或资产负债率过高。债务构成又以金融债务居多，营销往来债务和历欠职工债务也有相当比重。背上这些沉重负担，不要说企业辛辛苦苦一年到头白给债主打工，甚至偿还利息也非常困难。在国企改革前，尽管有的债务堆积如山，有些甚至是坏账、呆账、死账、陈年老账，让企业无所适从、寸步难行，但还不至于让企业倒下，先欠着和拖着。然则，到了国企改革和民营化关口，这些集聚、潜伏多年的债务，顷刻间矛盾凸显，债务化解成了国企改革中的难题。一是有效抵押难解。国有企业不仅债务负担沉重，有效资产大多抵押在金融机构。不启动民营化改革，形同“二锅的水”温在那里。一旦启动，化解债务包袱即刻浮到水面，往往是抵押不解除，企业资产难处置；资产难处置，职工就难安置；职工难安置，改革就难推进。要解除抵押，就得偿还本息，要偿还本息，不少企业又资不抵债。面对一方面要推进改革、促进发展，另一方面要维护金融债权的两难选择，企业难免一筹莫展。二是各种官司难应对。国有企业实行民营化改革，难免涉及资产处置。尤其在改革启动节点上，各路债权人为防利益受损，上限索要不成，便纷纷申请法院查封企业资产或处置企业资产。这样不仅使改革难以推进，还在相当程度上促使职工因担心自身权益无法保障而采取过激行为，或酿成其他突发事件，让企业苦不堪言。三是职工债权难兑。有的国有企业对职工历史欠账是比较多的，要推进改革，不了结历史欠账就无法进行。但是企业囊中羞涩，连职工转换身份资金都难以筹措到位，又何敢轻言兑现众多职工债权。四是企业权益难保。许多国有企业虽说负债累累，但也有相当应收账款、在其他企业所持股份、内部职工欠款等。只不过企业这些权益许多只是账面数字，实际多已无法追讨。

化解国有企业债务，是国企改革成功的关键，解决起来需要百倍的努力、极大的耐心、相应的智慧，更需要各方面的理解和支持。一是地方政府启动改革一定要对所属企业资产状况和债务状况进行清理，分类排队。尤其要搞清哪些企业资产处置能够有效化解债务，哪些企业资产不足以化解债务，做到心中有数，按一企一策，拟订不同债务处置方案。二是鼓励支持企业收购者积极与债权人协商谈判，达成协议，将原有债务化解掉。三是由地方政府将国有企业负债集中打包，与金融机构或债权人协商谈判，调集相应资金，争取一次性打折整体买断债权，促进改革顺利推进。四是审判机关要慎重处置国有企业债务官司，多从国企改革的特殊性和复杂性角度思考与解决问题。五是要善于洞察那些通过不法手段或不正当竞争处置国有企业债务，图谋私利，干扰改革的人和事，善于运用法律手段追究和制裁。

四、资产处置

国有企业资产是改革安置职工的重要来源，也是改革后企业发展和职工就业的物质基础，如何有效处置资产，对地方政府来说是十分敏感、十分重要和十分棘手的大事。一是认识难统一。国有企业资产是几代人艰苦奋斗积累起来的，既是社会主义制度优越性的重要标志，也是传统意义的全民资产，具有相当浓厚的政治意味。但是，对资产处置的认识多种多样：有的比较习惯用公和私、社与资的标准衡量，所关注多为资产的实物形态和账面数字，不大关注资产的经济价值、内在结构和使用效益。若资产处置低于心理预期，各种猜疑和质疑就会纷至沓来。一句话，从担心和怀疑角度看问题多，从经济和支持角度看问题少。有的对于企业兴衰有着深切感受，认为企业易手他人和资产处置过程出现的问题影响切身利益，其心理复杂性、灵敏性和反应性颇强，这对资产处置构成了较大压力。还有的对于资产处置的经济思考比较成熟，善于用市场眼光看问题，主张解放思想，大胆创新，有舍方得，有数量较少流动性资产，总比看似数量不少、账面数字好但市场价值不高和缺乏流动性的资产要好得多。在具体操作上，希望少些条条框框，大胆处置，不怕卖少了被人议论。不然，等样样都规范，什么条件都具备，黄花菜早就凉了，毕竟资产的明亏和潜亏会更多。应该说这些看法都有一定道理，但少了系统性和科学性。在时不我待情况下，思想难统一，行为难一致，争论不休的结果，要么是贻误战机，加大改制成本；要么是处置过程派生出这样和那样的变数，增加改革难度。二是一些国有企业资产质量较差难交易。通过国企改革走民营化之路，一个重要方面就是遵循市场规则，进行公平交易，国有产权退出，实现资产重组。这样一来，待处资产价值如何，就不是由实物形态和账面数字决定，而是由交易市场决定。市场需求大的、质量优的资产能最大程度实现其价值；反之，市场需求小的、质量差的资产在交易时就可能在账面数字上缩水，甚至看似资产不少，即期交易时无人问津，难以变现。事实上，国有企业资产质量一般较差，或厂房设备老化陈旧，生产经营已无法使用，充其量当废钢铁变卖；或地处偏远，交通不便，土地等资产有价无市等。国有企业就算拥有一定的有效资产，也都被抵押在金融机构，资产能否处置则由金融机构说了算。资产处置不了，改革就无法推进。三是参与资产竞购人员情况复杂，不法和不规范行为难防范。国有企业资产尽管一般较差，但也有的质量较好、市场价值较大，这部分资产成为市场竞争的热点和重点。还有的资产，即期市场交易按账面值和评估值较难成交，若下调招拍挂基数，同样会成为市场竞争热点。加之资产在市场交易，参与的市场主体情况千差万别，动机和目的各不相同，具体采用的竞争手段更是五花八门等。若应对不好，就容易导致国有企业资产流失或被贱卖，以及被用作权钱交易，这样的资产处置会成为经济问题，还会成为政治问题，甚至引发其他社会问题。

处置国有企业资产是非常复杂的工作，既要从经济角度看问题，尽可能实现保值增值，也要从政治角度看问题，重在处置过程严格程序、规范操作，防止和纠正不法与违规行为，所作所为经得起现实和历史检验。具体做法有三：一是用辩证眼光看问题。资产处置是国企改革的重要环节，必须保持清醒头脑，持慎重和认真态度。要认识其中的风险，更要对可能出现的问题高度重视和注重防范。同时，也要坚持解放思想，实事求是，着眼大局和长远，善于抓主要矛盾。只要看准了，就应拿出勇气和决心，不惧担当局部可能出现的风险，将国有企业资产盘活总比闲置在那儿不断亏空下去好。另外，要遵循市场规则和经济规律，正确处理国有企业资产账面值、评估值和市场交易值的关系，尽可能寻求实际交易利益最大化。二是严格程序，规范操作，分步实施。国有企业资产处置既是大事，也是细活，要确保处置工作顺利推进，就是要摸清家底，企业内部清产核资和中介机构资产评估相结合，做到心中有数；就是要将资产评估基本情况在企业内部张榜公布，接受职工监督，在媒体和网络上向社会发布信息，公开处置资产；就是要通过招拍挂形式竞价处置，着力防止和杜绝各种不正当竞争行为，确保资产处置依法合规；就是要加强资产变现资金管理，切实把每个铜板用在改革刀刃上。三是要有所为而有所不为。国有企业资产状况千差万别，具有的经济价值和市场价值各不相同。作为资产所有者和处置者的地方政府，有财力的，最好是调度和集中财力先将企业职工安置好，这样不仅可寻求改革上的战略主动，消除改革的最大疑难，也为资产处置赢得了回旋余地，以在市场寻机待价而沽；财力有限的，也要通过强有力手段将企业土地等优质资产和稀缺资源控制起来，按照公开交易原则，寻求交易价值最大化。对于资产质量较差的，可放手让市场选择，不必太在意其账面值和评估值如何；对于市场无人问津的，可暂时封存，以后视情况再做处理。

五、维护稳定

社会稳定问题是伴随国企改革始终的大问题，主要表现为有的职工因多种原因在反映问题和表达诉求时采用过激行为，导致一个企业或一个地方局部生产和工作秩序受到影响，甚至使事件在一个时段成为社会关注的热点，严重的还可能为国内外敌对势力所利用，引发较为严重的社会问题等。因此，地方政府深感责任巨大、难度巨大和风险巨大，面临着艰难选择。一是企业历史遗留问题负面影响难评估。众所周知，一些地方国有企业由盛到衰、由建到改，不知集聚了多少矛盾，其中既有自身存在的，也有社会折射到企业的；既有触及职工切身利益的，也有涉及人与人之间恩恩怨怨的；等等。具体解决起来不仅棘手，也难令职工感到满意，导致大量矛盾长期堆积和发酵，职工心不平、气不顺状况拉升。改革未启动，各种矛盾多保持着脆弱稳定状态；一旦启动改革，各种矛盾难免集中爆发，可能造成的影响确实难以评估，维护稳定相当不易。二是推进改革过程中的问题难把握。国企改革是一场前所未有的攻坚战，加之企业情况千差万别，因而在启动和推进改革之时，原有一些未被认知的不确定因素会随时凸显。同时，一些新情况和新问题也会层出不穷，加大了维护稳定的难度。在政策实施方面，国企改革问题众多，地方政府调控能力有限，改革政策不可能面面俱到，惠及范围和职工期望值往往差别较大，常使有些政策执行比较困难，或难为职工接受而使职工采取过激行为，进而影响稳定。在工作人员素质方面，推进国企改革需要大量工作人员具体操作，尽管绝大多数素质良好，但也有的工作人员素质较低，对政策宣传和把握不到位，做职工工作缺乏感情、经验和艺术，研究解决问题不深入、不细致，方法简单粗糙，甚至借机谋私等。这些都可能在改革敏感时期和敏感问题上引起职工不满而予以抵制，不仅使工作陷于被动，也使问题难以处理。在社会因素方面，国企改革是在社会大背景下展开的，社会诸多因素都有可能对其产生积极影响或消极影响。尤其在涉及资产处置等利益问题上，难免触动社会某些复杂关系网，所产生的反向作用，不仅影响企业具体改革进程，还有可能与企业内部不稳定因素形成互动，再放大到社会，影响社会稳定。三是国内外敌对势力破坏程度难测。当今世界局势复杂多变，有一些敌对势力对我国颠覆之心不死，惯用手法就是千方百计利用社会各种热点问题借题发挥，力求造成复杂局面浑水摸鱼，破坏经济发展和社会稳定。国内也存在少数敌对势力、社会黑恶势力，一有风吹草动，他们就会兴风作浪。国企改革属阶段性热点问题，过程中的突发事件、影响社会稳定的事件时有发生，哪些会被国内外敌对势力利用，国内外敌对势力又会以什么方式具体操控，造成怎样的复杂局面影响社会，一般难以预测，给社会稳定增添了不少变数。四是某些可能出现的突出问题对社会影响程度难掌控。改革过程出现突发事件，一般开始有触爆点引发，在一定情况下事态可能进一步发展，接下来是较为艰难的事态控制，随后是事态逐步回落。这对社会的影响程度如何则较难确定，把问题控制在一个较为理想状态也较困难。

维护社会稳定是地方政府的头等大事，涉及国企改革这样关系重大、矛盾众多、稳定系数较低的攻坚战，地方政府更要头脑清醒，立场坚定，善于变被动为主动，化不利为有利，牢牢掌握主动权。具体做法有三：一是要坚持推进改革与维护稳定两手抓和两手硬。国有企业蕴藏的众多矛盾，是可能导致社会不稳定的重要因素，而国企改革是从根本上消除这些因素的重要举措。因而改革必须坚定不移向前推进，不要怕有矛盾影响社会稳定，不能因担心有矛盾而减缓改革步伐。同时，对存在的矛盾也要做到心中有数，有的放矢，对症下药，把维护稳定与推进改革同步安排，同步实施，通过改革彻底消除不稳定因素，通过解决不稳定问题促进改革顺利进行。二是要充分发挥思想政治工作优势。改革过程有众多矛盾容易影响社会稳定，主要涉及思想问题和心态问题。一些复杂矛盾导致人的思想和心态失衡，这种失衡一旦为某种因素所激发，就可能酿成突发事件而影响稳定。因此，推进改革和维护稳定，必须在坚持依法办事的同时，还要深入细致做好职工的思想疏导和矛盾化解工作。具体来说，就是要带着深厚感情，切实深入到职工中去做工作，而不能高高在上，怕见职工、反感职工、责难职工，既把职工的觉悟估计过低，又不了解职工心中的结在哪里；就是要与职工打成一片，耐心倾听职工意见和呼声，认真向职工宣传法律法规，细心解释各种政策，摆事实、讲道理，以心换心，融通感情。即便遇到少数认识有偏颇和所提要求不尽合理的职工，工作也要耐心和细致入微；就是要沉着应对各种突发事件，一事当前，各有关领导和工作人员当在第一时间赶赴现场，既要先行控制事态，更要迅速展开思想政治工作。实践证明，只要思想政治工作的力度大、路数对、应对及时，就能有效控制事态，降低其影响社会稳定的范围和程度。三是要切实为职工排忧解难办实事。许多国有企业职工是弱势群体，改革阵痛一般靠他们作出牺牲来承担。有的职工在改革中之所以一时情绪激动、行为过激，主要原因是有实际问题未能解决好。可见，推进改革和维护稳定，当高度关注职工合理诉求、合法权益和实际困难，只要在政策和能力许可范围内，都要想千方设百计把实际问题解决好。对于一时条件所限暂时难以解决的，也要耐心细致做好解释工作，配套后续安排。只有这样，才能从根本上消除职工后顾之忧，才能促进改革的同时维护社会稳定。

六、清除腐败

腐败问题是国企改革较沉重的话题，尽管其不具普遍性，但确实在某些方面和某些时候不容回避。有的国企改革之所以难以推进，许多职工心不平、气不顺，主要是因为存在腐败问题。一是国有企业原管理者腐败行为难厘清。有的国有企业陷于困境，除市场竞争激烈、体制机制不活、监管不力等原因外，还在于个别管理者素质低下、利欲熏心、胆大妄为，不择手段地侵吞企业资产，以权谋私；或玩忽职守，失职渎职，造成企业资产流失和损失。若要切实解决问题又相当不易，主要原因有：第一方面，随着改革深入，地方政府及其企业主管部门职能调整或趋于弱化，加之国有企业分布点多面广，对其监管往往心有余而力不足。第二方面，企业生产经营活动范围广、交往多、情况复杂多样，有的企业内部管理混乱，经营行为和市场行为的亏损与不法行为、失职渎职行为导致企业资产流失等短时间难以厘清。第三方面，有的企业陷于困境，矛盾之所以尚未总爆发，一般是因为现有企业管理者尚在应付。若要对企业内部情况进行认真清理，除时间周期较长外，也有可能在企业管理上出现空档。所以一般先维持现状，待时机成熟后再处理。第四方面，改革的重点是处置资产，安置职工，要系统处理不法问题，有的力量可能顾不过来。同时，管理者还担负着改革重任，若撂挑子或临阵换将，也会在一定程度上影响改革进程。二是改革过程腐败行为难防范。国企改革涉及利益调整和资产处置，各方关注和参与既是好事，也是难事。因为各种人的动机和目的不同，不排除少数别有用心之人不择手段，浑水摸鱼，以致出现这样或那样腐败问题。较难防范的腐败行为：个别官员与企业内部和外部不法之人相互勾结，在行政许可和政策法律的把关上以权谋私，充当内应；个别管理者利用工作之便，隐匿和转移资产，或与外来收购者勾结共谋资产；个别外来收购者利用关系和金钱开路，收买官员和企业内部人员，以期低成本进入，超值获取资产；某些社会黑恶势力，借改革之机，想方设法侵蚀企业资产，或受雇于企业内部或外部，用黑恶手段破坏市场经济秩序，牟取不法利益，扰乱社会治安等。改革过程中腐败问题发生的原因：有些改革前的腐败问题延续和发展，在集中处置企业资产条件下更容易集中发作，较难集中治理和防范；推进改革和规范操作客观上存在一定矛盾，推进改革要求规范操作，但往往企业改革十万火急、刻不容缓，不改会危机四伏、成本更大，等到样样都规范再来实施，则错失良机，这种矛盾在客观上给不法之人可乘之机。三是借反腐败之名谋取权益行为难处理。既然国有企业或国企改革过程易出腐败问题，就应及时查处，只是现实反腐情况复杂多样。反腐败是一面正义旗帜，在社会上有影响力，因而不仅正义的人高举着它，别有用心之人为达到见不得人的目的也时常高举着它，所以，反腐败过程中有些反的是真腐败，有些反的是上纲上线的腐败，有些反的是捕风捉影的腐败，还有些反的是捏造的腐败，其目的是打击竞争对手，或泄私愤和积怨，或转移视线、谋取利益。可见，改革过程中反腐败呼声往往此起彼伏，其间的真真假假、虚虚实实都是较费功夫辨别和较难处理的。

坚定不移反腐败是国企改革的大事，也是难事，更是必须紧抓不放的要事。具体做法有四：一要正确认识和处理推进改革与反腐败关系。国有企业的腐败问题，往往具有多样性、隐蔽性和复杂性，防范和查处的难度较大。所以，有的人担心同时推进改革和反腐败，容易啃不下、嚼不烂，主张先推进改革，后查处腐败问题；有的人觉得有些企业启动改革后，组织基本瘫痪，人员走的走、散的散，各种资料丢失严重，导致腐败问题线索和表象难以查证，不如先冷冻搁置；有的人觉得改革当务之急是安置职工和新企业运转，没有时间和精力顾及其他等。其实推进改革和反腐败并不矛盾，而是相互促进、相得益彰。因为腐败问题是导致企业陷于困境、职工反应强烈、影响改革推进的一大障碍，要推进改革，赢得职工理解和支持，就必须义无反顾扫除障碍。同时，大力推进改革，也是彻底暴露和查处腐败问题的最佳时机，更是从根本上解决腐败问题的治本之策，只要善于在推进改革中及时有效地预防和查处腐败问题，就有助于提升改革的质量和水平。二要依靠职工，广辟案源，专班专责，依法依纪查处。相对于推进改革，查处腐败问题毕竟具有特殊性，因而具体组织实施必须保持相对独立。大凡推进改革，都要广泛听取职工意见，鼓励和引导职工有序有据反映与检举腐败问题。同时，积极整合纪检、监察、公安、检察、审计、工商、税务等专业力量，加大案件查处力度，坚决依法依纪惩治腐败。再则，要针对国企改革实际，注重推进改革和查处腐败问题的联动性与协调性，注重政策，讲究策略，改进方法，把握时机，掌握节奏，果断出击，实现推进改革和查处腐败问题两不误。三要严格制度，规范程序，加强防范。如果说国企改革前的腐败问题重在查处，那么推进改革则重在防范和查处。因此，要紧紧围绕维护职工合法权益、资产处置和保障市场主体合法权益三个关键环节，认真研究不同地区和不同企业的具体情况，制定严格的规章制度，科学规范工作流程，广泛接受社会监督，有效防范侵犯职工和市场主体合法权益、致使企业资产流失等问题。对业已出现的问题，特别是官商勾结、黑恶势力介入，侵吞企业资产、侵占职工和市场主体合法权益的行为，一定要快刀斩乱麻，坚决予以查处，不能等其成了气候，产生了不良影响再被动出击。四是要妥善处置假借反腐败之名谋取小团体和个人私利的人与事。既要正视所反映的问题，也要善于洞悉反映问题的动机和目的。对于反映问题属实的行为，要予以重视和处置；对于举反腐败旗帜谋不良目的的行为，则要进行教育，并及时制止和纠正。

七、附体剥离

国有企业一般都承担了办医院、学校、幼儿园等较重的社会责任，在一定程度上制约了企业发展。推进国企改革，就必须对各种附体实施剥离，让改革后的企业轻装上阵，做大做强。然则，实际操作到位却相当艰难。难就难在国有体制下的企业办社会和地方社区各自成体系，长期互不隶属，互不往来，互不兼容。附体剥离主要面临的困难：一是思想观念难转变。在众多国有企业，早已形成了较为固定的工作氛围、人际关系和生活圈子，许多职工也习惯将自己的工作和生活与企业紧密联系在一起。企业条件好的职工，感受不到附体剥离的重要性、必要性和紧迫性；企业条件差的职工，虽愿意附体剥离，但他们长期工作生活在一起，熟人熟事容易照应，担心附体剥离到地方社区成为外来户，难以融入，受人歧视，多有不便，因而对附体剥离不积极和不适应。同时，一些地方社区对企业条件好的附体剥离尚能接受，对企业条件差的附体担心增加自己的负担，担心移交来的人与事不好管理，所以显得态度不积极，讨价还价，接收进度缓慢。即便勉强接收，后续服务也缺乏积极主动性。二是企业所办社会与市场化、社会化、属地化管理难对接。企业办社会的体系和方式是历史形成的，若向属地社区移交，一些与市场化、社会化和属地化管理不相适应的问题即会显现。条件较好的企业所办社会，普遍存在高福利和大锅饭现象，一旦实行属地移交，难免触动原有高福利和大锅饭，容易引起排异性反应。条件较差企业所办社会，一般是低水平重复和简单维持，甚至难以为继，既没有与移交相匹配的资产，也没有相应的保障措施。加之人员众多，物业管理落后，供水供电设施老化陈旧，仅按市场化、社会化和属地化管理对水电设施进行改造，不要说企业无能为力，就是许多地方政府也是囊中羞涩，爱莫能助。如此一来，许多企业附体既没法剥离，属地也没法接收，不得已只能长期搁置，导致企业管理成本越来越高，移交附体难度越来越大。三是属地基础条件较差难接收。由于经济发展不平衡，一些地方社区实力较弱，对企业附体剥离承受力有限。即便接受下来，也难以按照常规管理方式进行有效管理，导致一些企业附体剥离长期处于胶着状态。

附体剥离是国企改革成功与否的重要标志，企业也只有把附体彻底剥离开来，才能成为真正意义的市场主体。具体做法：一是企业要坚决果敢实施附体剥离。企业附体剥离是一场硬仗，若不及时有力处置得当，企业精力就会受到牵扯，无休止承担成本。因此，企业一定要果断行事。即便条件尚好，日子过得有滋有味，也必须明白实施附体剥离是大势所趋，早抓早主动，晚抓就被动。同时，要积极做好职工工作，赢得必要的理解和支持。再则，要在财力上按照市场化、社会化和属地化要求尽早作出安排，将相应关系理顺。二是地方社区要积极承接企业剥离的附体。企业附体剥离移交属地是地方政府和社区的责任，各社区要始终报以满腔热忱的态度，在接收条件上大度一些，积极主动把有关接收事宜办好，做到让企业满意、让职工满意。三是地方政府要千方百计化解疑难，推动企业附体尽快剥离。企业附体剥离具体操作在企业和基层组织，但对企业实施改革的主体却是地方政府，若企业附体不能有效剥离，就不可能实现改革目标。因此，地方政府应当统筹协调好，针对企业和基层组织力所不及的困难，充分集聚一定资源和财力，支持企业在水电改造、档案移交、物业管理等方面理顺关系，消化矛盾，为企业和基层组织创造条件，确保移交工作顺利进行。

八、重组发展

国企改革链条最后一环，是改革后的企业能健康发展，充满生机活力。一般而论，实施改革都有一种良好愿望——企业一改就活、一改就好，但实际情况要复杂得多。一是对企业发展设计难有前瞻性。企业发展是改革的最后一个难题，只不过在对改革进行设计和不断完善时，比较容易将精力优先聚焦在职工安置、债务化解等问题上，对发展的考虑明显不够，甚至觉得发展主要是改革后企业和企业家的事。这就可能出现应急型的改革举措和全局性、系统性布局相矛盾状况，以至于有些设计和举措对不少疑难问题的解决有效果，对发展却不利。诸如一些适用于工业经济发展的优质资源，改做了房地产开发一锤子买卖，明显缺乏合理的产业规划和布局。二是重组后的企业经济实力难支撑。地方国企改革存在一种较为普遍的现象，那就是国有企业原管理者将企业收购重组成新的民营企业。其好处在于国有企业原经营者对企业有感情，熟悉企业历史和现实，对企业所涉及的技术和市场比较了解等；其不足除原国有企业观念难转变，内部恩恩怨怨难化解外，最重要的就是企业不具备发展经济实力。虽东凑西借将购买企业和安置职工的钱备齐，但用于技术改革和企业发展的资金早已告罄，充其量在原有企业设备设施状态下维持简单再生产，导致企业发展后劲缺乏，抗市场风险能力较差，仍在一定困境中徘徊。三是某些外来收购者要求难满足。对国有企业实行改革重组，无疑需要大力招商引资，但具体实施时困难较大。一方面招商引资主体是地方政府，要招商总得有相应条件和优势能吸引商人，要招大商和招好商更是如此。然则，这种条件和优势是有限的，使得招商成果，以及对地方经济发展无论在结构上还是在质量上都不容易达到理想状态。另一方面商人生产经营的直接目的不是扶贫开发，而是追求自身利益最大化。同时，各地招商引资竞争激烈，商人选择余地较大，到一个地方投资所开的条件较高，有时甚至让地方政府陷于两难境地。地方政府若是满足招商条件，则深感亏不起本钱；不满足招商条件，又担心引不进客商，影响巩固改革成果和地方经济发展。犹豫再三，地方政府有时不得不作出较大牺牲。四是地方政府角色难转换。实施国企改革实际就是将政府与企业的“婆媳关系”变成“服务与被服务关系”，只不过这种关系的转换需要一个较长过程。一方面有的政府工作人员仍习惯用管理国有企业的方式来管理民营企业，有些必要的服务不甚到位，过多的干预让企业无所适从，甚至影响企业的正常生产经营。另一方面有的国有企业改革后仍离不开政府这个“婆婆”，一些改革尚未解决的遗留问题和民营体制下初始阶段的新问题还要地方政府解决，致使地方政府继续管一些不该管、又不能不管的事情，较难完全转换到为企业生产经营服务和促进其正常发展上来，两方面的磨合理顺需假以时日。

促进企业发展，是国企改革的根本目的，有效推进改革，不能简单就改革论改革，而应将改革的所有活动统一到发展上来。具体做法：一是用发展的眼光搞好国企改革统筹规划。推进国企改革必须聚焦过程问题，任何一个有战略眼光的地方政府，都不能被过程中的众多困难吓倒，进而在改革设计上仅注重眼前而忽视长远。正确的做法应该是对企业发展和产业结构优化进行认真统筹规划，通过改革尽可能为企业发展预留更大空间。不然，看似过了改革过程中的一道道坎，最终导致发展少了空间和后劲儿，那么改革就可能得不偿失。二是将优质资源重组配置到优势产业发展上来。地方国有企业尽管许多陷于困境，毕竟还有不少优质资源，有的即便眼前不显优质，但从市场价值预期角度看，仍价值潜力巨大。因此，对国企改革或资产处置，千万不能简单一刀切，或急于变现解决眼前过坎问题；而是对企业资源状况进行详细摸底和分析，想方设法克服困难，甚至要调集其他财力支援补充，尽可能将有利于产业发展的优质资源配置到优势产业发展上去，或预留起来为将来优势产业发展配套。如果仅从眼前过坎角度考虑问题，将优质资源急事急用，或降格以用，不仅造成优质资源浪费，也会影响优势产业发展。这时，一定要有相当的耐心和韧劲，不要犯急性病。三是加大招商引资力度。如果说国企改革初期重点在制定政策，启动安置职工工作，那么中后期重点则在招商引资。既要通过招商引资受让企业资产，变现安置职工，更要通过招商引资对国有企业进行重组，使之在新的基础上得以发展，产业得以升级换代。这就需要对企业作深入细致分析，拟定招商引资对策，组建精干高效招商引资专班，尽可能招大商、招好商。同时，要把握好招商引资的度数，坚持解放思想，为了发展，该让步和付出的要敢于让步与付出。当然，让步和付出也要有原则性，防止出现不正当交易，力争实现双赢。四是进一步优化环境，为企业发展服务。推进国企改革的过程，也就是优化企业发展环境的过程，这种改革越深入、越到位，对企业发展就越有利。改革后的企业也并非都一改就灵，发展过程中仍有许多问题需要解决。因此，地方政府要一如既往地关心支持企业，重在营造良好的发展环境和提高服务水平，促使企业更早、更扎实地步入良性发展轨道。

2009 年 9 月

要加强乡镇行政能力建设

乡镇行政是行政管理体系的微观层面，也是经济建设和社会事业发展的一线。加强乡镇行政能力建设，不断提高建设质量水平，既是事关全局的大事，也是一项长期而又艰巨的任务。

一、认知能力建设

乡镇行政工作千头万绪，矛盾纷繁复杂，风险挑战巨大，常使工作人员忙于应对和处置数不清的具体事务，他们对客观实际的认知更多是对具体事物的感悟，对问题的把握主要依据积累的经验。这种情况，好处是工作人员能对乡镇各种事务把握准确，对具体问题看得透彻，工作起来比较切合实际，有针对性；不足之处是具体工作环境和工作对象长期相对固定，工作人员所形成的经验相对固定，容易导致对客观实际的认知和实际工作能力停留在一定水平上，较难得到动态提升和发展。因此，乡镇行政要在促进经济发展、造福一方百姓、构建和谐社会上大有作为，当在增强认知能力上狠下功夫。

洞悉宏观形势。长期从事基层行政工作的人员大都有一个好的特质，那就是对实际问题反应灵敏，认识深刻，行为务实，但不足之处是他们一般较少关注国家和世界宏观形势。即便关注，也多局限某一时段或某一事物，缺乏对宏观形势认知的全面性、系统性、深入性和持续性。如果认知长期停留在既定区域和相对固定事物，就容易导致行政视野受限、思想僵化和故步自封。因此，从转思路和补短板出发，关键是要利用现代信息网络和媒体平台，加强学习研究，及时跟踪和把握宏观形势发展变化。尤其要紧密结合本地实际，学会用宏观视角审视乡镇经济社会发展态势，进而在宏观和微观形势的把握上视野更开阔，心胸更旷达，认知更具前瞻性和先进性。

把握乡镇实情。作为乡镇行政，因为乡镇的自然条件、人文环境和行政体系大多相对固定，他们对乡镇的认知一般也相对固定，所以许多乡镇行政工作者论及对乡镇实情的认知，无不胸有成竹。然则，事实上并非如此。乡镇的自然条件一般相对不变，但是形势作用下的人和经济要素却充满变数，所以乡镇行政不能轻言对乡镇实情了如指掌。要真正做到对实情了如指掌，应当重点根据动态情形，增强对群众的认知能力，经常深入民众、了解民情、体察民意、洞悉民利、赢得民心，成为民众的知心人；增强对市场主体的认知能力，市场主体是乡镇经济发展的基础和支撑，把握实情一定要紧密跟踪和深入体察市场主体所想、所需和所为，这是乡镇行政领导开展经济工作和支持服务企业做大做强的重要前提；增强对乡镇经济结构认知能力，了解现有结构状态的利弊，熟知结构要素发展变化走势，明晰调整优化结构措施等。只有这样，才能对乡镇实情的认知更准确和更到位。

熟谙理论规律。坚持理论联系实际，用科学理论指导实践，自觉按客观规律办事，历来是乡镇行政的重要原则。这不仅因为把握科学理论和客观规律对乡镇行政工作关系重大，还因为乡镇行政处在实际工作一线，广大行政工作者的主要任务是具体处理各种纷繁复杂的矛盾，学习理论、研究规律的时间和空间存在一定局限性，容易产生重视具体操作、轻视理论和规律把握的问题。那么，作为乡镇行政，一定要强化各种科学理论学习，重在掌握理论精髓，用理论指导具体实践。同时，要善于紧密联系实际，认真分析、研究和把握规律，自觉按规律办事，而不能认为乡镇的层次低、时间紧、任务重、矛盾多、事务杂，就疏于理论学习，不用理论联系实际和指导实践，不重视对工作规律的认识和把握。

关注科技动态。当今世界，科学技术迅猛发展，科技进步和科技创新是经济发展的不竭动力。乡镇行政是地方经济发展的管理者和推动者，切忌只忙于具体事务，疏于对科技发展的关注和认知，应该时刻关注科技动态。在实际工作中，一定要进一步强化科技理念，学习科技知识，把握科技进步趋势，紧密跟踪和深入了解与乡镇经济发展关系密切的科学技术，找准工作的结合点和着力点。

二、决策能力建设

决策是乡镇行政工作的核心，一般涉及领导层、参谋建议层和落实执行层。加强行政决策能力建设，就必须力戒“事前拍脑袋，事中拍胸脯，事后拍屁股”的粗放决策思维行为，要强化层级分工，注重理性思考，搞好过程控制，做到科学而为。

优化决策思维。行政决策过程，首先是决策思维过程，所要决策的事项往往具体和特殊。故决策必须将领导层、参谋建议层和落实执行层的普遍性认知向具体和特殊事项聚集，进行统筹综合，分析比较。就如抓中药一样，知晓各种药的药性是基本认知，具体医治某种病需要根据各种药的药性具体开具药方，这个过程实际就是对普遍认知的比较和取舍。其中，领导层最为关键，一方面在于对普遍性认知进行比较和取舍，以及拟订药方的决策思维比较艰难，许多时候需要领导层的勇气、胆识、经验和统筹驾驭能力作保证；另一方面在于领导层的素质和作风对决策思维影响巨大。若官僚主义、形式主义、实用主义和利己主义的东西渗透其中，也就难免导致决策失误。可见，要搞好决策思维，领导层不仅要有政治头脑和经济头脑，关键还要有哲学头脑；不仅了解普遍性认知，还能将普遍性认知对具体和特殊事项的影响聚合分析比较。在平时还应加强思想理论修养，防止和杜绝各种错误思想侵袭，这样，开出的药方才具有针对性和科学性。

严格决策程序。一般来说，行政决策程序分为准备阶段、酝酿阶段、确定阶段。准备阶段，主要是加强学习，调查研究，积极思考，增强对普遍事物和特殊事物的认知；酝酿阶段，主要是围绕决策事项，根据上级要求，广泛听取和研究群众意见、专家意见与部门意见，以形成初步方案并在决策层内部讨论酝酿；确定阶段，主要是按照民主集中制原则，采用会议形式，由领导层集体研究作出决定，行政首长拍板定案实施。如果说乡镇行政决策容易出现问题，往往就在决策程序。这些问题包括：不大重视群众和专家意见，主观主义和经验主义当家，没有很好地遵循民主集中制原则议事定事，或站在局部利益说话等。因此，必须依法行政，健全和完善必要的决策程序，使之制度化和刚性化，而且领导集体要身体力行和抓好落实。

注重决策时效。乡镇行政肩负着发展、改革和稳定的重任，客观要求决策不仅要有针对性和科学性，还必须快捷、及时、有效。不然，发展机遇稍纵即逝，问题控制稍迟成患。尤其作为乡镇行政领导层，一定要有强烈的事业心和责任感，以及不惧风险、不怕挑战、迎难而上的精神和斗志，拿出应有的胆略和气魄，勇于决策，大胆决策；一定要审时度势，因势利导，把握机遇，快速反应，果断出击，看准了就拍板定案，避免举棋不定、久拖不决而贻误战机；一定要建立和完善信息收集、处理、反馈系统，及时为科学决策搞好服务。

三、执行能力建设

“执行难，难执行”曾是人们评价决策难以执行的流行语。既说明工作困难多和难度大，也说明执行力较弱。其问题关键在于决策固然重要，却不能直接作用于具体事务，需要通过决策执行者的实际工作行为加以转换和体现，以促使具体事务按照决策设计要求和方向得到落实，这就是执行力的意义所在。

加大推动力。执行行政决策，推动实际工作向前发展，有的执行人员却基础薄弱、少力弱能，导致决策执行受阻，甚至步履维艰。如果说决策是行进的车队，那么车队顺利前行就需要“逢山开路，遇水架桥”，排忧解难，化解矛盾，确保决策得到执行。可见，要防止决策停留在会议、文件和过程，关键是领导层高度重视，将执行纳入重要工作议事日程，聚精会神，常抓不懈；善于动员整合优化行政力量，在执行决策上形成一个拳头；坚持深入实际，调查研究，注重将执行中的实际情况和复杂矛盾搞清；善于运用政策法律武器，有效配置各种资源，有针对性地做好群众工作，努力克服各种艰难险阻和疑难杂症。进而靠强力推动，将决策真正落实到位。

增强控制力。因客观条件复杂多样，有的决策落实过程中容易出现某些反向运动，或表现为新情况和新问题凸显，或表现为突发事件乍现，或表现为复杂局面趋于失控，对决策执行构成空前压力，亟须乡镇行政迅速有效加以控制，防止事态扩大和复杂化，为决策执行到位创造条件，赢得时间和空间。这就需要在执行决策前，注重了解情况、搜集信息，提高对各种潜在问题的研判能力，制定预案，建立应付自如的快速反应机制，做到胸中有数，保持高度戒备状态。在决策执行中，一旦不确定的复杂问题或局面出现，即要集中优势兵力，快速压上，运用政策法律武器，在可控区间内，先把问题或局面控制住。接下来要善于拼意志、拼智慧、拼韧性、拼战力，“敌变我变”，牢牢掌握工作主动权，绝对不能给问题有扩大或反弹之机，迅速有效地控制局面和扭转局面。

提升保障力。所谓保障力，主要是对执行决策提供必要的要素支撑。其重点就是要不断提高行政工作者素质，干事作风扎实，乐于奉献，遵章守纪，具有强烈事业心、责任感和激情，不怕艰难曲折和风险挑战，既懂经济工作，更懂群众工作；就是要坚持职责法定，进一步建立和完善岗位责任制，科学规范岗位职责与职务行为，提高效能，保证质量；就是要不断完善优胜劣汰机制，坚持正确用人导向，强化激励争先、创优进位、竞争淘汰的措施，引导和激励行政工作者积极干事、抢着干事，努力干大事、排难事、办实事，使不作为、少作为、乱作为之人迎头赶上或无立足之地；就是要不断夯实行政物质基础，既要坚持节约勤俭行政，把钱用在刀刃上，也要根据形势发展和实际工作需要，不断加大投入，进一步改善工作条件和技术手段，保障行政工作常规运行和有效运行。

2009 年 11 月

地方行政要妥善应对风险

地方行政过程中，难免遇到各种风险。敢于正视和应对风险，既是地方行政发展经济、推进改革、维护稳定的大事，也是对行政能力的考验。对此，必须高度重视，科学谋划，果断出击，化险为夷，进而为经济发展和社会进步保驾护航。

一、存在问题

地方行政所面对的风险基本可分为三类：历史集聚的矛盾，发展过程中出现的新问题，不良行政行为后果的连锁反应。各种风险交织交错，不定时爆发。面对风险，有的人应对起来则表现出风险认知、风险控制和风险破解能力不足，以致不得不花费巨大人力、物力和财力去被动应对，这在一定程度上影响到经济的发展、改革的推进和社会稳定的维护。有的地方行政在应对风险过程中存在的问题主要有以下几个方面。

防范风险不够。地方行政工作千头万绪，但简而言之也就三件事，即把好事办好、防止坏事发生、变坏事为好事，而其中的防止坏事发生就属于风险防范范畴。风险形成有一个发展变化过程，风险实际发挥作用的直接后果是危及经济发展和社会安定。因此，应对风险最好是防患于未然或防患于风险形成之初，把问题解决在萌芽状态或产生负面影响之前，做到抓早抓小，化风险于无形。然则，有的人员对于潜在和露头的各种风险却视而不见，疏于防备，缺乏应对风险意识和必要的警惕性，导致有的风险隐患滋生蔓延，向着不利的方向加速发展。

早抓风险不够。地方行政面对的风险，有些是可以预见的，有些已经露头或业已发展之时，能不能及早动手，对于顺利化解风险至关重要，毕竟在此时处置起来会相对容易一些。但是，有的人员对风险苗头及其发展态势可能产生的危害已知端倪，具体行动上，不是反应迟缓，就是任由其发酵；不是将矛盾上推下卸，使自己免去麻烦，就是大声疾呼别人冲锋陷阵，自己则躲在一边当旁观者和评论员，不愿积极主动挺身而出，直接面对和化解风险。即便躲不过去被动应付，也是方法简单，头痛医头，脚痛医脚，敷衍塞责，不仅不能解决问题，甚至还会帮倒忙。更重要的是容易坐失化解风险的最好时机，促使风险进一步发展。

控制风险不够。风险从孕育到实质性发挥影响，有一个持续发酵过程。当风险发展到爆发的临界点之前，许多特征已基本浮到了台面，比较容易为人所察，甚至在局部已开始产生不利影响。如果此时果断加以控制，还能亡羊补牢，将影响控制在爆发之前，逐步使紧张紧迫的矛盾回落，避免不应有的危害发生。然而，在风险爆发前，有的人员虽已感知风险所带来的压力，甚至对即将爆发的后果已有所预期，但实际操作不是积极主动抓住最后的控制风险良机，而是在那里闭门开会，议而不决，怕担责任，怯上一线，相互推诿；或赶紧层层向上汇报，天塌下来让高个儿顶着，使自己尽量少担责任和不担责任。其结果往往促使风险变高，越来越迫近爆发的临界点。

阻击风险不够。当风险不可避免爆发，对社会造成不良影响时，最主要的是集中力量快速出击，正面应对，积极阻断，哪怕碰得头破血流也要将冲击波给顶住。接着跟进后续措施，逐步将风险化解掉。但是，有的人员却手忙脚乱，不知所措，已是火烧眉毛，还在那里层层汇报，决断上移，明了的和不明了的都看上面怎么说，再决定怎么做，时常浪费时间和贻误战机。结果，虽然费了九牛二虎之力将风险表面事态平息，但其长久的负面影响却久久难以消除，仍是一种潜在或长期的阵痛。倘若对此作进一步剖析还可看出，有的人员应对风险时容易在怪圈里打转，即问题非到不可收拾、退路已绝、酿成大错的地步，才去紧急汇报，整体动员，不惜代价化解，并处罚一批当事人，总结一些教训等。等眼前难关过后，又逐步回归原点，导致新一轮的风险开始滋生蔓延。

二、挖掘成因

针对有的地方行政应对风险所存在的问题，理当刨根问底，明晰症结所在，以便对症下药。

社会转型过渡阵痛影响。众所周知，我国过去实行的是计划经济，这种经济形式可谓利益主体单一，行政统领一切和包打天下。随着改革开放的深入推进，行政管理体制逐步改变，行政服务职能得到强化，许多权力要还给社会，让市场在资源配置中发挥决定性作用，多元化的利益主体行为已不再单纯依赖和依附行政行为，更多要受市场无形之手调控和法律法规约束。既然是社会转型过渡，客观上就会出现调整性和磨合性的阵痛，其重要标志就是有的地方行政形同有限责任公司，却常常要承担无限责任，并表现为应对风险和承担无限责任的心理准备与能力不足。

各种利益主体矛盾冲突影响。随着社会利益主体越来越多样化，经济、财富和利益成了许多利益主体的追求所在。加之市场竞争激烈，利益主体素质参差不齐等，利益主体间因追逐和巩固利益发生各种各样的利益冲突在所难免。有的冲突会转化成影响社会稳定的潜在、直接的风险，这在相当程度上加大了地方行政应对的难度。更为突出的是，有的利益主体纷争所酿成的风险，延伸放大到社会面，追究涉事利益主体责任仍不能平息事态时，地方行政无疑容易陷入被迫兜底局面，面临的社会压力巨大。

行政工作失误影响。发展经济是地方行政的基本要务，关键在于明确思路，把握规律，精准实策，狠抓落实。但是，有的地方行政则时常表现为发展冲动强劲，政绩意识强烈。这样，固然可能打开好的局面，但若形而上学、决策不当、落实偏差、激发矛盾、纠错不力等，也可能引发风险。比如不顾客观条件发展经济，消耗大量资源搞政绩工程，这些做法难免竭泽而渔，吃子孙饭、断子孙路；又如主观愿望良好，但行政行为缺乏科学意识，违反客观规律，好心办了错事。事实上，有的行政行为不当所造成的风险化解起来极为棘手，棘手就棘手在易使地方行政处于内外风险夹击的境地，而且内在风险还会促使外在风险加重和情况复杂化，其不良影响往往难以预料和控制。

行政基础薄弱影响。有的地方行政应对风险不力，原因在于其行政基础不牢。诸如某些基层组织职能弱化，财力薄弱，人员不足，管理社会事务缺乏必要调控手段，面对风险时常无人管、无力管、无心管；少数干部素质不高，宗旨观念淡薄，有功利主义思想，身居工作岗位，不是一心搞工作，而是分心谋利益，且在风险面前冲不上去、攻不下来；某些干部不善做群众工作，干群关系比较紧张，甚至做好事也得不到群众的理解和支持，应对风险不仅动员组织不了群众同心协力打攻坚战，有时甚至与群众对立。

三、应对对策

应对风险，是地方行政的大事，必须采取坚决果断措施，迅速扭转某些被动局面。地方行政应注重建设，增强能力，提高水平。具体做法有以下几个方面。

强化意识。风险是地方行政工作的拦路虎，地方行政必须高度警觉，更新观念，提高认识。一要有强烈的政治敏锐性。面对风险，不仅要从自身角度、专业角度看问题，还要从经济和政治角度看问题，做到把握大局，总揽全局，准确定位。二要有崇高的思想境界。胸中时刻装着事业和人民群众，一心为公，无私奉献，千方百计排忧解难。三要有强烈的社会责任感。做到身居岗位，恪尽职守，认真负责，主动出击，严防死守，创造性开展工作，及时化解各种疑难。四要有大无畏的精神，要像董存瑞和黄继光那样，冲锋陷阵，迎难而上，不怕利益得失，不怕流血牺牲，相信狭路相逢勇者胜。五要有坚韧不拔的毅力。战胜风险的过程充满曲折和反复，要克难制胜，就必须坚持不懈，持之以恒，毫不退缩，一抓到底，不达目的不罢休。

磨砺胆略。客观地讲，有的人员应对风险时手足无措、纸上谈兵，主要原因是其长期处在舒适优良环境，平时工作多坐机关和周旋于社交圈，不直接接触群众和基层实际，对于风险的认知大多限于概念，少有切身感受，缺乏相应历练和实战经验，也就更谈不上胆识了，一旦临战即容易表现出胆怯、无谋和低能。因此，要经常教育干部，深刻认识事物二重性，平时不要只待在机关开大会、传文件，应让居安思危和应对风险的警钟长鸣；要把应对风险胆略的历练，作为培养锻炼干部的重要标准和选人用人的导向，促使人人心里想着应对危机，研究琢磨应对危机，积累知识和增强胆识应对危机；要经常结合工作到实战一线去，特别是到矛盾成堆和疑难杂症众多的地方现场操练，学会从源头上或在风险爆发早期解决问题；要将干部拉到实际风险发生和应对的现场，让其在实战中磨炼胆识，提高素质。若地方政府平时没有针对性和层级性的历练，到了危难时候，把缺乏应对风险胆略的人拉上去，轻者会不知所措、层层上报、贻误战机，让问题复杂化；重者可能出大事，给社会造成较大损失。

增强能力。地方行政要成为应对风险的强者，注重自身能力建设就显得尤为关键。一要不断增强预测能力。通过深入实际和调查研究，运用现代技术手段，加强各种信息的收集、整理和分析，在宏观层面把握形势和走势，在微观层面洞悉矛盾发展变化，以及各种焦点、热点、难点问题构成要素，及早把握风险发展苗头和端倪，在应对风险时间上争取主动，做到耳聪目明。二要不断增强决策能力。把应对风险纳入重要议事日程，大凡涉及应对风险事项，都要有高度的敏锐性，及早在决策范围内认真研究，厘清思路，形成共识，加强统筹协调，果断作出决策。三要不断增强攻坚能力。主要是选拔和组织精兵强将，在行政体系内形成应对风险的攻坚网络和攻坚团队，一旦决策形成，行政人员即能迅速投入战斗，冲锋陷阵，干净利落，能征善战，敢打敢拼，出奇制胜。四要不断增强支撑能力。进一步加大对应对风险工作的投入，加强对干部的培训，配置和完善必要的设备设施，在具体应对风险上及时提供资金保障等。注重早投入，虽然花的是小钱，办的却是大事，对于降低应对风险成本具有重要意义。

善用手段。地方行政所面对的风险复杂多变，实际应对一定要坚持“敌变我变”，充分发挥自身优势，采用各种手段随机应变，牢牢掌握工作主动权，以尽快把风险化解在萌芽状态或产生危害之前。首先，要正确运用法律武器。即在准确辨析风险性质前提下，加强法律法规宣传和法律手段运用，把握时机，当机立断，不能有丝毫手软和失度，这是应对风险的最大防火墙和最有效举措。其次，要善于发挥思想政治工作优势。风险发生的诱因是多方面的，其间不乏利益纷争、基层实际困难、行政工作失误等因素，有的涉及法律问题，有的涉及合情合理但不合法问题等，因而应对起来必须依靠强有力的思想政治工作。有关领导要在第一时间深入具体事件现场和具体当事人中去，做耐心细致的沟通、宣传、解释工作，现场化解当事人的心结，促成矛盾向好的方面转化。再次，要充分运用政策杠杆解决实际问题。大多数风险是由一些实际问题引起，具体应对时当厘清风险的来龙去脉，有针对性制定和落实政策，运用行政强制力和协调督办力，乃至激励奖惩等手段，把实际问题解决好，对风险进行釜底抽薪。最后，善于借势借力，多措并举。社会上的组织与组织、人与人都有广泛联系，组织和民众应对风险的潜力相当深厚，只要是不违法和有助于问题解决，什么手段都可以借鉴和采用，以取得独辟蹊径之效。

2010年2月

论地方经济发展与简政勤政善政

发展经济是地方行政的基本要务，其要义是根据客观实际需要，不断优化行政结构，增强行政能力，规范行政行为，提高行政效率，通过政策引导、优质服务和科学管理，创造宽松和谐环境，大力培植和发展市场主体，促进地方经济持续、稳定、健康发展。

一、简政是前提

马克思主义认为，生产力决定生产关系，经济基础决定上层建筑。地方经济要健康发展，行政行为当自觉与之相适应，努力提供优质服务。应该看到，在计划经济条件下，地方行政包揽一切，行政机构、行政职能、行政人员体系完整。在建立和发展社会主义市场经济新形势下，市场在资源配置中起决定性作用，地方行政要与社会主义市场经济相适应，就必须对过去大包大揽的行政体系进行改革，简政势在必行。

但各地方简政进展却不尽平衡，或情况比较复杂。诸如有的借工作需要之名，将过去一个部门办的事，分拆成几个部门办；一个科室办的事，分拆成几个科室办；一个层级机构办的事，分拆升格成两个层级机构办，造成机构臃肿和重叠。有的行政机关人员超编，需要的进不来，不需要的出不去，要进的还顶不住；能干事的忙和累，不能干事的闲和玩，既影响干事人的积极性，又影响整体形象和战斗力。有的美其名曰做好事，导致岗位职数膨胀，当兵的寥寥无几，戴官帽的为数不少，经常无事可干，使官帽在内部和社会贬值等。结果，行政内部职能被分化，优胜劣汰机制较难建立和发挥作用。更为突出的问题是庞大机构要运转，众多人员待遇要保障，势必加重财政负担。当财政保障不足时，有的人员就利用行政职权，人为设置障碍，向企业和社会伸手要利。直接后果就是行政效率低下，发展环境不良，对地方经济影响负面。

有的地方之所以存在超编、超员、超职“三超”现象，是因为：第一，官本位思想影响。官本位是封建尊官文化的核心，虽然现已步入现代社会，但官本位文化残余仍然存在，以致有的人员受此影响，常把人生追求和荣耀定格在仕途升迁发展之上，难免欲望强烈和竞争激烈，这就使机构、编制和职数的需求巨大。第二，管理者短期行为影响。地方实行行政首长负责制，对机构、编制、职数配置具有裁量权，加之他们的能力素质存在差异，因而在面对巨大内生机构、编制、职数需求和外在公关时，有的人就顶不住压力或有私心，容易被动或主动在机构、编制与职数上做加法。第三，制度机制缺失影响。有的地方内生机构、编制、职数设置缺少公开透明和社会监督；解决“三超”问题多局限于年龄自然淘汰和“一刀切”式的冻结，少有出重拳、下重手从制度机制上解决问题的举措；对业已出现的“三超”问题大多只是警告下不为例，缺乏责任追究和查处等。因而面对“三超”问题，难免有的时常堵不住，疏不通，究不成，理不顺。

要解决好“三超”问题，就要像国企改革那样，大力弘扬自我革命精神，大胆向历史形成的“三超”积弊开刀，干净彻底地实施“四减”。一是坚定不移减机构，以实际工作需要为准绳，将该合并的合并，该撤销的撤销，用制度和职责法定科学布局行政机构。二是坚定不移减人员，这是“四减”难点所在，除依照年龄自然法则减少以外，还要引入优胜劣汰机制，科学划分责任，强力推进能者上、庸者让、劣者下。同时，还要辅助开通相应渠道和出路，鼓励支持有关人员向社会其他领域分流。三是坚定不移减职数，通过建立和完善选人用人机制，提高选人用人标准，真正让德才兼备者有用武之地，杜绝用人上的不正之风。四是坚定不移减项目，系统对权力进行清理，注重对办事流程进行优化，降低审批门槛，实施釜底抽薪。只有该减的减下来了，高效有力的行政体系才能形成，营造良好的经济发展环境才有好的基础。

二、勤政是重点

发展地方经济，除需要优化机构、人员和职数等设置外，还要考虑这些要素能否充分发挥作用，在勤政上不断竞进提质。

勤政主要涉及服务企业和服务百姓，比较常见的问题：有的人员缺乏公仆意识和服务激情，工作少有生机活力；有的人员习惯坐等上门，循规蹈矩，按复杂烦琐程序行事，有事你急我不急；有的人员办事拿架子，要威风，居高临下，官气十足；有的人员有利之事就办，无利之事就推，推不了就拖；有的人员办事人为设置障碍，认为办成事是给人面子，或故意刁难捉弄人等。于是，时常会有这样一些怪现象：一些企业家要记住某些机关重要人物电话号码，经常保持热线联系，隔三岔五还得有所动作、融通感情；有些科室工作人员就能办的事，非得上延数个层级领导出面协调和打招呼，或非要主要领导过问表态后才能办理等。若是行政机关机构臃肿和人满为患，问题就会更严重。

为政不勤，背后折射的问题有四：首先是态度问题。营造好的经济发展环境，对行政机关和工作人员来讲，既涉及经济和业务，更涉及政治。因为行政机关宗旨是为人民服务，工作做得好不好，所反映的是对党的路线方针政策、法律法规、人民群众、社会公共道德持什么态度。若工作人员态度偏差，为政焉能不出问题？其次是感情问题。乐意带着感情为关系人办事，甚至得了好处感情倍增，对企业和百姓不以为意或不当回事，这是发生在少数工作人员身上的一种不良行为。其感情基础是建立在权钱利益和人际关系之上，不能像对待亲人那样带着感情为企业和百姓服务，这无疑是勤政难以到位的重要梗阻。再次是责任问题。有的行政机关和工作人员责任意识淡薄，责任感下降，或有利的事愿尽职责，无利和不利的事就不尽职责，导致责任虚化和弱化，降低了服务功效。最后是作风问题。有的地方勤政勤不起来，多与工作人员作风漂浮、疲沓拖拉、不求甚解、安于现状、形式主义、干事缺乏紧迫感和认真负责精神有关，难免跟形势发展和人民群众要求相去甚远。此外，有的勤政问题难以解决，或经常反弹，还在于人在权力岗位和优越舒适环境容易产生惰性，一旦习以为常就会成为一种机关病。

要培育和发扬勤政风尚，具体做法有四：一应坚持不懈地进行党的路线方针政策、法律法规和为人民服务宗旨教育，坚持用大道理管小道理，人不论在任何条件下，都要讲精神境界，真正把思维定位调整到当好公仆和搞好服务上来。二应进一步完善制度机制，坚持服务经济发展职责法定，调整和完善内在工作结构，广泛推行激励竞争和优胜劣汰，岗位职责履行和效果评价更多让群众说了算，坚持按生产力标准检验行政各项工作。三应加强监督，毕竟行政工作的开展，主要靠工作人员自觉，但自觉对于素质参差不齐的工作人员来讲，功效是有限的，更多还要靠有效监督去制约、查究和规范。故不仅要强化组织纪律性，加强行政目标考核和督办，更要注重行政行为公开，让被服务对象充分参与监督行政行为，杜绝少数人的少作为、不作为和乱作为。四应提高少作为、不作为和乱作为的风险成本，主要是用铁的律条、铁的手段、铁的面孔，让不有效履职者自身重大利益受损，或终身受损，使之在不良动机和行为面前，望而却步，不敢有任何非分之想，进而老老实实做人、规规矩矩做事。

三、善政是核心

当前，经济全球化发展，社会发展节奏加快，各方交往联系日益密切，市场形势变幻莫测，民情社情复杂多样，地方行政在发展经济上，不仅要想干事和多干事，最重要的还在于会干事，这就涉及善政问题，这也是地方行政应该达到的良好境界。

现实中不能善政的情况也是经常发生。一是好心办了错事。有的人员行为出发点是为营造好环境，促进经济发展和社会进步，具体实施时却常常背离了客观规律和人民群众愿望，劳民伤财，费了九牛二虎之力，不仅没有达到预期目的和效果，反而引起各种不良反应，甚至给环境营造和经济发展产生了某些负面影响。二是好心办不成事。有的人员发展经济也看准了目标，所采取措施基本对路，实际推进也有进展，就是一旦遇到一些新的复杂情况，正在推进的工作就会徘徊不前，以至于长期搁置，或没办法继续推进而打退堂鼓，让一些好事变成了半拉子工程。三是好心办不了事。有的人员对于经济发展中许多亟待解决的问题心知肚明，主观上也想把事情办好。只是具体实施时因感觉难度太大、自身实力有限，无从下手，很多时候也就只能在文件上写写和会议上讲讲而已，把期望寄托在等大气候之上。随着时光流逝，不仅面貌没有改观，还失去了许多发展机遇。

善政之善，反映的是高标准、高精尖和高效能。有的人员无法做到善政，主要原因有：一是政治水平不够，缺乏政治视野、政治敏锐、政治理论、政治智慧、政治觉悟和政治作为。二是业务水平不够，主要是在学习法律法规、吃透法律法规和落实法律法规的广度、深度、高度与力度方面有欠缺，学习政策、研究政策和执行政策的针对性、超前性、深入性和创造性方面有欠缺，学习、把握和运用市场经济理论、科学技术文化与经济全球化规则等方面有欠缺，学习、了解、热爱、服务和组织人民群众方面有欠缺。三是管理水平不够，少了哲学眼光，少了现代管理思维，少了灵活综合运用法律、政策、经济、思想政治工作等手段的能力，少了创新行之有效的制度机制，少了做群众工作的方法等。可见，善政理当成为地方行政着力改进和提升的重中之重。

要科学行善政之举：第一，要善于运用辩证思维。应对纷繁复杂的环境和形势，促进地方经济发展，光有良好的愿望和一定条件是不够的，关键是科学用脑。即坚持实事求是，理论联系实际，认真学习领会大政方针政策、法律法规和市场经济理论；坚持深入实际，调查研究，具体问题具体分析，特别在对形势、工作思路和措施把握上，要多听下级的，多听专家的，多听群众的。随之再作深入细致比较，进而把握大势，抓主要矛盾。第二，要完善机动灵活快速应对的工作举措。把握发展变化的客观实际，既要有高度市场敏锐性，还要有高度政治敏锐性，做到加强行政信息能力建设，广开信息渠道，加大信息技术运用投入，打造精干强悍的信息队伍，提高信息处理能力。尤其善于捕捉和洞悉社会与形势发展变化走势，对业已开展工作有潜在影响的情况变化，当以只争朝夕精神作出快速反应，抢抓时间和机遇，及时研究调整对策措施，着力跟进推进，促成事物向好的方面转化，决不能反应迟钝而坐失发展良机。第三，要培植和建设强大有力的攻坚力量。面对发展经济过程中的各种风险挑战和突发事件，以及热点难点和疑难杂症，有效应对和处置的关键是具有强大攻坚能力的队伍。即有领导核心，应对风险的胆识超人和艺术高超；有骨干力量，既是专业化高手，也是善于做群众工作的能手；有培训教育，以丰富知识，磨砺队伍；有相应投入，增加必要的设备设施。只要复杂问题出现，都必须坚定迎上去，紧抓不放，直至把问题化解掉。第四，要善于借势、造势、顺势而为。地方行政是经济发展的强有力推手，善政不仅要把自我能力发挥得淋漓尽致，还要想方设法动员和调度社会各方力量，朝着既定目标奋斗。这就涉及谋略和艺术问题。面对工作条件千差万别等实际，要尊重条件，但不唯条件论，必须发挥主观能动作用，创造条件开展工作。诸如工作布局要善于借势，即借发展大环境、国家方针政策、法律法规、先进地区经验、基层和群众呼声、重大变故之势，全力推动工作；要善于造势，结合自身实际，创造条件，通过舆论引导，宣传教育，行政强力推动，形成相应工作氛围，促进各项工作落实；要善于顺势，既要把该借的势借起来，又要把该造的势造起来，让两种势合二为一，把地方行政推动力转化为社会强大推动力，排除各种干扰，让聚合而成的强大综合推动力畅行其道，进而实现地方经济大发展和大提高。

2010 年 6 月

地方行政须加强职业化建设

地方行政是行政体系基础层级和建设发展一线，加强地方行政建设，历来是巩固执政之基和提高行政效率的大事。长期以来，在地方行政建设上，有的比较注重硬件建设，着力改善办公条件，提升装备水平；有的比较注重改善人员结构，通过招考方式选用具有较高学历的年轻人担当重任；有的比较注重行风建设，不断改进服务态度，提高服务质量；有的比较注重依法行政，严格办事程序，加大执法力度；有的比较注重开展一系列创建活动，塑造良好的社会形象。这些做法都正确，但不够全面，主要是没有注重从行政职业链条各个环节有效发挥作用方面进行深入研究和解决问题。实践证明，要适应社会更开放、市场化水平更高、生产要素互动更活跃等新形势，建设高效廉洁的地方行政，就必须坚持走行政职业化道路。也就是说在行政团队中，当主要领导的要干出主要领导职业化水平，当分管领导的要干出分管领导职业化水平，当中层干部的要干出中层干部职业化水平，当办事员的要干出办事员职业化水平。人人都按职业化水平办事，不仅行政效率和质量会大大提高，行政战斗力也会更加强悍。

一、职业责任

地方行政是一个组织体系，由许多行政机关和职业岗位组成。具体到一个行政机关团队构成，一般都有主要领导、分管领导、中层干部和办事员，所有人员从事着本职工作。要做到地方行政职业化，前提是要明确行政团队职业责任。一是明确政治责任。行政机关是上层建筑的核心要素，掌握和运用公共权力，调配重要社会资源，因而行政团队所作所为必须体现执政党意志、国家意志和人民群众意志，在具体工作上则必须体现组织意志，坚定不移地抓好贯彻落实。二是明确法律责任。行政团队在岗工作主要是责任法定，必须自觉守法、执法和护法，严格依法行政。同时，还必须严格遵守各项规章制度和按程序办事。三是明确专业责任。这种责任主要是对事、对技术、对具体工作对象而言，不仅要内涵明晰，也要细化标准，还要有相应履责程序，且越明确、越规范、越具体越好。所有职业责任是有机整体，在行政工作实践中必须完整准确地加以体现。就一般岗位职位序列而言，主要领导的责任是把握宏观，统筹各方，科学决策，用好干部，确保发展；分管领导的责任是立足全局，围绕决策，统筹局部，开拓进取，狠抓落实，创造佳绩；中层干部的责任是服从领导，听从指挥，熟知业务，冲锋陷阵，勇挑重担，科学操作，把具体工作做到位，尤其在关键时候要拉得上去，攻得下来；办事员的责任是立足本职，忠于职守，认真细致，注重细节，把大量琐事、小事和日常事做细做好。只要做到各司其职，工作起来就比较顺畅。

二、职业结构

行政职业是一个大概念，具体体现在职业岗位职务之上，其结构如何，在相当程度上影响行政职业化建设。所谓结构，主要是指职业要素的配置状态与构架，外在体现是实际工作需要，内在体现是有利于岗位人员充分发挥能力优势，用最少的人去干最多的事，用最小的投入去获取最大的效益。职业岗位职务的配置，与行政职业化的实现，一般首先取决于行政组织这个职业岗位职务结构的设计者和布局者，其次才是职业岗位职务上的办事员。从组织角度讲，围绕实现行政职业化，在职业岗位职务结构优化上，一般要体现少而精、专而强，优势互补，协调联动。从个人角度讲，要实现行政职业化，要求行政团队的人员具有高素质，即思想道德素养要高，文化水平要高，专业技能要高，健康程度要高，能在实际工作中根据不同事物发挥不同作用。然则，在社会复杂环境中，人的素质往往参差不齐，结构性矛盾比较突出，主要是有的办事员政治素质低下或专业技能低下，前者容易干坏事，后者往往干不了事。因此，要优化职业岗位职务结构，就必须拿出超常魄力和措施，对机构和人员配备实施改革，真正精简机构，裁撤岗位，减少职数。同时，必须围绕办事员思想道德、文化水平、专业技能和身体健康程度低等因素，加强教育、引导和管理，不断提高办事员的综合素质。

三、职业保障

行政职业化需要多种要素有力支撑，这样才能巩固和持久。在职业保障体系建设上，主要矛盾在行政组织和领导，这是其特殊地位和作用决定的。一是决策保障。决策是组织和领导的重要行政行为，关乎行政工作的方向、任务、对策和措施。尤其在行政职业化的岗位、职责和人员配置上，必须予以强有力的保障，且将决策保障当成组织的一项长期战略去抓好落实。即要注重决策的先进性，内含先进思想、先进理念和先进文化；要注重决策的科学性，始终视结构优化、素质提高和管理规范为重中之重；要注重决策的连续性，针对行政岗位相对不变，组织领导和岗位人员经常变动的实际，搞好科学管控，力戒决策一个将军一个令。二是制度保障。推进行政职业化建设，必须要有强有力的制度体系作保证，以规范和促进行政团队在制度框架内发挥职业化水平。具体来讲，首先，要按照职责法定原则，将行政团队工作基本内涵制度化，逐步从习惯按照领导个人意志办事为主，过渡到按照制度办事为主上来，靠制度规范行政团队行为，让行政团队主要对制度负责。其次，要完善规范快捷的工作程序，规范是为防止出现问题，快捷是为提高效率，且两者必须有机统一。最后，要注重对行政团队行政行为的激励奖惩，让干事的人理直气壮得实惠，让不干事的人或干坏事的人望而却步，或得到应有处置。三是物质保障。俗话说：巧妇难为无米之炊。行政职业化也同样需要基本办公条件、办公手段和办公费用等物质支撑，只不过要把握一个度的问题，还要弘扬艰苦奋斗、勤俭节约办事业的精神，这也是由行政全心全意为人民服务的宗旨决定的，发挥专业水平许多时候要靠创造创新、拼搏进取和无私奉献来弥补物质条件不足，这一点不能有丝毫的动摇。在此基础上，也要注重跟进社会发展进步步伐，从提高工作效率和质量入手，不断加大投入，夯实基础，提高水平，为行政职业化创造条件。尤其要把钱用在刀刃上，用在最需要的地方。否则，不要说发挥职业化水平，就是生存和运转也会成问题。

四、职业操守

行政团队职业操守如何，不仅决定行政形象，更决定行政职业化的性质、方向和质量。职业操守不是天生就有的，除组织教育和管理外，关键还要靠行政团队自身修炼。一是注重政治。行政团队供职在社会上层建筑领域，讲政治是最基本要求。即在职业化上，要有坚定的政治信念，不管外界如何变化，心中必须装着信仰和主义，不能降低标准，随波逐流；要有远大政治眼光，善于观察形势，把握大势，明辨是非，洞悉事物发展变化规律；要有宽广的政治胸怀，远离各种错误思想、世俗不良风气和低级趣味，始终走在社会文明进步前列。二是践行宗旨。全心全意为人民服务是行政的根本宗旨，也是检验行政团队职业操守的试金石。一定要在内心深处视群众为衣食父母和亲人，带着深厚感情想群众之所想，急群众之所急，帮群众之所需，实实在在为群众办实事。三是勤政廉政。地方行政工作千头万绪，情况异常复杂多样，做事比较艰辛，导致工作拖拉应付。或为种种诱惑所动，导致腐败行为发生。这一切都要求行政团队必须始终保持高度戒备，在实际工作中，不断增强责任感和紧迫感，紧紧张张做事，老老实实做事，不被各种诱惑击倒。四是自觉守纪。发挥行政团队的积极性，离不开组织发扬民主，在工作上予以较大回旋余地。但是，这绝不意味着可以随意踩红线、闯红灯，置制度纪律于度外，搞极端民主化和自由化。因而在任何时候都必须坚持下级服从上级、个人服从组织，严格认真按制度纪律行事，并切实作出表率。

五、职业能力

行政团队要做到职业化，核心在履职能力如何。不同岗位对能力固然有不同要求，但从个人角度来讲，不断提高职业化能力，始终是一项长期而紧迫的任务。职业化能力主要包含以下几种：一是文化知识。在一个开放发达的社会，受到良好教育应该是从政的基础，文化知识水平越高，对开展行政工作越有益。二是专业理论。行政工作有不同分工，大凡在岗人员，一定要学习和掌握相应专业理论，而且对于理论的掌握越深入越好。专业理论精深有助于把握全局，指导实践。三是操作技能。这是具体做工作的方式方法，既要对物，也要对人。对物是能破解工作中的许多技术难题，将工作向前推进；对人是能做群众工作，有力应对和处理突发事件与疑难杂症。有些行政人员文化知识普遍较高，甚至专业理论也比较丰富，不足之处是实战能力不平衡。尤其不善于做群众工作，应对不了突发事件、风险挑战和疑难杂症。所以，在职业能力修养上，要鼓励和支持提高文化知识与专业理论，更重要的是端正实战心态，提高实战能力。因为文化知识、专业理论和操作技能三者既有联系也有区别，文化知识和专业理论的作用在于指导操作，而不直接作用于具体事物。直接作用于具体事物的是操作技能，操作技能的高低，除了要将文化知识和专业理论融会贯通，更重要的是具备良好心理状态，具备丰富的实践经验。只有两者有机结合，才能具备较强操作技能或实战能力，才能在基层工作中得心应手，无往不胜。否则，纵然专业理论再强，也是纸上谈兵。

六、职业成效

职业化是行政团队的一种状态，具体表现为以下几个方面：一是注重让领导说话。领导毕竟是一个地方和机关的法定管理者与最终责任者，对行政团队职业化效果的评价，无疑领导的地位举足轻重。二是注重让事实说话。人们常说：实践是最好的检验，事实是最好的证据，常能综合反映行政团队和工作条件优劣，且最能说明问题。首先，看逆境工作情况。逆境说明条件差、问题复杂，能在逆境中把工作做得较为职业化，说明能力和业绩优良。其次，看解决风险挑战和疑难杂症情况。大凡冲得上去，攻得下来，就说明态度扎实，功底深厚，职业化水平较高。最后，看工作持之以恒情况。一个人在一个时期处理某类事情时表现出职业化还不能说明问题，只有工作始终如一展示较高水平才是真正地职业化。三是注重让群众说话。群众是行政工作的直接服务对象，眼睛最亮，实际感受最深，对行政职业化水平最有发言权。因而在职业化效果评价上，既要看行政团队直接服务的群体反应，也要看间接服务的群体反应；既要看长期服务的群体反应，也要看临时服务的群体反应；既要看得利益的群体反应，也要看被管理的群体反应。情况再复杂多样，只要对工作的度把握得好，群众都能给予客观、真实和公正的评价。四是注重让专家说话。专家是从事技术和研究的中坚力量，专业水平和理论造诣较高，用专业目光聚焦观察分析具体问题，往往比一般人更深刻、更具前瞻性。因而在行政职业化成效评价上，一定要多方面听取专家学者意见。在此基础上，还必须面对复杂情况，善于辩证分析研究问题，进而得出正确科学的结论。

2010 年 12 月

“刺猬”

——检验行政机关作风的试金石

地方行政机关开展工作，难免遇到各种各样复杂矛盾，这些矛盾被人形容为扎手的“刺猬”，因为矛盾处理起来有难度和有风险。实践证明，“刺猬”既是工作的拦路虎和硬骨头，更是检验作风的试金石。皆因在“刺猬”面前，能够看清人的本来面目，以及切实感受没有金刚钻根本揽不起瓷器活儿之哲理。

机关面对的“刺猬”包括外在矛盾和内在矛盾。应对外在矛盾时，如果应对不力会使矛盾进一步复杂化，变得更加棘手；内在所产生的矛盾，直接作用于外在工作对象上，容易引发新的矛盾。所以，“刺猬”会经常发生，善于紧紧扭住“刺猬”这个牛鼻子，就为打造良好机关作风打开了思路。

机关和工作人员的作风如何，一般取决于应对具体事物时脑力和体力投入的状态。影响投入状态的因素有五：一是兴趣。因外在某种事物具有吸引力而产生兴趣，有兴趣就会关注和投入。二是感情。人生活在社会，都有亲情、友情、爱情等，与志同道合、情投意合之人联系互动也往往以感情为纽带。三是利益。追求利益是人的本能，大凡有利可图，做起事来就有激情、有干劲，甚至不惜代价；大凡无利可图，做起事来就容易敷衍应付、推诿塞责；大凡既得利益被触犯，即心生抵触或反抗。四是压力。风险挑战当前，上下难推，左右难靠，自身责任完全是秃子头上的虱子——明摆着。不得已也只能硬着头皮顶上去，否则，自身不得安宁不说，搞不好还会招致更大更多的麻烦。五是远见。此类情况虽为数不多，却是一个重要的因素。主要表现在工作立意高、看得远、想得深，既善于把握发展大势，又善于把握事物规律，做起事来具有前瞻性、主动性、坚定性和创新性，步子坚实，成效显著。

一般应对具体事物的状态，对于机关作风建设的影响不容忽视，其关键在于处事的出发点从自身和利益角度考量，还是从大局和规律角度考量。论及应对机关常见“刺猬”，有的工作人员既不会有兴趣，也很难产生感情，更不可能从得不偿失中获取实际利益，甚至还要伤及既得利益。即便是硬着头皮应对，也多迫不得已，且在内心深处哀叹运气不佳，自认倒霉。只有那些富有抱负和远见、事业心强的人才会积极应对“刺猬”，充满工作激情。毕竟“刺猬”蕴含的是风险挑战，属行政工作高等量级差事，工作起来既需要态度和毅力，更需要智慧和能力，以及十分过硬的作风。事实上，攻克“刺猬”不仅能使强者施展抱负和才华，做出超人和突出的贡献，更能使强者在艰难曲折中不断得到磨炼和摔打而更加强大。所以，看机关作风建设的门道，就得先从应对“刺猬”入手。

说到应对机关工作“刺猬”，不能不提及两部影视片，一部是老电影《董存瑞》，一部是电视剧《亮剑》。《董存瑞》其中有一幕非常精彩，那就是敌人在隆化构筑了非常坚固和完备的碉堡群，要顺利拿下隆化，就必须靠爆破手去炸掉碉堡群，这无疑是事关全局和生死存亡的“刺猬”。在这种死神随时可能降临的巨大风险挑战面前，以董存瑞为代表的解放军战士以大无畏的革命英雄气概，拼抢当爆破队长攻克“刺猬”，最后甚至不惜粉身碎骨将前进道路上的一个又一个“刺猬”清除掉，并唱响“为了新中国前进”的时代最强音，那个场面真是感人至深，可谓感染和激励了一代又一代人。《亮剑》也有非常精彩的一幕，那就是在李家坡高地迎战山崎大队这个扎手“刺猬”的前期，李云龙因未能争得主攻任务迎战“刺猬”而心怀不平，痛苦难当。当获取主攻任务得以迎战“刺猬”后而兴高采烈，激情高涨，精心布局，出奇制胜，活脱脱展示了八路军指战员在艰难困苦等“刺猬”面前勇往直前，死也要死在冲锋路上的战斗意志。争着抢着迎战艰难困苦，拼死拼活战胜艰难困苦的过硬作风，是革命战争时期我党领导的人民军队所向无敌的关键所在。反观许多影视剧中的敌方士兵多是让长官用枪顶着、用脚踢着、用嘴骂着而步履蹒跚，萎缩前行，一旦交火就像受惊的兔子，抱头鼠窜。或友军之间为了一己之私、保存实力和减少自身风险，相互倾轧、钩心斗角、见死不救，可以说战未开打，已分胜负。

敢于面对和善于面对风险挑战等“刺猬”，是机关的优良传统，具有像董存瑞和李云龙那样过硬作风的工作人员比比皆是。同时，也应清醒看到，在和平环境下，有的机关的工作人员思维行为方式发生了很大变化，面对各种“刺猬”不是积极拼抢和奋力解决，而是回避和推脱。他们遇到“刺猬”，有的抓紧设局，随即十万火急，马不停蹄，紧急向上汇报，一切交由领导决断，其目的是让领导扛责任，自己脱身避险；有的向上推而不得，就借自身岗位优势和权力优势，索性君子动口不动手，从上限喊话，用高调要求，将“刺猬”层层下压，也如百姓所说“大懒使小懒”“推着矮子先探水”；有的上推下推不得，就设法在同类和同行中“死也要找几个垫背的”分散风险、降低风险，让利益少受损失；有的上推下推外推不得，就在表面拉开架势，开会发文，像打太极拳那样不断拖、磨、绕，就是不去正面深入触及“刺猬”。即便招致非议，也可堂而皇之以“能力和条件有限，反正我尽力了”塞责。如此，不仅无助于解决“刺猬”，还会让“刺猬”越养越大，刺越来越硬，解决越来越难，不良影响越来越大，首先便是机关形象和威望受到重创。所以，判断和鉴别机关和工作人员作风如何，有多少敢于拼抢“刺猬”的“董存瑞”和“李云龙”即是重要的风向标。

锤炼过硬作风，是事关行政执行力和机关形象的大事，关键是提高应对和攻克“刺猬”的能力与水平。

一方面要大力构建防范和应对“刺猬”责任体系与攻坚体系。一是必须进一步强化工作人员责任意识，注重培养应对与处置“刺猬”的激情和成就感。二是必须进一步严格规范机关岗位工作职责，不断减少和杜绝部门职能与岗位职责重复交叉，为不负责任清除功能性障碍。刚性规定不论哪个层级的工作人员，只要职责所定，就是遇到天大的“刺猬”也当坚定不移冲上去。三是必须进一步夯实应对处置“刺猬”的物质基础，建立健全必要的技术装备，提供强有力的物质资金支撑。四是必须进一步着力打造应对和处置“刺猬”的专业化队伍，“刺猬”是复杂的矛盾综合体，攻克“刺猬”离不开有专业化水准的能工巧匠。因而在工作布局上，不仅要集聚物质优质要素，关键还要集聚人才，加强统一协调和调度以及处置能力建设，真正形成专业化团队。五是必须进一步完善和强化行政不作为、少作为和乱作为的责任追究，重点对处置“刺猬”不力，使矛盾进一步复杂化，以及工作失误酿成“刺猬”的行为保持高压态势，用重拳加以整治。

另一方面要坚持正确用人导向。紧紧围绕培养和重用应对“刺猬”的高手。一是凭“刺猬”选用人。“刺猬”蕴含巨大风险挑战，看似坏事，但辩证来看，则是选人用人的一面镜子，拿“刺猬”当试题，基本能把人的工作作风和水平看透。因此，要引导、鼓励、支持工作人员竞争上岗攻克“刺猬”，敢竞争上岗要靠勇气，上岗能攻克“刺猬”才是真实能力和水平的体现。二是用“刺猬”塑造人。形势在不断发展变化，建设学习型团队显得格外重要。现在某些机关不大抓学习，有的工作人员也不大爱学习，即便是学习也多啃些书本知识，虽说必要却不够。其实培养团队最好的办法就是在战斗中学习，“刺猬”

无疑是最好的教材，攻克“刺猬”无疑是最好的实践方式，经常参与实战与坐在机关学习抽象理论所获不可同日而语。要建设像李云龙所率攻克“刺猬”的“野狼团”，就要有更大、更开阔的视野，着眼大环境和大背景，立足自身实际，既要组织引导工作人员学习研究总结自身应对“刺猬”的经验教训，还要学习研究他人应对“刺猬”的经验教训，进而为我所用，自我锤炼提高。三是拿“刺猬”激励人。在表面看来，领导叫谁去应对“刺猬”都容易被看作惩罚。因为要应对“刺猬”成功，往往劳心劳力劳神，不成功还要担责任和风险，甚至失去既得利益，断送政治前途。对此，有的领导有回避心理，某些工作人员有畏惧心理。故必须转变思维行为方式，把应对“刺猬”辩证地看成恩惠和奖赏，将优势资源向此倾斜，真正把利益与“刺猬”的应对效果牢牢捆在一起，引导激励工作人员像董存瑞和李云龙那样争着抢着攻克“刺猬”，并以此为荣。如此，机关作风和战斗力能不强吗？

2011 年 7 月

为企业提供超常规和优质服务，关键在于突破三大难点

为企业创造良好发展环境，是地方行政机关抓经济工作的重要内容，但是工作也存在难点。难就难在为企业服务千头万绪，纷繁复杂，提供一般化和常规性服务常见，提供超常规和优质服务不多。虽说一般化、常规性服务与超常规、优质服务较难用明确标准界定，若将复杂事情简单化，用形象比喻加以区分就可一目了然。体现为企业需要行政机关关心支持的事很多，但行政机关只要在三大难点上大有作为，也就基本做到了为企业提供超常规和优质服务。

一、行政许可和项目审批

企业是市场主体，行政机关是市场监管者。企业进入市场，从事生产经营活动，除要遵循市场规律外，更多还要遵守法律法规和政策规范，依靠行政机关营造良好的发展环境和提供动力支撑。要实现这一目标，企业就必须按照一系列规则和程序，将发展过程的一些需要和诉求，报请行政机关许可和审批，以使自己行为合法，或得到行政机关支持，如注册登记、申请技改项目资金等。而且此类诉求出现的频率较高、数量较大，是市场主体与行政机关打交道的主要方面，也是行政机关为企业服务的主要内容。获得行政许可和项目审批，往往是企业较为急迫和颇为重要的事情，基本期待是希望行政机关尽快从优予以答复或办理，进而抢抓市场机遇，获取更多发展空间。但有的行政机关办事过于一般化、程序化和常规化，对事不论大小和轻重缓急，一概按部就班，循规蹈矩，层层把关，人人评判，反复研究，“上我的门，走我的道”，“入我的套，听我的哨，等我的召”，反正你急我不急，这样履行程序看似不错，就是常让企业长久等待。再就是个别行政机关不作为和乱作为，常以条条框框和烦琐程序为手段，将法律法规部门化，部门管理利益化，利益获取法制化，借企业办事之机吃拿卡要，进而延误企业发展，损害行政机关形象。熟知哪些

法律规章或履行哪些程序不是企业关注的重点，也不是企业的职责和强项所在，行政机关应该帮助企业精简程序，尽快办理。

要真正做到为企业提供超常规和优质服务，一是要在思想观念上转变。行政机关是市场的监管者和把关者，是由其行政性质决定的。作为行政机关工作人员，不能把眼光仅局限于此，甚至履职时将其绝对化，或习惯戴着有色眼镜观察和对待企业，或把服务企业当成提升个人地位和谋利的手段。其实行政机关更重要的职责还在于为企业排忧解难，及时提供优质高效服务，而这恰恰又是有的工作人员容易忽视或看淡的。服务和监督是一个问题的两个方面，服务是主体，监督应融于服务之中，不把思想观念转到这上面，为企业提供超常规和优质服务就少了思想基础。二是要在角色上转变。行政机关和企业之间，传统角色定位前者是管理者，后者是被管理者；前者是裁判员，后者是运动员；前者是婆婆，后者是媳妇。也正因为这样，才使有的行政机关和工作人员较难把为企业服务做到应有的质量和水平。转变传统角色定位，就是要把企业视为纳税人和行政机关的衣食父母，双方是服务和被服务关系。只有这种角色定位有了坚实基础，行政机关所提供服务才可能是超常规的和优质的。三是要在程序上转变。对行政机关来讲，无论监管也好，还是服务也罢，都需要必要程序起保障作用。只是程序设置千万不能为设置而设置，或为保障局部既得利益而将程序当关卡，动不动就以繁杂程序卡人卡事卡时，程序繁杂往往就意味着效率低下。程序设置必须适应实际需要，确保行政资源及时有效为企业发展提供有力支撑。这就要求程序设置和规范操作必须转变，应该是简单、快捷、实用的。四是要在场景上转变。众所周知，一般为企业服务的场景多局限在行政机关的办公室或设立的服务窗口，企业从四面八方赶来，办理各种各样的事情，这种方式会在一定程度给企业带来诸多不便。要较好解决这一问题，除一些较为常规和普通的事项外，大凡涉及企业发展的重大事项、急迫事项和特殊事项，行政机关和工作人员都应尽可能转换场景，积极主动深入到企业现场解决问题。行政机关和工作人员辛苦一点，企业就轻松一点。从治本和长远角度讲，应加快行政改革和政务服务信息化建设步伐，让更多便民利企服务事项在网上办理，以从根本上改变传统面对面许可审批方式为背靠背许可审批方式。

二、处置突发事件

企业运转主要涉及三大平台：市场平台、社会平台和内在平台。由于平台要素构成的复杂性，以及企业基础和条件的多样性，因而在实际运行过程中，难免遇到这样或那样的突发事件，一下将企业推进矛盾旋涡和生存发展危机状态。诸如市场层面的原材料、资金、能源短缺，产品质量出错等；社会层面的征地拆迁、治安、自然灾害问题等；内在层面的劳资矛盾、企业改制、安全生产事故等。应对和处置突发事件，固然是企业分内事情，但仅靠企业是远远不够的，重大问题的解决和风险的化解都离不开行政这只强有力的推手。因为突发事件往往是多种矛盾聚集的总爆发、疑难杂症的集中体现、各种利益主体的纷争角力，不是烫手的山芋，就是扎手的刺猬，企业对行政机关充满期待很正常。换句话说，出现突发事件，也是对行政机关服务企业能力和水平的最好检验，但有的行政机关应对能力却显得不足，主要表现：其一，有的人员认为现在是市场经济，大市场和小政府，企业出现突发事件，应该是谁的孩子谁抱走。其二，有的人员面对企业突发事件时噤若寒蝉、躲躲闪闪，生怕避之不及、引火烧身，躲不过就往企业推和往下级身上压。或抓紧向上级汇报，天塌下来让高个儿顶着。其三，有的人员自知责任所在、难以推卸，就想方设法转移视线，不是强调自身应对条件有限，就是强调责任主体不在自己。其四，有的人员明知推不掉、撇不开，就敷衍应付，出工不出力，只求面上有个交代，至于能不能解决问题则不关心，或应付说研究研究而一拖再拖。其五，有的人员平时看似能扛事，但到了真刀真枪的现场则六神无主、手足无措、找不着北。其六，还有个别人员平时吃企业的、拿企业的、用企业的，信誓旦旦唱尽为企业服务的高调，一旦到了关键时候就见死不救，溜之乎也。这些做法不仅让企业苦不堪言，也让企业对行政机关颇有怨言。

应对和处置企业突发事件，是检验和考验行政机关是否为企业提供超常规和优质服务的试金石。首先，对企业可能出现的突发事件要有清醒认识，始终保持高度戒备状态。企业生产经营存在这样或那样的风险是难以避免的，这也是市场波谲云诡、竞争激烈，社会生活复杂多样决定的。及时应对企业出现的突发事件，妥善处置突发事件，是行政机关义不容辞的责任。要做到这些，前提是必须对企业实际情况和外在条件心中有数，有充分的思想准备和物资准备，确保信心足、底气足、储备足。其次，一旦出现突发事件，要在第一时间赶赴现场，控制局面和事态发展。突发事件的出现到事态进一步扩大和复杂化大都有一个过程，尽管这一过程较为短暂，却是有效处置突发事件难得的机会，往往错过了这一机会，局面不仅会变得难以收拾，而且付出的成本和代价也会更大。因此，一定要将及时处置企业突发事件这根弦绷得很紧，做到快速反应，及时出击，深入现场，判明情况，果断处置，先将局面和事态控制住，为整个事件有效解决打下好的基础。可见，快速、准确、有力是掌握主动、免于被动的精要所在。再次，迅速集聚有效资源和采取强有力手段，大力化解矛盾。处置企业突发事件，就像应对弹簧一样，一旦压了上去就不能有丝毫放松，必须集中精力，攻坚克难，紧抓不放，直至消除各种现实风险和不利影响。不然，就容易使问题反弹，甚至所做工作前功尽弃，对企业发展造成更大损失。最后，认真善后，举一反三。企业突发事件的出现往往都有深层原因，在处置突发事件大局已定时，还不能就此罢手，而应帮助企业做好各种善后事宜。尤其要深刻剖析突发事件产生的原因，加强整改，夯实基础，防微杜渐，不断提高服务企业工作的质量和水平，这也是为企业提供超常规和优质服务的重要体现。

三、解决违法违规问题

企业生产经营是以盈利为目的，且天经地义。为追求利润，有的企业不断进取，朝着做大做强方向迈进；但有的企业为了利润及在激烈市场竞争中占有一席之地却不择手段，甚至违法违规，损害社会公德，侵犯公众利益，干扰社会正常经济秩序。行政机关是社会公德的倡导者，也是公众利益的维护者，更是法律法规的执行者，应对和处置某些企业违法违规问题也就成了一种常规性业务。从一般意义上讲，企业违法违规理当受到追究，但鉴于现实情况的复杂性和多样性，在具体处置上也就不能一概而论、简单应对，需要把握全局，具体问题具体分析，依据章法加以处置。然则，有的行政机关和工作人员应对不当。一是利益因素。主要表现是：为追求局部利益和小团体利益，将法律法规当成谋利手段，视企业违法违规为天赐良机，平时张网以待，一旦企业犯事，就从上限喊价处罚，坐等企业讨价还价，待满足利益后放人一马，慷国家之慨，损法律法规之威。二是感情因素。主要表现是：有的行政机关和工作人员对企业及企业家缺乏真情实感，甚至带着某种偏见。因而平时将企业一举一动盯住，一旦发现其行为不轨就严管重罚。三是传统因素。主要表现是：有的行政机关和工作人员存在重农抑商和官本位思想，习惯把政企关系视为父子关系、管理与被管理关系，其工作程序设置和实际操作皆围绕管控展开，较少从服务角度转变行政方式和对策措施。

企业是社会财富的创造者，为企业提供超常规和优质服务，是行政机关的基本要务，那么，如何妥善处置企业违法违规问题呢？首先，宣传工作要提前，本着对法律法规负责、对社会负责、对企业负责的精神，积极主动经常深入企业，宣传法律法规，增强企业遵纪守法意识。其次，对企业出现的违法违规行为不要简单处置，先要区分哪些是无意，哪些是故意；哪些是初犯，哪些是累犯；哪些后果较轻，哪些后果较重。对于无意、初犯、后果较轻的，则以帮助教育为主，引导促进企业整改，消除不良影响；对于故意、累犯、后果较重的，则在教育帮助的同时，依照法律法规和必要程序予以处置。再次，要建立服务企业守法经营长效机制，注重将企业守法经营情况与机关工作人员的责任义务、业绩考核、升迁任用等挂钩，真正将管理融入为企业具体有效服务之中，夯实企业守法经营基础，提高行政机关依法行政水平。也就是说，企业违法违规问题越来越少，就证明行政机关和工作人员的服务与管理真正进入了良好境界。

2011 年 11 月

舆论宣传管理之浅见

俗话说得好，打天下主要靠枪杆，治天下既要靠枪杆，更要靠笔杆。笔杆所形容的是社会思想政治文化工具，在相当程度上指舆论宣传。实践证明，行政要想准确了解和把握民众心声，对社会实施有效管理，就要高度重视舆论宣传的巨大作用，科学有效地掌握和利用舆论宣传。

一、管中窥豹“颈脖子”

在现实生活中，人们常说舆论宣传是“喉舌”。管理“喉舌”复杂、困难。然则，换个角度观察就会发现，喉和舌根的实际位置在脖子。脖子是人的头颅和身躯的连接通道，舆论宣传即类似社会的“脖子”。“脖子”的特点有四：一是重要。毕竟“脖子”一端连接头颅——行政，另一端连接躯体——民众，是行政和民众发声与互动的主渠道。二是敏感。舆论宣传形同社会信息的集散中心，地域上覆盖广，传播速度快，影响无限大，时常牵一发而动全身。三是风光。从某种意义上讲，舆论宣传体现的是某个人或事物知名度和美誉度情况，有时会成为财富增长的助推器，所以舆论宣传难免受到人们的积极关注。四是高危。社会是个万花筒，各种矛盾千变万化，错误思潮和文化泥沙俱下，应对不好不仅容易患上“颈椎病”和“咽喉炎”，严重的还会被卷入大是大非的旋涡而受到冲击。

在实践中，舆论宣传工作往往容易遇到某些难题。从行政方面讲，客观上需要对舆论宣传实施有效管理，使之与行政保持高度一致，以防发声不当，对行政产生负面影响，甚至动摇行政基础，弱化对社会的有效管理。但是，行政系统毕竟庞大复杂，管理社会所面对的问题多种多样，有的内在功能和人员素质并非尽善尽美，实际工作也就难免出错。舆论宣传应如何服从服务行政要求和精准批评监督，即是难题之一。从民众方面讲，行政和民众本是鱼水关系与舟水关系，也是服务者与被服务者、管理者与被管理者、被监督者与监督者的矛盾统一体。民众对行政管理社会的问题，以及对自身利益影响的感知和认识最直接、最深刻，客观上存在这样的期待即要求和监督行政直面与解决问题。但民众素质参差不齐，实际问题复杂众多，舆论宣传应如何正确反映民众呼声，特别是批评之声，即是难题之二。从舆论宣传方面讲，工作虽要反映行政声音和民众呼声，但自身也有规律，要求开展业务站在客观公正位置，用专业化手段，及时准确反映社会的人和事。至于反映的人和事在行政与民众中引起的反响如何，则较难预判和把握，更何况舆论宣传从业人员素质不同，众多自媒体出现和普及，实际运行时就可能出现不平衡情况。一味唱高调，较难在民众中产生共鸣；一味去行政化和媚俗化，会对行政有效管理与社会文明建设产生不利影响；一味追求专业化，容易脱离客观现实，偏离发展方向；一味实行商业化，可能丧失舆论宣传之德，沦为金钱奴隶或资本工具。如何正确把握和拓展舆论宣传业务，即是难题之三。从国际关系方面讲，国际竞争不仅是经济发展竞争，也是上层建筑意识形态竞争，只不过这种竞争在当今世界，并不是公平竞争，而是弱肉强食。其表现为称霸和强势的一方，为了维护和攫取更多利益与优势，常肆无忌惮或变本加厉地对弱势一方实施控制、瓦解和掠夺，使之永远弱下去或乱下去，其发达的舆论宣传即是实现图谋的重要工具。尤其针对我国惯用手段就是扯起所谓自由、民主和人权旗帜，鼓动民众思维行为西化和走极端，施压行政放弃对舆论宣传的引导和管理，妄想将舆论宣传变成行政的对立面、民众的洗脑器和霸权的代言人。如何识破境外敌对势力图谋，及时有效排除干扰，在舆论宣传战中牢牢把握主动权、打胜仗和巩固阵地，即是难题之四。

既然“脖子”如此重要，充分发挥其作用又有众多难题，那么对其管理得有质量、上水平和出成效。这就需要在实际工作中，注重围绕“脖子”内外在因素对症下药，科学应对。既要让其充分发挥作用，具有较大开放度，又需有形之手和无形之手正确管控，防止破题不力而生事、生变和生乱。从行政方面讲，必须坚持马列理论指导和社会主义方向，紧密联系国内外发展变化形势和经济社会发展大局，按照人民意愿和要求，善于运用有形之手管住、管好、管活舆论宣传，坚决抵御和排除各种不良干扰。尤其要通过深化改革、健全机制、完善功能、竞进提质，做强做优做大官媒，形成整体综合优势。凭借强大的硬实力和软实力，把握主动，积极作为，开拓进取，充分发挥舆论宣传作用，以在改革开放、经济全球化、互联网时代，以及自媒体兴起和多样化、碎片化、复杂化背景下，能够有效击退国内外敌对势力舆论宣传攻势，打破国内外敌对势力舆论宣传围堵，攻克国内外敌对势力舆论宣传阵地，逐步改变舆论宣传敌强我弱局面，不断扩大和巩固应有的话语权。能够引领国内舆论宣传，弘扬时代主旋律，牢牢占领舆论宣传主阵地。在法律和制度框架下，让“脖子”充分发挥自身特点和优势去为社会发展鼓劲加油、针砭时弊等。避免干预不当，影响其作用发挥。对于“颈脖子”出现的问题，当及时有效纠偏，使其回归正常发展轨道。要鼓励、引导和规范民众对舆论宣传发挥促进作用，体现舆论宣传的社会性和群众性。行政要加强自身建设，提高素质，热忱欢迎舆论宣传建言献策，实施监督。从民众方面讲，民众呼声始终是管理“颈脖子”的无形之手，作用力尽管具有分散性、多样性和随机性，但主流意识始终对行政和社会，包括舆论宣传具有强大影响力；非主流的某些意识尽管不代表社会前进方向，但对行政和社会，以及舆论宣传的影响也不可小视。有效发挥无形之手作用的重中之重就是要发扬民主，畅通渠道，科学引导，形成氛围，发挥功效。从舆论宣传方面讲，主要是练好内功，处理好有效管理社会、真实反映民众呼声和遵循舆论宣传工作规律三者之间的关系。有效管理社会，应善讲真理、政理、法理、公理；真实反映民众呼声，应求实、务实、坚实；遵循舆论宣传工作规律，应体现政治性、人民性、专业性、先进性。

二、烹饪佳肴“小三鲜”

我国是举世闻名的饮食烹饪大国，各种菜系和美味佳肴数不胜数，并且产业发达、文化丰富。舆论宣传属社会上层建筑意识形态，其运作和管理看似与烹饪风马牛不相及，但若认真研究则不难发现，烹饪的诸多艺术和哲理不仅对做好舆论宣传工作有用，有的甚至堪称应对大事和难事的治理经典。

道家鼻祖老子有句名言：治大国若烹小鲜。大意是治大国如厨师烹饪小鱼，是很细致的活儿，需要有高超的技艺。处置不好不要说做成美味佳肴，就是保持小鱼鲜嫩的口感、完整的外表也是比较难的事情。也同百姓所说：煎小鱼的活儿是轻不得、重不得，急不得、慢不得，要不轻、不重、不急、不慢。火大了，给煎煳了；太急了，给翻烂了；什么调料都往里放，小鱼特有的鲜味被搞没了；关键要讲究操作技术。就行政方面而言，就是要善于把握舆论宣传特点，尊重、维护和支持其功能的完整性，保障对社会的全覆盖；注重保持其特有的品质，发挥其特有的作用，大力宣传党的路线方针政策与社会新风尚，引导社会和动员民众支持行政工作，监督行政工作；对舆论宣传管理，特别是问题纠偏，重在措施精准，拿捏分寸，掌握火候，以柔性操作为主。把握好度，以免过激过重影响其既有特色和职能发挥，以及过缓过轻使其偏离方向和工作不力，对社会某些负面因素起推波助澜的作用。就舆论宣传方面而言，主要是把握党的路线方针政策，立场坚定，旗帜鲜明，为建设发展和社会民众服务；加强自身建设，夯实基础，完善功能，不断竞进提质，始终走在时代前列；对社会复杂情况有清醒认识，既要知其然，更要知其所以然；对有的民众的不满情绪和意见，先不要简单下结论，而要多听、多看、多想，及时归纳整理，向行政提出意见建议，多给民众做宣传解释或教育工作；对行政中的问题，要进行深入研究剖析，根据工作需要，或从内部渠道反映，实施监督，或从公开渠道实施监督，把握好度。

在传统美味佳肴中，还有一道民众耳熟能详的大路菜，这就是爆炒腰花。其主要做法：将猪腰子切成花状，各种调料备好，随即用旺火把锅里的油烧开，倒入葱姜和腰花，用铲子快速翻动，适时加入调料，再稍加翻动就起锅入盘，一道又鲜又嫩又脆的爆炒腰花就这样做好了。要把爆炒腰花这道菜做好，关键在于操作娴熟，把握火候。火候不到，腰花里面尚生未熟；火候过了，就没了鲜嫩脆的口感。在舆论宣传工作中，也会时常出现具有爆炸性与震撼力的正面或负面事物所形成的社会热点。这既是舆论宣传发挥重要作用的难得机遇，也是对舆论宣传能力的重大考验。就形同爆炒腰花一样，爆炒热点，是舆论宣传的特性。爆炒水平如何，主要体现在对热点的认识和爆炒的火候把握上。爆炒正面事物欠火候，在社会上和民众中难有良好效果；爆炒过了头，容易陷于形式主义假大空的窠臼。爆炒负面事物欠火候，不能令社会和民众振聋发聩，反思反正；爆炒过了头，容易推波助澜，诱发其他复杂问题，对社会产生负面影响。况且爆炒正面事物和负面事物，不仅需要激情和技能，更需要理性和水平。爆炒所需要的要素配置也不是随意而为和随意取舍，都得以取得良好社会效果为前提。

舆论宣传所面对的客观现实，因其处于社会前沿和各种矛盾旋涡，往往是各种各样的社会思潮、社会沉渣和疑难杂症等。这时，就会出现一时争论不休与难以弥合分歧的局面，但“脖子”也不能没有态度和作为，毕竟社会诸多方面都在看“脖子”如何发声。应对此类状况，我们不妨借鉴传统另一道大路菜——炖腊骨头汤的制作。腊骨头是经腌制的陈年肉骨，质地坚硬，沁香和营养都在骨质里。炖腊骨头汤如像烹制小鲜和爆炒腰花那样，不仅达不到应有效果，反而容易让自己陷于欲罢不能、欲进不成的被动境地。这时候就要换一种思路，将一个装有适量清水的瓦罐放在火炉上，倒入腊骨头和作料，用文火去慢慢炖，让时间发挥独特功效，不知不觉一罐鲜美的腊骨头汤就这样炖成了。应对社会诸多腊骨头般的疑难杂症，先要有一个像瓦罐那样讨论问题的平台，引导和促成有关方面心平气和各抒己见。以免上来就针锋相对，热炒爆炒，欲速不达，效果适得其反。同时，要像下作料那样，将各种正能量因素做成配方，相机持续加入，以向疑难杂症内部进行渗透，直至其最终被攻破。再则，在工作度数上要像文火那样重在精准、均衡、持续发力，做潜移默化和深入细致的工作，进而化解矛盾，统一思想，以利于社会方方面面的协调联动、共谋发展，这就是借鉴炖腊骨头汤的妙用。

三、说文解字析“文化”

舆论宣传属于大文化的范畴，要从本质上理解舆论宣传，做好舆论宣传，还需从大文化角度思考问题，进而把思路打得更开，制定的对策措施更有针对性。关于“文化”两字的内涵，这里不作阐述，但从这两个汉字本身的结构布局，分析其对舆论宣传工作的启示作用。众所周知，楷书“文”的写法是一点、一横、一撇、一捺。结构布局上是“点”在上居中；“横”在“点”下水平居中位置；“撇”从“横”的右下方起笔，朝左下方运笔，渐渐收窄呈刀尖状收锋；“捺”从“横”的左下方起笔，朝右下方运笔，越往下笔画越宽，到了相应位置顿笔转向呈大刀状收锋；“撇”和“捺”交叉运笔，其交叉点也在居中位置。“化”的写法比较简单，左边一个人字旁，右边权当引申为“匕首”的“匕”字。“文化”两字笔画虽然数笔，字里行间却具有非常丰富的内涵。

舆论宣传工作与行政、民众之间的关系，是舆论宣传最重要和最难处理的关系。怎样才能辩证地处理好三者之间的关系呢？“文”字给了明确答案。一是先看“点”。“点”包含三层含义，它必须在其他笔画之上，必须居中，必须微微向左倾斜。“点”可以看成人的头颅，比喻做文化工作和舆论宣传工作的认识与理念。头颅在上，认识理念在上，这好理解，但之所以要居中和向左倾斜，则要结合“横”的结构布局理解。二是看“横”。“横”是一道水平线，可形象地视为人端平的肩膀和水平伸开的两臂，进而构成了舆论宣传所涉及的两个最重要关系——左边的行政以及右边的民众。“点”落在水平线居中位置，就是说在与行政和民众关系把握上，舆论宣传的认识理念和实际工作必须紧密同行政与民众相结合，并微微偏向行政。之所以如此，皆因执政党和行政体系是社会统领，也是上层建筑意识形态、民心民意和舆论宣传特性决定的。三是看“撇”。“撇”的笔画是从“横”的右下方重重起笔，朝左下方运笔，渐渐收窄呈刀尖状收锋，说明舆论宣传工作必先广泛深入民众。起笔重和宽，说明工作要有力度、广度和深度。运笔走势往行政方向走，但在运行过程中得对从民众那里获取的信息进行归纳整理，反映到行政那里一定是最真实、最能体现民情的信息和对策建议。“撇”的运笔走势，也就是毛泽东同志所说的“从群众中来”。四是看“捺”。“捺”是从“横”的左下方起笔，朝右下方运笔，渐渐加力加宽，顿笔收锋呈大刀状，说明行政根据民情作出决策，舆论宣传当责无旁贷加大工作力度，向民众广泛深入宣传，以营造氛围，凝聚民心，鼓舞斗志，振兴事业。“捺”的运笔走势，也就是毛泽东同志所说的“到群众中去”。五看“撇”“捺”形成的交叉点。它实际是舆论宣传服务行政管理社会和反映民情、服务民众的平衡点，更是实际工作效果的观测点。“撇”“捺”在整个“文”字笔画结构布局中得当，两者交叉点处在居中与上面一点对齐位置，不仅说明与行政和民众关系处理得好，更说明实际工作做得好。若交叉点偏左，说明适应服务行政的能力水平不够；若交叉点偏右，说明联系、宣传、服务民众不够。故做好舆论宣传工作，应从“文”字的写法和笔画内涵得到启示：解决认识理念问题在先；接下来是理顺关系，找准融合互动方式；然后坚持从群众中来，深入了解和科学反映民众呼声，为行政决策服务；最后是根据行政决策，坚持到群众中去，发挥舆论宣传的放大效应，进而宣传民众、组织民众，促进行政决策落实。这就是“文”字的精华所在。

把“文”的含义搞清楚了，只能说仅仅解决了认识理念、关系定位、工作路径和鉴别标准等问题。虽说非常重要，但仍停留在思维活动层面，要转入具体实践中去抓落实，还需要一定要素做保障，这就需要从“文化”的“化”字中寻求答案。“化”所反映的是“人身怀利器”，也就是人与工具的结合，这对于舆论宣传工作同样具有重要意义。舆论宣传属于上层建筑意识形态，所面对的客观实际纷繁复杂，因而在抓落实过程中，会遇到各种各样的艰难险阻，这就给我们提出了三个方面的问题。首先，“化”字告诉我们，好的认识和好的思路需要人去抓落实。客观地说，形成好的认识和思路是不容易的，但在具体实践中，有时并不缺好的认识和好的思路，缺的往往是扎扎实实狠抓落实。抓落实就需要政策理论水平高的人、敬业精神和事业心强的人、业务精湛的人、实战能力强的人、具有坚韧不拔意志力的人、会做民众工作的人。一句话，做好舆论宣传工作，需要高素质的人去抓落实。其次，“化”字告诉我们，好的认识和好的思路，不仅需要人去抓落实，还需要有好的工具。尤其在现代科技高度发达的时代，工具的使用一定要跟上时代发展步伐。再次，“化”字告诉我们，好的认识和好的思路，不仅需要人和工具去抓落实，还需要两者始终保持关系结构良好，形成良性互动。

综上所述，“文化”两字内涵丰富，既回答了舆论宣传工作的理论问题，又回答了舆论宣传工作的实践问题。“文”讲的是思想、理念、理论和思路；“化”讲的是行动、实践、落实和执行。只有两者相辅相成、相互促进、相得益彰，才能达到理想境界。

2012 年 1 月

优化经济发展环境必须打好三大战役

建立和发展社会主义市场经济，实现中华民族伟大复兴，离不开经济发展和综合国力提升，其重要保障在于优化经济发展环境。说到环境，既是老的话题，更是新的话题。说是老话题是因为改革开放30多年的实践证明，环境不优，要实现经济腾飞，无疑天方夜谭；说是新话题是因为形势发展千变万化，纷繁复杂，各种新情况和新问题层出不穷，要建设和保持优良环境难度较大，且必须打好三大战役：优化企企关系，优化政企关系，优化社企关系。

一、优化企企关系是主体

优化经济发展环境，一般涉及两大层面，内在层面是企业，外在层面是行政、其他社会组织与公民。企业是社会经济组织和市场的基本单元，优化经济发展环境的主要任务在于提高企业素质和规范市场行为。因为企业作为市场主体，本质具有两重性：一方面，企业通过生产经营，为社会创造财富，提供就业，丰富生活，促进发展，增强综合国力，客观上对促进经济发展起到巨大作用，理当得到行政的支持、社会的帮助，行政为其发展创造条件也是责无旁贷。另一方面，企业生产经营的直接目的是营利，其间发挥主导作用的资本本质是唯利、嗜利和争利的最大化，如果企业人员的素质参差不齐，以及企业内部存在不良条件，企业的市场行为就会突破法律道德底线，对社会造成负面影响，导致经济发展环境不良或恶化，且难以治愈。诸如有的企业自恃居于产业链高端，或处于行业龙头、垄断地位，习惯按“丛林法则”行事，动辄以大欺小、以强凌弱，恶意转嫁运行成本，抢占、盘剥弱势配套企业利益，常挂嘴边的就是“就这个条件，你答应也得答应，不答应也得答应，不干就请走人，想干的人多得是”。有的企业自私自利，不讲诚信，借人钱豪言壮语，拿人钱感言谢语，用人钱不言不语，赚人钱欢言笑语，赖人钱花言巧语，还人钱泪言苦语，表现出各种病态。有的企业习惯单打独斗，大小事愿自己说了算，不愿协作共事；即便协作也多争当老大和相互猜疑，相互掣肘，不行散伙。还有的企业习惯彼此恶性竞争，让外方获渔翁之利，甚至将损失通过不法与失德手段向社会传导，往消费者转嫁等。如此，不仅影响经济发展环境，对社会的负面影响也不可小觑。

企企关系是最重要的经济发展环境，理当成为优化经济发展环境的重中之重。具体做法有四：一是进一步加大市场法治建设力度，严格规范企业市场行为，严惩各种不正当市场竞争。尤其要防止低素质企业经营者见利忘义、胆大妄为，给资本野马带上笼头，完善法治治理结构，构建严密的防控高压线。二是加强市场诚信体系建设，鼓励支持遵纪守法、诚实守信的企业和企业家，约束或打击不遵纪守法和不诚实守信的企业与经营者，引导和规范企业内生动力，增强社会监督约束力。三是注重引导社会舆论，搞好对企业和经营者的宣传教育，帮助企业搞好文化建设，不断提高企业和经营者的综合素质，增强社会责任感，积极为营造优良经济发展环境创造条件。四是企业和企业家是优化企企关系矛盾的主要方面，必须从思想上消除同行是对手、同行是冤家的传统观念，加强学习，开阔眼界，学习法治思想，强化社会责任意识，重视企业文化建设，讲究社会诚信和分工协作，走一条靠新思想引领的法治诚信、技术创新、管理科学、集聚优势进而赢得市场竞争的发展道路。

二、优化政企关系是关键

说起政企话题，可谓千古话题，而且对于政企关系褒之者较少，贬之者较多。诸如权钱交易，官僚资本等。若从另一角度讲，行政与社会打交道最多的领域可以说是经济领域，以及经济领域的企业，所以，政企关系如何，在相当程度上决定着经济发展环境好坏。自改革开放以来，我国逐步建立和发展社会主义市场经济，政企关系构建也就摆在了十分重要的位置，虽取得了长足进步，但依然存在问题。“上面很好，下面好狠”就是有的地方经济发展环境的真实写照，说的是上面政策和领导重视，对市场主体似春风化雨，但到下面具体执行时则如遇风霜雪雨，困难重重。之所以如此，是因为有些地方行政人员素质低下：有的认为，某些民营企业发家致富具有原罪，凭什么要用公共资源予以支持，助其扩充财富？现在的问题不是支持不支持问题，而是清算问题。还有的认为，现在某些老板，财大气粗，奢侈骄横，有些社会风气就是让这些人搞坏的，因而心生鄙视，何谈为其服务。再有的认为，现在一些企业和企业家富得流油，还要得公共资源之利，不让其让点利，也太便宜他们了。正是在这些不良心态作用下，只要涉及行政审批和涉企检查，则多从严要求、从慢办理、从上喊价、从重处罚、从中谋利。如此，难免导致政企关系不良，影响经济发展环境。

优化政企关系，是优化经济发展环境的重点和难点，且主要矛盾在行政。毕竟行政掌握公共权力，通过资源配置对企业发展有着重要支持作用，通过市场监管对企业市场行为有着重要约束作用，如何发挥好两大作用，是行政执行力和控制力优劣的体现。优化政企关系，一是理解企业，尊重企业。对企业和企业家而言，发展环境不优，首先因为有的行政机关和工作人员对企业缺乏认识，或者对企业的认识有时戴着有色眼镜，看问题不够全面。企业和企业家是社会财富与社会就业的创造者，也是支撑行政机关运行的纳税人，其要在激烈市场竞争中立于不败之地，发展壮大，贡献社会，压力之大、工作之难、日子之艰辛，是局外人所不能体味的。局外人所能看到的多为企业家住好房子、开好车子、穿好料子、吃好场子等风光潇洒，加上少数企业唯利是图，通过不正当竞争发家致富，奢侈享乐，所以，有的行政机关和工作人员看问题以偏概全，缺乏辩证，工作也就难免发生偏差。那么要修正偏差，就要善于多看企业和企业家对社会贡献巨大和积极向上的一面。不然，对企业和企业家就缺乏理解，没有感情，认识也就不可能到位。即便有的企业和企业家存在不足，也应该在理解基础上，有的放矢地加以引导和纠偏，而非以偏概全地开展工作，影响经济发展环境优化。二是帮助企业，支持企业。做企业的往往非常辛苦，之所以这样，多因市场纷繁复杂、竞争激烈等，特别需要行政的关心和服务。即先要摸清企业的实情和困难，以及合理合法诉求，进而带着感情和敬业精神，千方百计为企业排忧解难，以促进企业发展为荣耀。在这方面重在看企业的主流和发展趋势，有时的支持和服务甚至要大气一点、开明一点、给力一点。三是携手企业，优化企业。企业发展主要是市场的事和企业家的事，但从长远和深层次讲，更是行政的事。这就需要在充分发挥市场配置资源作用和企业充分发挥自主经营作用的基础上，行政积极作为，注重做好宏观规划，统筹结构布局，主动联系企业、融入企业、助推企业，使之按照经济、政治、社会的需要，建设和打造优质企业，以强壮社会经济肌体，切忌进行不必要的干预。四是奉献企业，扶正企业。行政要加强廉政勤政建设，多为企业服务，杜绝凭借行政手段从企业拿利。同时，也要教育引导企业走正当经营之路，坚决克服用金钱和交换手段扭曲政企关系，进而吃小亏占大便宜的落后思维，让政企关系变得更融洽、更清白。

三、优化社企关系是基础

企业是根植于社会土壤的森林之树，社会对企业发展的影响巨大，不断优化社企关系，对于优化经济发展环境尤为重要。从社会角度讲，企业发展难免要与属地基层组织和公民打交道，后者是前者自然环境与人文环境的集合，影响虽不像市场和行政那样，但毕竟诸多事项的解决都离不开后者的互动与支持；否则，前者发展就会有诸多麻烦。在现阶段，社企关系存在的问题是：基层组织和公民对于企业发展的艰难辛苦知之甚少，对于企业的不良举动倒是比较敏感。尤其当有的企业存在影响市场经济秩序和社会风气行为，以及缺乏社会责任感和对社会少尽责任的时候，有的基层组织就容易产生不满情绪，有的公民就容易产生仇富心理，导致平时不是支持企业发展，而是习惯于唱衰企业，甚至利用各种方式给企业出难题和找麻烦。这对企业虽不至于伤筋动骨，但常让企业如芒在背、如刺在喉、如沙在眼。从企业角度讲，也确实有的企业不把所在地的基层组织和公民放在眼里，平时忙着与市场打交道，遇事往往习惯找政府，甚至对属地基层组织和公民多有微词，单纯埋怨经济发展环境不好，较少从优化自身行为的角度去思考问题和做好工作。社企关系不融洽，无论对企业，还是对社会都不利。

优化社企关系是优化经济发展环境的重要内容。就行政而言，属地政府不仅要注重在硬件建设上创造条件，还必须从软件特别是在文化建设上加强对基层组织和公民的教育引导，拿出切实可行的措施去营造尊商、爱商、护商、助商的氛围，对于为难企业的行为要及时制止，甚至要依法处置。就属地基层组织和公民而言，首先要提高认识，对企业报以善意，培养感情，多看企业和企业家长处，辩证地看待不足，善意帮助企业克服不足，多为企业唱赞歌，防止唱衰企业，甚至干为难企业的事，要力所能及为企业办好事，支持企业发展。就企业和企业家而言，也要多关注属地基层组织和公民，注重培养感情，多交朋友，尽自己的努力多做一些善事，履行好自己的社会责任。同时，企业和企业家也要严格要求自己，注重行为约束，在社会和公众中树立形象。如此，社企关系搞好了，对于经济发展环境的优化就会起到事半功倍的效果。

2014 年 5 月

由“掌形”变化看地方行政改革

党的十八大吹响了全面深化改革号角，加大行政改革力度即是关键之举。行政体系庞大复杂，推进改革工程浩繁，难度很大，地方行政尤其如此。如果我们转变思路，另辟蹊径，那么行政改革许多工作执行落实起来则容易得多。手掌是由掌心和手指构成，党委政府如掌心，各职能部门如手指，行政体系运行如手掌。深化行政改革的重头戏也就在于如何调整好体系内“手指”之间、“手指”与“掌心”之间的关系，以及体系内“手指”“掌心”与体系外社会组织和公众之间的关系。且“手指”和“掌心”构成一个整体即“手掌”，“掌形”的变化影响着整个行政体系运行。

一、对外——由竖到横

传统行政体系运行如手指指尖朝下竖立的手掌，得以常态化直接触及社会平面的多为“手指”。该“掌形”好处在于：行政部门分工明确具体，有利于将行政业务做深、做细、做专，做成职业化。其弊端在于：一是“指尖”触及和服务社会平面呈点状分布，工作具体，掌握的资源和权力有限，而社会组织和公众所需多为成线成片行政服务，两者供需反差明显。二是行政权力和资源配置多由部门具体运作，客观上也就为部门追求扩大权力和配置更多资源创造了条件，若对这种追求控制不力，就会出现部门“手指”越长越多、越长越粗，造成应对社会平面具体事务的工作层级越来越多，程序越来越繁，约束越来越强，较难接到基层地气，难了解基层实情，不利于解决基层问题。三是在复杂的社会环境中，行政运行很容易受到来自封建腐朽意识形态和资本主义意识形态的侵袭，加之行政体系自我监督防范机制不可能尽善尽美，工作人员素质参差不齐等，也就难免出现权力部门化、部门利益化、利益法制化现象。因此，实施行政改革，就是要针对传统常态化“手指”朝下竖立的“掌形”，在规范和保留优势基础上，改成“手掌”横向平扣的“掌形”，减少行政层级，能力下沉，与社会平面尽可能扁平化对接互动，以更好提供成线成片的综合优质服务，切实满足社会组织和公众需要。

二、对内——由掌到拳

在传统行政体系，一般都有较稳固的权力构架，形如五指自然分开的手掌。该“掌形”好处在于：党委政府处在宏观、综合、统筹、决策位置，职能部门对上既服从党委政府领导，也服从上级垂直部门专业化领导，对下具体服务社会组织和公众，管理社会事务，有助于发挥条块结合优势和作用。其弊端在于：一是“手指”之根虽然连接“掌心”，但“手指”因业务延展等多种因素导致组织种类和层级较多，党委政府决策的贯彻落实往往要经过“手指”多个单元和多个层级方能到达“指尖”，进而触及社会平面，容易造成决策执行周期过长或执行走样。二是“手指”具体掌握相应权力，调配相应资源，若是监督管理不到，比较容易形成部门独大、内设机构独大、关键岗位独大等问题，加之部门之间以邻为壑，井水不犯河水，做起事来相互扯皮，相互掣肘，也就不言而喻了。三是“手指”自成一脉，自守一域，工作习惯于上下对口，易使党委政府决策在部门政令不畅，难以落实。或者不是强调部门利益搞上有政策、下有对策，就是死抠具体法律法规条款和借口上级对口单位有意见，让党委政府许多好的决策执行不下去或被变通执行。四是“手指”林立，自成体系，自以为是，还容易相互攀比向党委政府争权，向社会争利等。那么涉及体系内改革，就必须在巩固和发挥五指分开“掌形”优势基础上，将分开的五指向“掌心”合拢，形成一个“拳头”，重在围绕党委政府决策，理顺部门相互关系，整合资源和力量，“集中优势兵力，各个歼灭敌人”，以提高党委政府工作的执行力和战斗力。

三、对策——由形到能

行政改革中“掌形”变化无论是由竖到横，还是由掌到拳，实现形的转换相对容易，但要真正做扎实和做到位，还必须体现在提高和增强行政能力，以及取得好的效果之上。一是转变观念。在权力运用、资源配置和机关运行上，有的行政机关和工作人员存在较为根深蒂固的旧观念：自上而下“我管你，你被管”；相互间“你是你，我是我”；在自己的码头和地盘上，凡能优先的先优先自己，凡能方便的先方便自己，凡能保全的先保全自己，凡能贴金的先贴给自己。故对外不能有效先民、便民、利民、尊民，影响行政效率、行政形象和行政权威；对内各自为政，各吹各号，相互内耗，难以有效形成整体合力，影响行政执行力和战斗力。可见，要实现行政“掌形”变化，当首先打破传统旧观念，对外必须把服务社会和民众放在第一位，对内必须把发挥行政整体优势和能力放在首位。在此前提下，再“八仙过海，各显神通”。二是强力整合。行政“掌形”之变，就是要结合实际，重点对行政资源要素进行整合，使之得以优化，发挥最大效用，其关键就是人力资源、财力资源、信息资源、审批监管资源的整合。整合过程就是打破传统格局的过程，就是触动既得利益的过程，就是规范监管和强化服务的过程，就是提高效率和质量的过程，因而阻力较大。整合是一场攻坚战，对外就是要将各种有效行政资源向社会平面整合集聚，让行政各个层级更好地接地气，更好地为社会提供扁平化服务；对内就是要在部门之间、科室之间、岗位人员之间坚决打破传统固有“你是你，我是我”画地为牢的思维行为方式。着力将党委政府的综合、统筹、抓大之力与部门专业化之力整合成一个“拳头”，实现行政在专业化基础上的集约化运行。三是创新机制。传统行政体系常见的一种运行机制是纵向行政业务相同、上下贯通，因为很少直接对社会和公众而自成一体，上下互动比较顺畅。另一种平面协调机制则问题较多，不仅部门之间协作共事需要反反复复磋商协调，甚至不断扯皮，行政对社会平面事务的管理与服务也多靠反复磋商协调，难以及时化解矛盾等。要有效实现行政“掌形”变化，就必须在体制内去强化自我、封闭自我、连贯自我的旧机制，强化将资源优势集聚到如何围绕与服从党委政府决策落实，以及如何将部门力量凝聚起来、有效互动、协作而为的新机制；在体制外就是要以满足社会需要和民众需要为导向，创新和强化将行政资源更有效地集聚在社会平面，更好地发挥作用和效益的新机制，也只有当这样的新机制建立和完善了，行政服务才会随形势发展需要，不断迈上新的台阶。

2014 年 5 月

坚持问题导向，竭力服务企业

为企业提供优质服务，是地方政府的基本要务，但其难度是显而易见的，难就难在有的人员思想观念陈旧，地方行政能力不尽平衡，地方情况复杂多样等。为企业服务要做到常抓常新，不断开创新局，通常要解决好以下三个问题。

一、把握内涵

为企业服务的内涵非常丰富，关键在于处理好三大关系。一是企企关系。企企关系是企业最重要和最基础的关系，该关系优化的前提在于市场调节、企业自律和不断提高素质，然后才是行政规范和引导。毕竟市场作用和企业行为效果如何，最终都会通过多种方式传导于地方政府，促使地方政府通过对市场和企业的调控，达到改善企企关系的目的。二是政企关系。从一般意义上讲，政企矛盾的主要方面在地方政府。要做好服务企业这篇大文章，地方政府必须首先有效集聚各种行政资源，全力以赴地支持企业发展和做大做强。在此基础上，才是依法加强监管，促使企业调整和优化内在关系结构，进而促进政企关系和谐共融。三是社企关系。首先是企业属地组织和居民要自觉关心企业、支持企业，营造重商护商的氛围。其次是企业要善于同属地组织和居民联系沟通，主动尽社会责任，以赢得信任和支持。最后是地方政府针对社企关系实际，加强对双方的教育引导，及时化解相互间的矛盾，促进社企关系相得益彰。可见，把握地方政府服务企业内涵之精要在于抓中间带两头，带两头促中间。

二、完善链条

服务企业是一个动态过程，更是一个有机链条，具体表现在四个阶段。一是优生优育。说到为企业服务，首先是生育环境，也就是常说的行政审批。要确保企业生得好和生得快，当尽可能减少行政审批事项，优化行政审批流程，规范行政审批收费，提高行政审批效率。只有行政审批环境宽松、有序，才有利于企业诞生和量的增长，进而为经济发展奠定坚实基础。二是健康成长。无论是增量企业还是存量企业，都有一个平台建设和体量扩展问题，也就是常说的项目建设。其间既涉及行政审批，更涉及协调服务。这就要求在行政审批上，必须实事求是，具体问题具体分析，坚持原则性与灵活性相结合，既要在大的方面规范，更要关注项目建设进度需要。同时，要多从企业角度思考问题，及时帮助企业排忧解难，促进企业项目及早建成，产生效益。三是日常工作。生产经营是企业最常态化要务，地方政府为企业服务的最主要任务就是扶优扶强，把财力物力用在刀刃上；要求执法监管部门严格自律，优化服务，力戒以权谋私，向企业伸手；及时制止和查处社会对企业的不法侵害，保障企业正当权益；注重教育引导企业合法经营，恰如其分地处理企业违法违规或不正当竞争问题。四是安乐死亡。企业有盛有衰，有生有死，这是很正常的现象，当企业因市场或自身素质或违法违规原因必须退出市场时，有时会遇到与法律道德相悖的群起而攻之和落井下石，让退市企业遍体鳞伤，这也是服务企业不优的表现。对此，地方政府不仅要及时制止外界对退市企业的不法侵害，也要及时化解退市中的各种矛盾，提供必要的支持和关怀，让企业得以顺利安乐死。

三、突出重点

为企业服务千头万绪，但只要抓住工作重点，往往就能取得事半功倍的效果。一是优化硬件。要围绕企业需求这个核心，在城市功能和园区功能的结构与要素配置上，注重顶层设计，搞好规划，组织动员各方力量，加大投入，加快建设步伐，将基础设施建得更好。二是健全机制。说到服务企业，一般涉及众多行政部门，服务方式具有多样性、分散性和不确定性，有时难免职责交叉，重复进行，多头行动，影响企业正常生产经营。即便是为企业办好事，也容易给企业带来诸多不便。这就需要进一步改革创新，在行政部门之间构建一种良好的运行机制，实现企业需求信息的联通，涉企行为的联动，具体操作的联办，进而整合优势，优化结构，服务企业形成一个拳头。三是提高素质。为企业服务，首先要有物质基础，注重为行政部门配置必要的设备设施，强化必要的技术手段，但重头戏是加强对工作人员的教育培训，使之具备良好的职业道德和职业技能，使其思维行为方式现代而富有创新性，这也是提高服务质量和效率的基础所在。四是打造品牌。为企业服务尽管是一个个具体行动和过程，但对地方政府来讲，要达到理想境界，就必须将服务企业工作定位于打造企业优质品牌之上。尤其要善于集聚各种先进文化要素和先进行政要素，紧密结合地方实际，持之以恒抓下去，进而引领地方发展新潮流，助推企业大跨越。

2014 年 8 月

管理行政机关要走好三步棋

论及地方行政工作，可用手掌形象作比，党委政府是掌心，各行政机关是手指，掌心功能重在决策和管理，手指功能重在执行和落实。可见，党委政府要把行政机关管理好，就必须围绕放活、加油和查究辩证进行，促其竞进提质，创造佳绩。

一、何以放活

管理行政机关必须从严，做到严而有度、严而有效。有的工作滞后和效率不高，一个重要原因就是放开搞活不够，导致内生动力和释放潜力不足。所以，管理行政机关要从严。但现实问题是，一方面严得不够，没严到位；另一方面对严格管理的把握不够科学和精准，如果说乱为问题居多与“宽进宽管”有关，那么某些怕为、少为和不为问题则是“严进严管”操作不当所致。行政机关位居一线，任务艰巨，责任重大，直接面对百姓和千变万化的事物，其职能作用和主观能动作用发挥至关重要。这就需要党委政府实事求是，具体问题具体分析，要像优化企业发展环境那样，有针对性地对行政机关工作“宽进严管”和放开搞活。

体察实情。行政机关是服务管理社会的具体责任主体，党委政府理当为其正确履职尽责创造宽松条件，以充分调动其工作的积极性和创造性。即注重对不同行政机关工作进行梳理，从有利于工作开展角度，认真研究分析实际工作现状，搞清哪些方面需要放开搞活，以及鼓励支持创新创造，哪些方面必须严格管理。力求有的放矢，对症下药，防止因实情把握不准，所采取的举措束缚行政机关手脚，影响工作正常开展，或是该管的没管和没管住，导致有关问题滋生。

明晰事理。在搞清行政机关工作实际的基础上，应当把如何放开搞活的道理和对策想明白。从促进工作出发，一是要解放思想，认清形势，厘清思路，该放活则放活，果断利落，充满自信，让行政机关有职有权有力和放心大胆干事创业。二是要创新思维方式，少从传统思维角度想问题，多从辩证思维角度想问题；少从管的角度想问题，多从帮的角度想问题；少从假设下级滥用权力角度想问题，多从如何正确用权角度想问题；少从一放就乱、一管就灵角度想问题，多从会放就活、滥管就死角度想问题。三是要职责法定，科学分工，做到责权利相统一，人财物相匹配，点线面相协调，不要老在管住下属方面打主意，而在怎样让下属努力工作和创造业绩方面下功夫。

有章有法。对行政机关工作实施放开搞活，是为了让其工作有较大自由度、灵活性和主动权，以有效应对复杂多变的形势和艰巨任务，这是客观实际和行政机关性质决定的。只不过实际放开搞活就不能仅凭良好主观愿望，还要注重掌握放开搞活的工作艺术，拿捏好分寸，把握好度数。一是充分信任。相信工作人员有觉悟、有能力把工作做好，信任是放开搞活的基础。二是真情实感。工作人员是贯彻落实党委政府决策的主力军，也是各种挑战压力和艰苦劳动的直接承受者，还是党委政府应对矛盾的缓冲区和信息源，所以必须善于带着深厚感情想问题、放权力、鼓干劲，关心支持工作人员搞好工作。三是围绕重点。行政机关工作重点为促发展和惠民生，无论是放开也好，搞活也罢，都必须以此为导向。只要有利于促发展和惠民生，都应该大胆放开搞活，及时放开搞活，实实在在放开搞活，让行政机关有职有权干事业，力戒形式主义的东西扯后腿。四是宽容大度。促发展和惠民生工作纷繁复杂，因客观条件所限和素质能力不足，有的行政机关和工作人员的努力付诸东流或出现失误。对此，排除主观故意类事件，要给行政机关减压松绑，多加理解，多给鼓励，容许工作失败和失误。

二、何以加油

党委政府工作如高速运转的机器，各行政机关是其重要组成部分。要保持机器协调有序运转，就得高度关注行政机关运转状况，及时保养和维修，以利于其充分发挥作用。这就涉及如何帮助支持行政机关抓好主业和贯彻落实这一重中之重，以及明察工作不同程度存在的“五不”和“六多六少”问题。“五不”即不及时，帮助排忧解难时常滞后；不均衡，容易只突出重点，较难统筹兼顾；不实际，对基层情况不甚了解，有时好心办错事；不给力，较少神来之笔和四两拨千斤之效；不持久，无法贯穿工作始终。“六多六少”即口头支持多，实际行动少；物质支持多，精神关爱少；表现形式多，管用内容少；事后诸葛亮多，及时雨宋江少；锦上添花多，雪中送炭少；零散举措多，系统举措少。要有效改变这种状况，促进行政机关打好发展经济与惠及民生的攻坚战，主要还在于对行政机关要及时加油、着力加油、善于加油。

优化结构。结构反映的是行政机关工作要素组合关系，组合关系优良，往往事半功倍。一要精准定位。行政机关的主要任务是贯彻落实党委政府决策，前提是要紧扣“布局最优，材质最好，关系最佳，互动最良”的明晰思路，确保行政机关工作具有方向感。二要精简机构。针对机构膨胀实际，大力进行裁撤，使之与履行职能和实际需要相适应。这对有的党委政府来说无疑难度较大，但该下的陡坡还得下。三要精修职能。即按照职责法定要求和满足实际需要原则，注重把各行政机关职能厘清，避免交叉重复，以利于各司其职，提高效率。四要精干队伍。必须下决心进行人事改革，坚决将某些行政机关超编超职数的问题化解和理顺，并形成梯次配置，力求用最少的人去干成干好最多的事。五要精选主业。不同行政机关都有不同职责和工作对象，要提高战斗力，还必须引导和帮助其在错综复杂条件下，善于抓主要业务和主要矛盾，通过以点带面和纲举目张，走活全局一盘棋。

配置资源。行政机关处在发展经济和改善民生的前沿，直接应对和处理众多矛盾，且所掌控权力和调配资源有限，需要党委政府的重视与支持。首先要坚持问题导向。即经常深入行政机关，调查研究，摸清情况，发现问题，拿出办法措施，及时调配资源，向一线倾斜，把好钢用在刀刃上。其次要雪中送炭。行政机关工作难免遇到这样或那样的困难，常让工作人员心有余而力不足，或令百姓处境艰难，期盼借党委政府东风攻坚克难的愿望非常强烈。故党委政府支持行政机关工作要更多解其燃眉之急，送更多及时雨。再次要发挥杠杆作用。对行政机关的关心支持不在数量，而在质量；不在多少，而在多巧；不在包办代替，而在四两拨千斤，讲究配置资源艺术，进而激发行政机关内生动力，挖掘释放其工作潜能，不断创新。最后要注重软件支撑。为行政机关加油鼓劲儿，需要钱物支持和搞好硬件建设，但更重要的还要从深层次和长远考虑，多在建立完善制度机制等软件建设上指导帮助，以不断增强行政机关软实力。

打造能力。行政机关工作强不强，说到底在能力优不优，关键需党委政府培育和支持。首先要精通政策法律。运用政策法律是行政机关的看家本领，故必须高度重视行政机关政策法律水平提升，通过持之以恒的教育培养和实践锻炼，把基础夯实和功底扎牢，力争让每个工作人员成为政策法律的行家里手。其次是善做百姓工作。实践证明，要把百姓工作做好，往往不在主观愿望，重在态度和能力。故党委政府当以身示范，督促和带领工作人员经常深入百姓，了解百姓，熟悉百姓，与百姓交朋友，成为百姓知心人。在此基础上，必须有本事为百姓排忧解难，成为百姓利益的守护神。同时，还要擅长组织百姓，协调百姓矛盾关系，激发百姓创新活力，成为百姓的领路人。再次是强化技术装备。当今社会科技迅猛发展，无不颠覆性改变着人们的工作和生活。行政机关能否有效掌握现代科技，大力推进各项工作，实乃当务之急。因此，党委政府要搞好统筹规划和顶层设计，并加大投入，助推行政机关工作掌握和运用更多先进科技，使之始终走在社会发展前列。最后是增强文化实力。必须坚持不懈地致力于把行政机关建成学习的机关、开放的机关、文明的机关、创新的机关、廉洁的机关、高效的机关，让社会核心文化价值观内化于心、外化于行，成为社会的标杆和楷模。

三、何以查究

对行政机关工作必须放活和加油，促其正确行使职权，大力发展经济和改善民生。若仅限于此也是不够的，严格查究当及时跟进。因为社会复杂多样，各种新情况和新问题层出不穷。加之权力具有两重性，行政过程中利益诱惑众多，工作人员的素质参差不齐等，这些都容易导致某些行政机关和工作人员吃拿卡要，失职渎职，以权谋私，影响工作推进，损害行政形象。因而查究必须坚强有力、精准而为，既要讲究方法艺术，更要讲究持之以恒。力戒问题不突出和矛盾未激化就习惯一般号召，画虎在墙，表面严格，放任自流，甚至明知问题所在而不予重视，让一俊遮百丑，管理失之以宽、失之以软；或是等问题成堆、矛盾尖锐和社会反映强烈，方大行专项整治，从上限喊话，从下限查办，从重严惩，从快处置，等问题遏制，矛盾回落后，又回到原点。

事前警示。在行政机关工作，首先靠的是自觉，但光有自觉是不够的。要防止行政系统运行过程出问题，一味对其加高门槛、上收权力、附加条件、设置关卡并非好办法，而且也容易捆住行政机关的手脚，影响工作效率。其正确抉择是在行政机关工作开展之初，注重以教育警示为主，做到经常打招呼，问题早提醒，时时敲警钟，通过深入细致的教育警示，使其增强行为自觉，明晰行为规则，早亮行为红灯，加强行为自律。教育警示是潜移默化的工作，一定要经常讲、反复讲，不能有丝毫松懈，不能平时不教育，等出问题再去整治。

事中督察。行政机关出问题，大多是在实际工作中发生的，且一般有量变到质变过程。党委政府要支持行政机关搞好工作，还必须防止和纠正各种问题，其管控重点必须放到事中督察之上。善于像梳头那样不断用梳子梳和篦子篦，重在发现苗头，重在过程节点，重在敏感区域，重在利益得失，重在实际效果。搞督察要用喇叭喊，告诫该干什么，不该干什么；要多角度调查，广泛听取百姓意见和基层意见，抓住要害解剖麻雀，掌握真实材料，及时指导纠偏；要反复杀回马枪，既督促其工作抓落实，更督促其问题早整改。督察是管控工作的重中之重，在运用上需要讲究相应章法，在力戒形式主义和浮在面上的同时，要把着力点放到领导和关键岗位人员履行职责上，拿捏、把脉、点穴样样精通，彰显党委政府权威，体现工作艺术。

事后深究。党委政府管理行政机关具有宏观性、原则性和间接性特点，主要矛盾在行政机关自身。面对有的行政机关和工作人员背离党委政府要求，以及违法违规违纪的行为，必须旗帜鲜明，当机立断，既要紧抓不放，依法依规依纪严格追责，让以权谋私、玩忽职守和弄权渎职者受到惩戒；更要深入分析问题成因，善于发现管理体制机制漏洞，以及违法违规违纪问题的特点和规律，在对问题进行追责的同时，举一反三，修补体制机制缺陷，消除管理断层和空白，做到惩戒个别、教育一片，补齐短板，增强能力和提高水平。

2015 年 5 月

地方政务服务体系建设重点在“五化”

全国政务服务体系建设在如火如荼地深入推进，在深化行政审批制度改革、优化经济发展环境和便民利企上发挥了重要作用。地方是政务服务体系建设的主战场，也是便民利企的主平台，要不断适应深化改革的新形势，更好健全功能、优化服务，就必须围绕“五化”攻坚克难，提档升级，狠抓落实。

一、信息化

众所周知，地方以行政审批制度改革为核心的政务服务体系建设已十年有余，基本发展走势可分三个阶段。第一阶段，传统政务服务分散在各行政部门，百姓办事要在部门间来回奔跑。第二阶段，为解决传统政务服务的问题，各地随即建设政务服务中心，各部门实施窗口式入驻，为百姓提供了一站式服务。这虽大大方便了百姓，但仍免不了要来回跑。第三阶段，要让百姓足不出户，或在半小时、一公里办成事，政务服务事项也就必须实现网络化和向社区乡村下沉等，而这一切必须依靠信息化来实现，信息化是不断提高政务服务体系建设能力和水平的主要抓手。一是坚持规划引领。行政服务体系信息化建设是以地方和部门各自为政推进的，因缺乏统一规划和顶层设计，各方面实际差异较大。要从根本上解决这些问题，就必须像劳动保险那样，由起初县级统筹，逐步向市级统筹、省级统筹、全国统筹过渡，强调规划统一性也就成为解决问题的关键。故在信息化建设上，一定要围绕最终实现全域一网目标统筹规划，分阶段实施，进而逐步实现全县一网、全市一网、全省一网和全国一网。二是着力打开部门信息孤岛。传统政务服务体系信息化最大特点在于以部门为单元建设，其结果是遍地开花，参差不齐；上下可通，横向不通；投入巨大，功能富余，使用率低，资源浪费。尤其信息烟囱或信息孤岛现象普遍存在，更扩大和加深了部门之间、部门与百姓之间的沟壑，彼此互动常常撞上高科技壁垒而更加困难。要实现功能互济、信息共享、效率提升，就必须坚决破除以安全、保密、知识产权等为借口，实则固守部门一亩三分地和既得利益等旧观念，利用现代信息技术，将各部门间的信息孤岛打开，在信息流转和运用上融为一体。三是加快服务由面对面向背靠背转型。让百姓办事少跑路和不跑路，与部门工作人员少见面和不见面，是政务服务体系建设在便民利企上所追求的理想模式，实现的基本手段就是通过信息化建设将政务服务事项办理向网上集中，向掌上（手机）集中，向遍及基层的各种一机多用服务终端集中，真正让百姓随时随地享受信息化所带来的办事快捷和方便。四是优化部门办事流程。传统行政部门办事流程往往具有自定性、自闭性、自便性和自保性特点，且许多地方还处在纸质和传文件夹阶段，难免为百姓服务带来诸多不便，更不要说有的关联部门之间相互扯皮等。要扭转这种被动局面，就必须下决心利用信息化手段对部门办事项目流程进行联动整合、精简规范和并联运行，不仅确保相互间去摩擦，更要确保见阳光。五是强化大数据运用。政务服务体系肩负便民利企重任，汇聚大量数据资源，这些资源有的为部门单一性、零散化享用，有的则长期沉淀和闲置浪费。要开发政务服务大数据“金山”，就必须通过信息化建设，加强数据信息的收集、分类和管理，开发建设各种各样的实时性数据分析模块，以更好为经济建设和社会各方面服务。

二、标准化

政务服务体系建设已进行多年，其改革创新基本是以地方为主进行的，整个发展水平越来越高，基本模式业已成型，要继续向更高水平发展，当在标准化建设上大有作为。地方统一标准，逐步向全省统一标准，最终全国统一标准转型。具体做法有五：一是筑牢标准化意识。大力推进政务服务体系标准化建设，首先要解决思想认识问题。因为在地方政务服务体系建设过程中，诸多工作是立足于改革，主要是破旧立新；而在立新上先期皆着眼于实用，当经过实践检验和相对成熟后，有相当部分的建设工作尚未进行标准化规范和深化。这就需要在指导思想上，利用现有平台和项目，对政务服务体系进行标准化改造，坚定不移，一抓到底。二是优化标准设计。地方政务服务体系建设尽管不同，但在标准化建设上必须既体现普遍性，又考虑特殊的要求。用好现有国标，进行大规模复制推广；与发达地区对标，学习借鉴其成功和先进经验，转化为标准植入；注重自己创标，将实践检验成功的东西进行标准化打造。只有建立健全政务服务标准化体系，才能更好地发挥服务功能和造福社会。三是加强标准化培训。政务服务体系建设涉及的面很宽，从事便民利企的工作人员为数众多，在目前地方政务服务体系建设中，标准化普及率还是比较低的。即便有所使用，也是局部的、零散的和低水平的。这就需要在整个体系内部，加强标准化培训教育，不仅各级领导要重视标准，各级工作人员更应成为落实标准的形象代言人，要通过持续不断培训教育使标准化内化于心、外化于行。四是严格标准化操作。标准的制定不是为了好看，而是为了提高工作水平，让百姓享受到优质服务，促进经济发展。因此，在标准化执行上一定要严格规范。尤其当执行标准与潮流时尚、传统习惯等因素矛盾时，要坚持标准的严肃性和连续性，不能在执行标准上打折扣和搞变通。同时，注重执行标准的细节和人性化，把标准工作做实做细做好。五是坚持标准管控。标准落实往往是有阻力的，其主要来自人的惰性，或有的组织和领导的随意性。要防止执行标准不到位，关键就要按照标准进行严格考核，并把执行标准情况与工作人员的业绩和发展挂钩，实施奖优罚劣，以强有力的考核督办来为标准执行提供重要保障。

三、集约化

集约化本来是经济术语，但对于政务服务体系建设也有重要借鉴作用。传统政务服务体系运作是通过部门具体操作实现的，这些部门通过几十年运行，已把相关业务做得非常熟练，形成了处理业务相对固定和运转有序的工作关系网与关系链。但在实际运行中也存在问题，百姓找部门办事所要解决的问题往往不是点，而是线或面；那么百姓就不可避免要在部门间来回奔跑，费工费时。针对弊端，对现行政务服务体系进行改革，改革多实行了外科手术式切割，或另起炉灶，有的甚至从一个极端走向另一个极端。其实加强政务服务体系建设，一个重要理念就是要跳出固有思维，像发展经济那样，实行集约化经营，也就是说要善于将传统政务服务几十年积累的优势汇集在一起，打造成新的服务综合体，以更好发挥综合效益。集约化经营具体包含五个方面：一是思想观念集约。“你的是你的，我的是我的”，这种观念在许多工作人员心中根深蒂固，部门间老死不相往来。要适应政务服务体系建设新形势，就必须彻底打破这种传统旧观念，由部门集合看社会和世界，力求在思想上同心、认识上同步、工作上同向，对外是有机整体和攥紧的拳头。二是信息系统集约。部门经过几十年建设发展，信息化水平普遍较高，在系统内运用可谓卓有成效。但也存在致命伤，那就是相互间形成的高科技壁垒严重制约了政务服务效率提升。因此，要加强政务服务体系建设，必须在信息系统集约上来一场革命，着力克服建设交叉重复和浪费，你有的大家用，我有的做奉献，没有的统一规划，按需集中开发，集约运行，向社会有针对性开放。就如同请客一样，大家都将自己的拿手好菜端出来，集合到一块儿，让百姓享用丰盛无比的美味大餐。三是人员配置集约。长期以来，部门工作人员办事方式是以本单位为立足点的，除此就是越界，导致部门间协作难上加难，但百姓却不希望行政部门分散，办事时来回奔跑。这就需要在政务服务体系建设上，必须打破传统部门壁垒，根据百姓需要，将各部门对百姓服务的事项进行集约，将为社会服务的力量进行集约，将最优质的服务能力进行集约，形成整个政务服务体系为百姓量身定做的服务团队，进而把百姓的事情办得更好。至于各种人、财、物的调配，可不涉及“你的归我，或我的归你”，关键是创新机制，以机动灵活和集约优势服务百姓。四是运行流程集约。传统部门都有自己固定的经过优化的办事流程，从单个部门角度看，这些流程是先进的，但一拿到社会平面，将若干部门流程对接在一起，却让百姓办起事来麻烦不断、叫苦不迭。这说明流程从单一性角度讲是好的，从综合性角度讲往往不能满足实际需求。要加强政务服务体系建设，一个重要工作就是要对部门办事流程进行集约化整合，在部门集群中并联式优化，把部门对外办事流程统一打包整合精简为一个整体，真正做到让百姓办事快捷高效。五是监督考核集约。部门监督皆带有比较厚重的传统色彩，基本是以自我需要和业务要求为准，但要放到为百姓服务的大平台上操作，就起不到有效监督作用，只因与百姓需要不相适应。那么在政务服务系统建设上，以及服务项目集中配套向百姓服务时，很有必要将分散在部门的监督优势进行集约，然后进行优化，对所有涉及为百姓服务的部门和工作人员进行集中打包监督考核，以让监督考核更综合和更科学。在监督考核方式上，也可采用政务服务中心实施第三方监督考核，或借用社会力量进行第三方监督考核，重在考核监督服务质量和效率。部门则主要监督考核执法能力和业务水平，以使监督考核各司其职，相得益彰。

四、市场化

经过几十年改革开放，社会市场化程度业已提高，市场在资源配置中起决定性作用。政务服务体系建设一个重要目的就是促进市场化建设，优化经济发展环境，为市场主体和百姓服务。在传统政务服务体系中，以行政为核心的行政化思维行为方式还比较强固，仍习惯于社会各方面围绕行政指挥棒转。虽然经过改革开放洗礼有了较大改变，但依然任重道远，这也是政务服务体系建设中某些方面不适应社会主义市场经济，服务不能更好更快的关键。一是强化市场化思维。传统行政思维方式是一事当前，习惯性思考领导怎么说，权力怎么用，部门规范和流程怎么定，然后刚性要求市场主体和百姓适应行政既定格式照套了事。强化市场化思维，对于许多部门和工作人员来说是一场革命，这就要求在对市场主体和百姓服务过程中，善于用市场眼光观察问题，用市场手段解决问题，用市场价值观评价问题，进而深刻感知市场需求，以及市场主体和百姓在适应市场需求时，需要部门服务哪些内容与怎样服务。不然，部门闭门造车，甚至忙乎一场搞出来的东西自以为了不起，实则与市场主体和百姓要求大相径庭。二是注重以市场主体为工作重点。政务服务体系建设的重点是服务市场主体，这主要在于市场主体是经济的细胞、发展的支撑，以及行政机器运转的纳税人，让市场主体兴旺发达，是政务服务体系责无旁贷的要务。但是，长期以来在行政部门和市场主体之间一直是一种管理与被管理的关系，市场主体必须围绕行政部门打转。现代政务服务系统建设重点就是要改变这种方式，将管理与被管理关系转型为服务与被服务关系，将正常管理蕴含在服务之中。这就要求各部门必须跟踪市场主体，熟悉市场主体，按照市场主体的需要主动搞好服务，以市场主体发展顺利和成功为工作标准，尽可能在服务上做到零距离、零障碍、零成本、零投诉等。三是按照市场化配置行政资源。传统政务服务体系建设基本是满足行政需要为先，因而在资源配置上往往注重外在形象而少计成本，形象出来以后的使用价值和功能发挥如何则多不管。要在政务服务体系建设中注入市场化活力，就要在行政资源配置上，既要有计划性，更要有实用性；既要讲项目数量和形象，更要讲项目成本；既要追求强大功能，更要追求使用效率。否则，就会造成资源配置失当和浪费。用市场化理念指导政务服务体系建设和配置行政资源，对于有的部门来讲还是一个未能解决好的问题，需要不断努力实现转型发展。四是以市场化为导向改革创新。在新形势下搞好政务服务体系建设，其重要举措就是改革创新，这也是时代发展的主旋律。至于怎样改革创新则大有文章，如不得其法，主观愿望是好的，实际效果则可能适得其反。改革创新要达到预期目的，就必须坚持以市场为导向，统筹规划政务服务体系建设，注重搞清市场走势，顺应走势就改革创新；搞清市场规则，符合市场规则就改革创新；搞清市场弊端，有助于回避和防止市场弊端的就改革创新等。不然，坏了改革创新名声不说，也不利于政务服务体系建设的有序推进。

五、大众化

政务服务体系与百姓之间是对立统一关系。政务服务体系建设最重要的服务对象是百姓，这也是政务服务体系建设的目的。需求在百姓，供给在部门，部门有自己的体系和工作方式，无论在权力运用和资源配置上，主导权都在部门手中。故比较容易出现的问题在于部门以我为核心，刚性要求百姓服从部门。即便部门服务百姓也多局限在自己先期设定的范围内，习惯要求百姓适应部门工作方式。这样的结果就是，部门自我感觉服务百姓不错，百姓却不理解、不满意。在新形势下加强政务服务体系建设，就得一改传统模式，围绕大众化彻底转型。一是坚持百姓为本思想。行政权力为本和行政领导为本曾是千百年来约定俗成的铁律，对政务服务体系建设的负面影响根深蒂固。面对新形势，加强政务服务体系建设，最基本的就是要牢固树立全心全意为人民服务意识，不断清除官本位思想，真正从灵魂深处转到民本位上来，进而心里装着百姓，考虑问题追随百姓，抓好落实为了百姓，把常在书上写的和场面上讲的切实落实到具体事务上。二是把握百姓需求导向。主要是经常主动深入百姓中去，与百姓交朋友，与百姓打成一片，成为百姓的知心人；要对百姓需要进行认真调查研究，从中把握规律，确定重点，抓好统筹，既确保主攻方向，又分轻重缓急协调实施；要集聚行政资源，搞好优化配置，做到职责分明，人事相宜，各司其职，一抓到底。三是最大限度方便百姓办事。百姓人数众多，情况也千差万别，对政务服务体系工作难免有多样化要求，其最主要的就是办事方便快捷，干脆利索，不走弯路。这就要求部门和工作人员实际操作时，在态度上要想百姓所想，急百姓所急，忙百姓所需；在时间上要注重延时服务、预约服务、上门服务、错峰服务，把更多时间留给百姓机动掌握运用；在手段上要充分发挥工作人员的主观能动作用，多宣传、多动手、多跑腿，在保优基础上能快就快，且善于根据百姓需要加强现代信息化技术的开发和运用，尽可能让百姓办事网上走或掌上（手机）走；在流程上尽可能简化优化，门槛越低越好，越少越好。四是多为百姓提供前瞻性、个性化和多样式服务。百姓到政务服务体系办事具有临时性、随机性、不确定性，要做到优质服务，就必须在服务事项设定、流程设定、监督考核设定、人员素质设定等方面，按照百姓需要，像企业那样各个流程抓落实。要有前瞻性的研发和设计，这方面要想到百姓前面，主动和系统为百姓现在和将来办事着想。同时，还要考虑到不同地区、不同年龄、不同职业、不同习惯等百姓的独特点，在设计研发和服务操作上更具人性化，让服务项目更丰富，服务尽可能面面俱到。五是着力让百姓获得超值享受。政务服务体系为百姓服务最直接的是，百姓可以快速顺利将所要办的具体事项办好，这是可称道的。然则，用发展眼光和从社会进步角度看问题，以及政务服务体系效能更高更新更优角度看问题，百姓将具体事项办理好了还远远不够，政务服务体系建设的关键在于提高综合优质高效的服务水平。百姓办具体事是与政务服务体系联系互动的最佳时机，部门要以此为切入点，在办理好百姓具体事项过程中，要想办法让百姓更多享受到政策、法律、经济、科技、文化、习俗、娱乐等方面的超值服务，通过行政资源广泛聚焦、项目要素优质配置，让百姓得到物质满足和精神陶冶，以真正体验到做人的尊严和幸福感。

2015 年 7 月

抓好地方产学研，贵在“五个坚持”

地方经济发展如何，往往取决于工业经济发展如何；工业经济发展如何，基本取决于科技水平如何；而科技水平如何，相当程度上取决于产学研发展水平如何。产学研对于地方经济发展非常重要，但要搞好与搞活也非常不易，尤其在中西部地区，客观条件千差万别，经济发展质量和水平千差万别。要大力提高产学研发展水平，助推地方经济又好又快发展，当在“五个坚持”上狠下功夫。

一、坚持问题导向

地方经济是整个经济的基础和主战场，也是发展后劲，大力推进地方产学研发展，可谓意义重大，影响深远。同时，也应看到，地方产学研发展状况和水平参差不齐，在中西部地区也就更突出一些。一是认识不高，定位形同老少边。有的地方行政和企业对于产学研工作的重要性缺乏正确认识，不是感到可有可无，就是感叹条件有限；不是闭门造车，自我感觉良好，就是小打小闹，低水平重复，自以为小日子还过得去。也有的高校和科研单位小视地方产学研工作板块，习惯蜗居大城市和自家院子里，与诸多地方和企业老死不相往来等。种种因素导致地方产学研工作常常被边缘化和碎片化，甚至出现断档和空白，长期处于落后状态。二是经营粗放，产业发展水平低。经济是产学研赖以生存和发展的土壤，土壤肥沃，往往生存发展就好。反之，问题就多。现阶段诸多地方产学研发展水平之所以上不去，主要原因就在于地方企业粗放经营，产业结构不尽合理，档次水平不高。三是基础薄弱，常使孔雀东南飞。人才是搞好产学研的核心要素，提升一个地方产学研水平，往往离不开各种各样的高端人才。然则，人才集聚和作用发挥也有规律，一个重要前提就是地方经济和文化生活高度发达。现实是有的地方城市基础设施建设比较落后，各种有助于人才发挥作用的综合配套设施较差，基本不具备留得、用好人才的条件，导致产学研所需高端人才来不便、留不住、走得快。四是条块分割，各人自扫门前雪。产学研是一个有机链条，其重要环节又在于行政、企业、高校和科研单位。但有的地方产学研本来就不发达，已有的彼此关联度和协调性较差，基本是各自为政，形式多于内容，成果较少转化。即便在行政内部，也是抓产学研的部门众多，一般较少有统一的大盘子，做起来难免各吹各号、各唱各调，较难形成气候。五是成果有限，调整转型步子慢。地方产学研不同程度存在边缘化和碎片化问题，所取得成果往往有限，质量也参差不齐，成果也较少转化成实实在在的生产力和经济效益。企业所取得的成果档次普遍较低，而在有的高校和科研机构，许多高水平的科研成果也多成了评职称、拿牌子和得名声的工具，用过之后即被束之高阁，缺乏成果转化和产业化。就算是意识到要调整转型，但转型过程中却为多种困惑所阻挠，有的难有破题，有的虽有破题，也较少顺利走下去而徘徊或搁浅。要打破地方产学研发展困局，就必须从解放思想和更新观念入手，有的放矢，对症下药，动员组织各方力量，坚持不懈和全力以赴抓好落实。

二、坚持行政引领

放开搞活地方产学研，地方行政无疑要起引领作用。有的地方产学研存在这样或那样的问题，与地方行政引领作用发挥不够有直接关系。一是统筹规划。产学研主要涉及行政、企业、高校和科研单位，但有的地方比较常见的情况是各自为政，没有形成一个拳头，缺乏统筹规划。因此，地方行政对于产学研工作一定要有顶层设计，注重根据自身客观条件、经济发展状况和产业发展水平，统筹制定产学研发展规划，并按照规划坚定不移地协调推进。二是整合要素。从行政体系来讲，产学研常常分散在不同部门，不同部门又多根据自身特点而各自发展，从单个部门看，其开展的产学研工作做得较好，但将其放到全局层面，则多呈碎片化和不规则状态，在整体上形成不了气候，发展水平也难与大局相适应。另外，许多地方和企业普遍缺乏高科技人才，在行政机关却聚集着大量本科、研究生和博士等学历的公务员，他们大多从事行政一般化和常态化工作。要改变这种状况，地方行政就必须在统筹规划前提下，下决心从全局和适应经济发展角度，对行政要素进行广泛而深入的整合，打破部门界限，强调分工协作。在执行规划时，在内将分工业务做精做细做深，在外注重体系内部门产学研工作的一致性和同步性。涉及宏观事物集群集中攻关，涉及部门牵头事物多方主动协作，涉及体系外事物一个口径对外，防范和消除行政体系内在力量的相互抵消和分散，避免行政资源浪费和作用降低。同时，解放思想，创新激励机制，让具有高学历的公务员按照学有所用要求，拿出三分之一精力长期对口包点支援企业，让潜藏在行政体系内的巨大科技能力得以释放，一定会在相当程度上改变地方产学研落后和人才匮乏状况。三是杠杆撬动。地方行政在产学研上毕竟有许多资源，但在有的地方却因统筹规划不到，不是好钢没用在刀刃上，就是到处撒胡椒面，没有很好做到集中力量办大事。要提高行政推进产学研发展能力和成效，一个重要方面就是善于根据自身实际，运用杠杆效应，以取得事半功倍效果。诸如在行政政策资源、财力资源、人力资源投向上，注重去形式化、表面化、分散化和低端化，将力量用在体制机制创新上，用在各种平台打造上，用在主要矛盾破解上，用在企业和科教转型发展与紧密融合上等，进而撬动产学研工作大局，破解产学研工作疑难。四是协调联动。行政对于产学研有规划引领作用，但在实际操作和推进过程中，难免会有大量矛盾出现，影响实际落实效果。这就需要行政必须对产学研所涉及的各个方面加强协调，对产学研全盘和重点工作做好组织、引导和消化矛盾工作，使之上下左右目标一致、步调一致、行动一致，为产学研项目落实雪中送炭和锦上添花。

三、坚持企业主攻

企业是地方开展产学研的主战场，但产学研发展不尽平衡，突出表现在诸多企业处于粗放经营状态，以及居于产业链初级配套地位，亟待通过产学研提升企业科技水平和竞争能力。时不我待，企业要抓紧时间，集中优势，全力在产学研上寻求突破，在主战场上打好主攻。一是调整结构。有的企业所秉承的还是传统思维，围绕生产经营所聚焦的往往是企业硬实力和即期获利等，导致企业把有限的人、财、物资源主要放在保运转、保数量和保即期获利之上，在整个企业内部结构上形成保运转、保数量和保即期获利的要素配置一头独大，保质量、保长远、保竞争力的各种要素配置明显缺乏，或相当低端，或存在空白。这就要求企业应当进一步解放思想，遵循市场经济规律，开展产学研应当从传统重数量向重质量转变，从重眼前向重长远转变，从重硬件向重软件转变，从重关门单打独斗向开门协作共赢转变，坚定不移地进行调结构和转方式，让高质量产学研在企业生根发芽，逐步长成参天大树。二是加大投入。企业用于生产经营的资源往往有限，有时甚至相当稀缺。企业为了生存发展，比较容易聚集于保运转、保数量和保即期获利方面，这是可以理解的，但也存在问题：保运转、保数量和保即期获利舍得投入，甚至用于企业家个人的时尚消费舍得投入，用于产学研的投入则很少，甚至基本没有这方面投入，让企业生产经营始终保持在低水平重复状态。有时即便有投入，也多属于个案或应急修补。足见企业要挑起产学研大梁，没有相匹配投入是不行的。这就要求企业在投入上找准产学研切入点，有计划有目的不断加大投入，提高在企业投入中的占比，以进一步提升企业科技水平和竞争能力。三是自主创新。在产学研链条中，毕竟产是第一位的，堪称企业基本要务。要确保基本要务实现，靠的是与企业自身发展相适应和起推动作用的科学技术，而科学技术要发挥作用，企业就要自主创新。现代科学技术发展日新月异，任何企业都必须不断加强自主创新——靠企业家的先进理念，靠企业的加大投入，靠企业科技人才的集聚，靠企业对自身创新优势的巩固和发展，以确保企业在激烈市场竞争中立于不败之地。企业少了自主创新，往往就意味着少了后劲儿与活力。四是借力借智。企业要发展，就要坚持自主创新，巩固和发展自身领先优势，但在经济全球化的大背景下，仅靠自身力量是远远不够的。鸟儿凌空翱翔，必须要有坚实有力的两翼，还要借助风力。企业要在市场经济中不断发展，也要善于借力和借智。借力主要是善于借行政之力，适应行政管理要求，寻求行政资源配置，依靠行政排忧解难，一句话将行政政策用足用好。借智主要是善于借高校和科研单位之智，为自身发展所用，一句话就是要带着规划、带着问题、带着资金、带着诚意，与高校和科研单位进行广泛而深入的战略合作。这样才能让企业在市场经济的天空飞得更高，飞得更远。

四、坚持科教支撑

说到产学研，其实从科技层面讲，最重要的领域在高校和科研单位，这是科技的集聚地、研发地、出产地和新高地。大到一个国家，小到一个地区，其经济发展水平和科技发展水平如何，很多时候都是以高校与科研单位科技水平为标志的，可见，高校与科研单位在产学研链条中的地位非常重要和独特。然则，任何新科技产生，其真正价值在于通过技术转换，在经济发展中产生类似核裂变或核聚变反应，这对高校和科研单位开展产学研提出了更新更高要求。一是夯实基础。强化基础主要是高校和科研单位自身的事情，也是各级行政的事情，要统筹规划，加大投入，加强基础设施和装备设施建设，打造优质高效的科技研发平台。同时，要加强人才队伍建设，大力培育和造就各种类型专业化人才，使之得以放开手脚从事科技研发和科技创新，使人才留得住、用得好。二是占领高端。高校和科研单位无疑是一个国家或地区的精锐部队，所追求和推陈出新的一定是世界或行业高科技领先技术。这就要求高校和科研单位应以世界领先科技为目标，以赶超世界先进水平为己任，以振兴地方经济为重点，以提升综合国力为根本，全力以赴，逆势而上，攻坚克难，抢占科技制高点，着力巩固和发展领先优势。三是转型发展。对高校与科研单位来说，夯实基础和占领高端充其量只是具备了相应科技能力，科技能否转化为经济效益和综合实力，是高校和科研单位能否实现其价值的“最后一公里”。而高校和科研单位要走好“最后一公里”，就要瞄准市场、地方行政和企业，大力实施走出去战略。四是能力下沉。高校和科研单位“最后一公里”的最后落脚点，也是最重要的落脚点恰恰是地方行政和企业。毕竟行政统筹地方经济发展，企业一头联系市场，另一头产出的是实实在在的生产力。因此，高校和科研单位的创新发展必须以市场为导向，以促进地方经济发展和企业对新技术应用转换为目标，大力将高校和科研单位科技实力向地方与企业下沉集聚，并通过企业转换和放大，将科技运用落到实处。如此，地方产学研必定大有作为。

五、坚持市场运作

行政、企业、高校和科研单位所做的产学研工作，可谓小产学研工作，要真正做好大产学研工作，就应该像下象棋那样，按照大棋局思路，走活走好全局一盘棋。在大产学研中，行政、企业、高校和科研单位形同车马炮，运行固然要遵循各自规律和规则，更重要的还必须在整体上统一规则、协调运作，这种运作就是市场运作。当今世界，早已步入经济全球化时代，中国改革开放、建立和发展社会主义市场经济正在向纵深推进，按照市场运作做好产学研工作，是被实践所证明的正确途径。一是接轨并轨。推进产学研发展，无论是行政和企业，还是高校和科研单位，都不能局限于各自传统习惯性运行轨道，而要千方百计接轨并轨到市场运作这一“高速公路”上来。因此，行政、企业、高校和科研单位应进一步增强市场导向意识，按照市场化要求对产学研工作进行思路调整，规划布局，配置资源，搭建平台，统筹推进。二是聚焦产业。产学研实现市场化运作的重要标志就是资源配置和各种投入能产生巨大经济效益，而实现经济效益的最大和最佳增值器与转换器就是产业。那么行政、企业、高校和科研单位开展产学研工作，首先就要聚焦产业，围绕产业优化、提档升级和不断增强市场竞争力展开。产学研脱离产业，不要说产学研发展不起来，就是发展起来了也是五花八门，缺乏经济效益，难以提升综合实力。三是完善机制。行政、企业、高校和科研单位毕竟属于不同实体，开展产学研各有侧重，要拧成一股绳，按市场化要求建立健全运行机制，构建行政、企业、高校和科研单位利益共同体，加强彼此专业化协调合作，统筹打造产学研要素洼地，加快优质要素在产学研中的配置流动，设置统一产学研效益市场评价体系，坚持用市场机制和杠杆促进产学研竞进提质。四是优化链条。行政、企业、高校和科研单位是产学研链条中的重要环节，要确保产学研链条更加适应市场经济要求，行政必须在统筹布局行政、企业、高校和科研单位产学研工作基础上，更多用市场化思维配置行政资源，创造环境，促进企业、高校和科研单位按照市场化要求联系互动，力戒习惯按传统行政干预的老办法或部门条块分割的旧格局推进产学研工作；企业必须在强化自我产学研功能基础上，更多用市场化思维寻求行政支持，通过构建利益共同体，真正与高校和科研单位产学研能力融为一体，联动到市场打拼，实现综合效益；高校和科研单位必须在不断提升科技能力基础上，更多用市场化思维适应行政要求，赢得行政支持。着力将需求导向和创新研发能力与企业捆绑，形成“你中有我，我中有你”的航母编队，联动到市场经济大海中搏击风浪，实现各方共赢，实现经济发展。

2015 年 9 月